中國学術思想 研究輯刊

三六編
林慶彰 主編

第30冊

現代性議題的佛學解析
鄧子美 著

花木蘭文化事業有限公司

國家圖書館出版品預行編目資料

現代性議題的佛學解析／鄧子美 著 -- 初版 -- 新北市：花木
蘭文化事業有限公司，2022〔民111〕
目 4+276 面；19×26 公分
（中國學術思想研究輯刊 三六編；第 30 冊）
ISBN 978-626-344-073-9（精裝）
1.CST：佛教 2.CST：文集
030.8　　　　　　　　　　　　　　　　111010213

ISBN-978-626-344-073-9

9 786263 440739

中國學術思想研究輯刊
三六編　第三十冊　　　　　　　　ISBN：978-626-344-073-9

現代性議題的佛學解析

作　　者　鄧子美
主　　編　林慶彰
總 編 輯　杜潔祥
副總編輯　楊嘉樂
編輯主任　許郁翎
編　　輯　張雅淋、潘玟靜、劉子瑄　美術編輯　陳逸婷
出　　版　花木蘭文化事業有限公司
發 行 人　高小娟
聯絡地址　235 新北市中和區中安街七二號十三樓
　　　　　電話：02-2923-1455／傳真：02-2923-1452
網　　址　http://www.huamulan.tw 信箱 service@huamulans.com
印　　刷　普羅文化出版廣告事業
封面設計　劉開工作室
初　　版　2022 年 9 月
定　　價　三六編 30 冊（精裝）新台幣 83,000 元

現代性議題的佛學解析

鄧子美 著

作者簡介

鄧子美，1951 年生，江蘇無錫人。江南大學法學院教授兼任四川大學宗教學專業博士生導師，係江南大學宗教社會學研究所創辦人、中國宗教學會理事、中國社會學會社會思想史專業委員會理事。以中國傳統文化的現代轉型為主要研究領域，出版專著 10 餘部，發表論文數百篇，代表作有《傳統佛教與中國近代化》、《二十世紀中國佛教》、《超越與順應：宗教社會學視野下的佛教》、《當代人間佛教傳燈錄》與太虛、星雲兩位法師的大型傳記等，以近現代佛教研究、運用社會學理論研究佛教知名海內外。

提　要

　　現代性乃社會學的核心議題，佛學界對此的關注極為不足。雖然在東亞也曾召開多次有關現代化的佛學研討會，但這僅關乎現代性的表象。東南亞佛教學者與西方學者之間也有關於現代性的可貴對話，但近年似走向沈寂。因此，本書或為集中討論此議題的難得個人佛學專著。自 20 世紀 80 年代始，海峽兩岸引進與借鑒西方現代宗教社會學理論與方法以研究佛教的論著眾多，而且幾乎每一種權威性理論在漢語學術界都有介紹與借用，拙著《超越與順應：現代宗教社會學觀照下的佛教》（北京：中國社會科學出版社，2004）亦為其一。然而，西方學術思想尤其是其中富含的智慧，需要曾被封閉的東方學者逐步消化吸收，全球性議題更需要東、西方學術界對話，以加深彼此理解。為此，本書即依據佛學，對知識與智慧、人性、超越性、頓悟與漸悟、命運、教育與教化等命題分別作了解構、分析與闡釋、評論，雖採用最近幾年發表論文結集形式出版，但亦可稱為立足佛學的第一部知識社會學專著，且篇篇有新意，如闡明具有超越性智慧才是人類與其他物種的根本區別，智慧是發現與創造知識的不竭源泉，知識是智慧運用的珍貴結晶，且能驗證與存錄；提出如欲走出現代性困境，關愛下一代的母親與教師乃最有可能的兩個擔綱群體。

目

次

前　言

　　現代性的展開過程即現代化，這是全球至少六百年來社會急劇變化的集中體現，因而也是社會學的中心議題。儘管關於現代性理論的內容，學界並未達成共識，然並不妨其成為對如今世界最具解釋力的學說之一。該學說核心關切在於包括科學技術、科層官僚制的權力掌控在內的工具理性日益膨脹，與內在地維護著社會秩序，為日常生活及人際關係處理所不可或缺的價值理性之間的悖離，以至人們被迫生活在「鐵籠」中。〔註1〕當下各方面飛躍進展及種種亂象歸根結底，皆為其體現，例如隨著互聯網理論與技術發展，智慧手機與社交媒體的普及，人們愈益被分割在自以為「舒適」的大小圈子裏，受自我認同的價值觀支配，罔視真相，排斥不同意見。其中利益受現代化發展損害的圈子成為反對現代性推向全球的溫床。這一悖離，無論贊成與否，任何人都繞不開。當然，筆者已不再認同馬克斯・韋伯一味把傳統與現代對立起來的論點，因為率先在歐美發軔的現代性也是由其自身傳統孕育變異發展而來，如韋伯所謂「新教倫理」，其實離不開歐洲傳統。只是認為現代性表明了近幾個世紀以來，且當下還在我們面前展開的急劇變化與以往數千年相對緩慢綿延歷史確存在若干根本不同。這些在書中都有具體論證。本書也暫撇開為現代社會生產、生活組織所必須的科層官僚制的權力掌控所帶來的問題不談，而著重於與緬甸僧伽學者潘迪他（Pandita）同步的以佛教倫理學探討這一社會學議題。潘迪他批評說，討倫並修正了韋伯現代性理論的

〔註1〕〔德〕馬克斯・韋伯：《新教倫理與資本主義精神》，頁143，北京：三聯書店，1987。

柯林斯〔註2〕之見解導向了「價值相對論」，「而我認為佛教倫理不是價值相對論，並且任何一種宗教都不是價值相對論」〔註3〕。誠然，佛教倫理存在著絕對意味，但潘迪他批評的韋伯所認為的價值絕對論與價值相對論之衝突「出現在不同的歷史時期」，即分別在早期佛教與大乘佛教盛行時期也不可否認。且佛陀之言說也不能簡單地僅歸屬於不免由信仰支撐的宗教領域一維，就其自身演化及研究而言，顯然也有屬學術領域的另一維，即佛學，而學術皆由反覆證明的事實及其因果邏輯而確認。

依佛學之維，對韋伯提出的現代性悖論並不很難解析，就是外明（科學技術及人文社會學科知識）與內明（倫理價值與把握運用知識的內在清淨智慧）之間的脫節。因此人們大多不是被現代性浪潮卷走而不知何處，就是因劇變與各種價值觀衝突而陷入空前迷惘。對此，20世紀前期漢傳佛教界中，最先接觸到早就在歐美展開的現代性及其對亞洲之衝擊的一代思想家早有思考，且其深度、高度超乎了後幾代人。本書即承繼他們的思緒，太虛法師可謂其中的最傑出代表，至今海峽兩岸接納而非簡單排斥現代性的佛學佛教思想家、領導者思路無不沿此展開。〔註4〕因此，開篇《價值迷惘下的超越性指引：承繼太虛未竟之志》，便點明了主題。〔註5〕本書包括開篇在內的《知識三論》不但確認了源於古印度的「聲明」、「因明」、「工巧明」、「醫方明」與源自古希臘的語言文字學、邏輯學、自然科學技術、醫學等學科分類異曲同工，而且依據太虛《真現實論》，指出佛學的「器界」、「眾生界」、「有情眾生界」

〔註2〕Collins, Steven.（1951～2018），英國佛教學者，曾任美國芝加哥大學人文科學教授。

〔註3〕〔緬〕Ven. Pandita：《意願：理解佛陀社會政治學說的新進路》，劉朝霞等譯，《西南民族大學學報》（人文社會科學版）2021年第5期，頁99。

〔註4〕鄧子美、陳衛華：《當代人間佛教傳燈錄》（上、下），北京：宗教文化出版社，2017。

〔註5〕在當今紛雜變動中——最普遍的是人心迷惘或者被蔽。因為無論狩獵採集文明、農耕文明、游牧文明，都歷經悠久歲月，智慧已積澱至使其倫理足夠成熟，以規範社會。所以，除非災荒戰亂年份，那時的「內明」大體與相對簡單的生產、生活知識相應，生活雖苦，人心卻有依傍。如今遭遇了現代性，物質生活雖相對皆有不同程度的改善，然而活在高度競爭性的科技工商文明社會中，面臨種種壓力、煩惱，人們變得浮躁、焦慮、難以沉靜反思，在精神層面找到可以持續前行之路，故而也需要在佛學中富含的超越性指引。當然，筆者絕非主張復古，而是期待在「知識爆炸」的當下，「內明」也足以映照。

之類別劃分既有依據求「解脫」自覺而不同的獨特性，也不悖於現代物理學、生理學、心理學的學科劃分。所以太虛特別關注這三大學科。不僅如此，他還充分說明了 20 世紀前期諸如愛因斯坦相對論等眾多自然科學新成就與佛學見解之間存在諸多暗合，〔註6〕也代表著漢傳佛教佛學界最早與歐美哲學人文社會學科新潮流作了深入對話。這或可稱為東、西方兩大異質思維的直接碰撞，其所激發出的光芒未可輕看，然在當時無論在佛教界或歐美學界皆被譏為牽強，太虛此一關涉現代性與眾生未來的最大志業，至今遠未竟。在此，筆者特加抉發的是太虛將迄今人類求真所獲知識分為四大類的獨特見解，其四類即觀察實驗所獲科技知識、學術歸納推理分析所獲思辨知識、通常被認為是「天經地義」的源於文化傳統的「知識」以及修行修養鍛鍊心志所獲的「智識」。太虛指出，第三類並非「真知」；而對最後一類，學術界也並不認同其為「知識」。因此，《知識三論》先對前三類次第作了考察。

　　現代性的源頭之一乃科學技術知識被高度重視，迄今更有視之為萬能良藥者。但知識之所以就是力量，卻並不僅在其實用，而在於真乃善的價值前提。現代性悖論與困境正由認知真與價值善往往難以兼容而來。然而正如潘迪他所說，佛陀的倫理學說「只有一個明確目標，即完全從生死輪迴（其廣義現象即苦）中解脫」。〔註7〕佛陀進而把「無明」歸結為眾生苦的第一因。由此，愚昧是趨向解脫的首要障礙。在此前提下，潘迪他也引證了《阿含》「諸惡莫作，眾善奉行。自淨其意，是諸佛教」。太虛《真現實論》之所以強調知識，亦因其「真」，並證了佛學認識論、方法論與向上求解脫及向善價值觀的嚴整一體。《知識三論》對此作了深入抉發，指出正是絕對意味的超越性（出世間性）高度指引，才能既正視世間苦的真實，又守持著科學技術知識雖真，卻具有不分善惡皆可用的工具性質，故為世間福祉故，應轉使其能被向上向善的清淨智慧所利用，即悲智真一體。其結論則主張，在當代多元文化社會中，對待自身傳統與不同傳統都應擺脫盲目，喚起自覺；闡明當今絕大部分價值衝突並不源於價值觀喪失，而恰恰源於價值指向不同甚至如佛學

〔註6〕在佛教界有人因此提出佛教是「科學的宗教」，在華裔科學工作者中也有人因此提出，科學研究得出的有些最新論點，佛陀兩千年前就看到了。筆者則認為這些乃佛學思維方式、方法與科學探索思維的「暗合」，是科學智慧與清淨智慧的相通。

〔註7〕〔緬〕Ven. Pandita：《意願：理解佛陀社會政治學說的新進路》，《西南民族大學學報》（人文社會科學版）2021 年第 5 期，頁 103。

所稱的「顛倒」，而顛倒也是「無明」的表現。進而提出了針對現代性悖論導致的迷惘有兩方面解救之道：加強不同傳統之間的交流與對話，不斷深化多元文化彼此間的可靠理解；展開具有超越性的佛陀教育。

然而佛陀倫理指引的絕對超越意味雖明，眾生對解脫的需求卻是相對的，不但隨不同處境、不同時代而不同，而且各各不同，即使在出家眾群體裏，一心一意追求「涅槃」並實現的也並不多，在家眾中更普遍的僅是追求解脫苦難、煩惱，因此佛教倫理隨之也有相對一面。然而「自淨其意」確為理解佛教倫理與其他價值倫理系統區別的關鍵，也有著絕對意味。因為不論出家在家，倫理的高標準（如不殺生）都是省察自身的絕對要求，淨是調伏自心煩惱，善也不是僅拿來要求他人，去「對治」還沒有產生解脫意願的他人，不是律人嚴而對己寬，更不是對己對人實行雙重標準。所以，恰是在各各「自淨其意」的相對之中，體現出其內在的絕對意味，體現出佛教特質，〔註8〕並非如希伯來系宗教一樣，從出自外在的神的旨意或神啟的超越性絕對倫理體現出對人的強制要求。且希伯來系宗教皆確定人有「原罪」，由於「原罪」也被歸入「性惡」，那麼人性究竟本善抑惡？進而是否存在人類群體共有的不變人性？本書之《佛學人性論與超越之維》兩篇，依佛學對之作了次第考察，並闡明人作為眾生中的一類，如確存在著難以改變的「本性」，那就是「俱生我執」，即凡生物皆具的本能，所謂「本性難移」當指此，其餘包括向善向惡都隨「薰染」（主要是文化影響）與因緣條件而變。同時，因著變化無限，與群體相對的每一個體也存在認知及倫理向上超越無限潛能，即「眾生皆能成佛」。然而這只限於多樣可能性（或然）範疇，如潘迪他所說，唯「意願」向善及努力、伴隨的煩惱是理性能知道與控制的，〔註9〕餘下都由因緣條件而異，即善業之果也難測。對此難題，本書在《命運兩論》中，分別就群體、個體命運問題力圖依佛學與社會學作了解析。

〔註8〕當然，凡系統的倫理學說，都有要求自律的一面，不同系統的自律道德典範也受到全球尊敬。就現代性悖論而言，問題不在於有無共識性的倫理高標準與底線，而在於各倫理系統大多自稱為最善，如不相信，即次善，甚至惡，以致爭執不休，個體難以擇從。潘迪他引用的功利主義原則「最大多數人的最大的善」（《意願：理解佛陀社會政治學說的新進路》，《西南民族大學學報》（人文社會科學版）2021年第5期，頁105。）構成的倫理系統也如此。所以「自淨其意」，還與自身奉行善，而不以道德優越感去指責他人相輔。

〔註9〕〔緬〕Ven. Pandita：《意願：理解佛陀社會政治學說的新進路》，《西南民族大學學報》（人文社會科學版）2021年第5期，頁105。

因著「薰染」及因緣決定了個體向善或向惡，而唯智慧方能轉染為淨，智慧又從求真的分別識轉化而來，是故本書《智慧四論》既補充了前文尚遺留的缺憾，如未對太虛的知識分類體系中特有的「心靈修養上所得的智識」作出評估，指出太虛特加此類蓋出於溝通「外明」與「內明」之需；又承接前文，闡明了知識與智慧之間的區別與聯繫，即佛學分別識與總持智、究竟智間的相互聯繫，並籍助太虛佛教改革思路與梁漱溟的批評之間對照分析，試圖證明由悟解而發的總持智與常人分別識在思維方式上的根本差異，指出分別識乃漸進積累，而思維方式的轉換則必頓然而現。

漸次，依佛學「空觀」一一闡述了思維轉識成智，轉染成淨的過程，由此重估並積極運用自中古時代傳承至今的各大文明主流價值觀中都普遍存在的重視個體內在反思——重啟以由個體典範如佛陀引導而帶動群體精神「向上」機制，並通過各大文明交流、交往，加強相互瞭解、理解。這些或可作為緩解現代不同價值觀衝突的途徑。同時，《智慧四論》也對當代社會關切的議題作出了依佛學應有的回答，如人工智慧的迅猛發展、科技的巨大力量可能因人文價值駕馭不了而「脫韁」等。

最後，如法師、長老所強調，佛教智慧的傳承觸發依賴於修行，尤其是僧伽的責任更重，但實質上的佛教之「教」，其本也在教化不在其他；而佛學智慧的傳承激發則更靠教育、教化，故本書以《教育、教化兩論》作結，注重「智增上」的解脫。如今的佛教教育早已不得不接納了現代性教育體制，南傳上座部佛教也不例外。故其中一則分析了僧教育採用現代體制的利弊，一則針對東亞及所有發達國家未來將日益嚴重的少子老齡化，提出了佛學院教育與加強社會教化的對策。

在眾多近作中選入《附錄》四篇：其一論月霞法師之華嚴學倡揚及其對現代僧教育的倡導，因為月霞創辦的華嚴大學、法界學院一脈相傳，完全可與太虛一系創辦的武昌佛學院、閩南佛學院、漢藏教理院一脈，與歐陽竟無創辦的支那內學院一脈並列。因而該文可為拙著《20世紀中國佛教》（北京：民族出版社，2000）中有關佛教教育論述之續篇，也是對現代僧教育的全面檢視。月霞法師之膽識、道行、智慧、氣節也不輸太虛，且引沉思：如奧地利作家茨威格所描述，歐洲上空「群星閃耀時」在「一戰」前的「盛世」，而在本土上空，思想人文乃至各門自然科學奠基者之「群星」湧現，卻在一戰戰時戰後「亂世」中約30年內，佛教佛學界自不例外，如禪宗虛雲、淨土印光、

天台諦閑、律宗弘一等,拙著《當代人間佛教傳燈錄》僅為錄存佛教群英成就之開篇而已,甚望各宗後裔亦有相當之作,因有本篇及筆者描述漢藏交流的《能海學案》所論,惜因篇幅所限,僅選其一。此後「亂世」仍綿延至20世紀80年代方止,然而星空寥寂……

其二論證漢傳佛教的祖師傳統,這與南傳佛教的長老傳統、藏傳佛教的活佛、上師傳統相對而言;其人文價值上繼佛陀之「人格典範」,中繼華夏之「聖賢傳統」,且與其他宗教強調神相對而言,然這一相對性恰與西方文藝復興思潮中的人文主義異曲而同工;並由祖師傳統之啟發,提出如欲走出現代性困境,需要東、西方共享的人文價值導引,也需要擔綱者,而關愛下一代的母親們與教師們乃最有可能的兩個擔綱群體。

其三依據史實,回顧佛教在東南亞華人社會中的傳播,並據此重新劃分了近現代人間佛教之海外傳播史之三階段,以第一階段為中心展開,並據星雲法師論述,指出其第三階段應為人間佛教在當地實現本土化,當然這一階段剛開始。

現代性浪潮雖在歐美最早發端並成為其「中心」,但原先的「邊緣」也被越來越深地捲入,而且有些邊緣正在成為新的中心。因而最後一篇借鑒多元現代性理論,創新性地提出,古老的佛化文明若不甘於被「邊緣化」,亦當成為多元現代性的參與者,提出了人間佛教(與南傳「參與佛教」一樣)乃融入現代性的佛教之命題,還提出了重新審視佛教傳統的尚有待回答的更多問題,以守先待後……韋伯在率先揭示了現代性「鐵籠」問題同時,哀歎曾為現代性注入「精神動力」的新教倫理核心觀念,「在我們的生活中也像死去的宗教信仰一樣,只是幽靈般地徘徊著」。「專家沒有靈魂,縱慾者沒有心肝;(現代性)這個廢物幻想著它自己已達到前所未有的文明程度」。〔註10〕這正是歐美諸現代性先驅的當今困境寫照,那麼今天的東亞、東南亞、南亞諸文明遭遇了現代性又如何呢?但我們不要忘了,古人也只是更多地被困在非理性、暴力的更野蠻「鐵籠」中而已。

本書看似形散,希望在讀者看來其神未散,因其與筆者《三觀映月度恒沙:近作自選集》(北京:宗教文化出版社,2016)有所不同,即各組論文在撰寫時便是成系列的,其問題意識也始終一貫,即繼拙著《超越與順應:現代宗教社會學觀照下的佛教》(北京:中國社會科學出版社,2004)之後,

─────────────────

〔註10〕〔德〕馬克斯・韋伯:《新教倫理與資本主義精神》,頁142、143。

以佛學視角反觀現代性議題。如天假以年，筆者能借緣續此，完成佛學《真理論》、《社會信任論》，則屬有幸……現代性悖論的進一步解答有待於各大文明間交流，對話，而非衝突對抗。若能深入，則庶幾猶如印度文化於公元 1 世紀被引入華夏，反覆「格義」歷七百年，至盛唐終被中華文化消融，共成佳釀一樣，再待數個世紀，各大文明也許能籍此達致相互理解，而不至於只嘗「鐵籠」苦果。

鄧子美

2022 年 3 月 8 日於步跬齋

知識三論

摘要：

　　此三篇乃作者研究太虛法師思想（1890～1947）歷四十年之深化，承舊作《庶下一代新僧：太虛大師傳》（西寧：青海人民出版社，1999，在海峽兩岸多次再版。）餘緒，解讀了太虛最為繁複又係結其佛學思想核心的《真現實論》。首篇《多元價值迷惘下的超越性指引：論太虛大師未竟之志》重在其《宗用論》，指出佛學見解與現代物理學、生理學、心理學新成就之間存在諸多暗合。19 世紀以來，在西方哲學人文社會學科中，也形成了與佛學趨同的一股潮流，太虛當年作為漢傳佛教傑出思想家，最早與之作了深入對話。西方學術界對現代性自身釀造的苦果進行理性反思的成果，不否定知性追求而更為強調對超越性洞見的追求，也早已被太虛運用佛學空觀（性空思維）所敏銳捕捉到，而現代性苦果也正是當代價值迷惘之源。可惜，太虛開啟的東方佛學思維與源自西方的科學思維、理性反思之對話，當時尚乏人問津，太虛此一關涉到人類未來的最大志業至今未竟。次篇《太虛的佛學意義世界》則揭示了太虛依佛學融貫東、西方學術的思想傾向，太虛之所謂「救世」在當今可解釋為經其重新闡釋的佛學有助於全球擺脫現代性困境的意向。首先解析了《真現實論・宗體論》之所概括的佛學認識論、知識論、〔註1〕方法論的宏大體系架構。其次依佛學之意義

〔註 1〕哲學認識論、知識論之英語雖為 epistemology 同一詞，但佛學認識論重在辨析認知之根源、層面與過程，以「五蘊」揭示認識根源、層面，以「八識」轉智揭示認識過程。知識論與佛學量論近似，重在辨明認知結果之「真」、「假」即正確性、知識的性質與體系。知識論還與價值論相對，知識論考慮認知的描述是否屬實問題，價值論進而分辨是非乃至善惡。近期普世關注的朝鮮核武器、人工智慧等問題，皆為知識能否被善用之關係人類禍福大問題。

圖景，重點剖析了太虛論人之所以為人。最後，由太虛強調的生命價值之昇華，進而歸結為佛學價值觀，並基於此，從思維方式轉換入手，試圖回應全球正面臨的價值紊亂問題。末篇《人間佛教與當代多元文化社會：略論囿於傳統之思維》，則在前兩文已同時考察了佛學分類體系中的自然科學知識、哲學等人文學術知識各自可靠程度不同的基礎上，接續考察了通常被認為是「天經地義」的源於文化傳統的「知識」，指出其更多的不確定之性質，提出融入現代性的佛教（在海峽兩岸表現為人間佛教）如企圖在當代多元文化社會中繼續發展，恰恰需要充分瞭解把握運用這類知識，因為科學技術知識具有不分善惡皆可用的工具性質，而人文「經驗」知識才是人類價值之源，但塑造了人的文化傳統的不可靠性也同樣是當代價值迷惘與紛爭之源。進而從大文化視角觀察全球各主要文明實乃不同的文化傳統的綿延，力圖闡明囿於傳統之思維的可畏，但傳統應繼承且可超越。傳統源於群體又再塑了群體，正如形成好習慣能重塑個體。因而在當代多元文化社會中，對待自身傳統與不同傳統都應擺脫盲目，喚起自覺。文中指出，人類特有的絕大部分價值衝突並不源於價值觀喪失，恰恰源於價值指向佛學所謂的「顛倒」；並提出了其解救之道：加強不同傳統之間的交流與對話以深化多元文化彼此間的可靠理解，與展開太虛所稱的具有超越之維的「佛陀教育」。

關鍵詞：佛學與科學、佛教與現代性、佛學知識論、佛學價值論、太虛研究

多元價值迷惘下的超越性指引
——承繼太虛法師未竟之志

引言

　　從 18、19 到 20 世紀，乃至我們所處的 21 世紀，率先在西方（歐美）獲得長足進展的自然科學、人文與社會學科中，似乎形成了與佛學趨同的一股潮流。這股潮流在西方哲學中表現最為明顯。如從叔本華到尼采、博格森，從胡塞爾到海德格爾，從康德、韋伯到雅斯貝爾斯，從羅素到維特根斯坦等等，他們主張不一，其間的精神承繼或思想啟發雖不十分顯著，但他們共同的對神創論、獨斷論的理性反思，卻有意無意地與在佛學空觀在「假相」中存在確定性（法）的超越性洞見接近。這一潮流影響及於當代人文社會學術界，乃至以理論假設、語言（象徵）符號、語境、遊戲規則等等，作為學術界通用的思想表達「架構」，取代了以主觀之確定（物質、精神等）為前提的「主義」。

　　然而，隨著現代性與全球化而來的，乃多元文化（各民族、各宗教、各國社會、各群體）的交接碰撞，各自對彼方價值有所認同的同時，也由於不同群體的價值觀的實質有異甚至相悖，導致了價值迷惘、價值虛無現象的蔓延。因為在古代社會，儘管也有價值分化現象存在，但基本的人文價值認同都有個「錨」在係定著，如在中國有儒家價值評估體系，在西方有神學價值評估體系，在印度有印度教價值評估體系等，所以在那時，個體借助著體系，比較容易找到自身價值定位。可是在現代社會，這些價值體系或已崩塌，或正處於崩塌之中，西方哲學僅為對此最為敏感而已。

　　正如在軸心時代，在那些有著周遊四方的廣泛見聞，不很贊同原始的集體

意識的個體中，在古印度、古希臘、中東與中國，都湧現了一些精英，他們意識到：社會已發生劇變，如果沿用原始的思維，繼續著與動物同樣的人與人之間的生存競爭，必將引致巨大的社會災難。由於他們的深刻反思，才誕生了解脫人類所處困境的許多重要的在當時無疑為具有超越性的思路（後演化為上述三大價值評估體系及其文明）。當代人們為解脫困境，亦亟需通過佛學與西哲乃至全球學術反思與對話中形成的超越之維指引。

那麼，為什麼佛學與上述西方哲學潮流中都已蘊含著對人類生存現狀的超越性思路呢？就佛學基本原理而言，首先依其空觀，所謂主體都是假相，因而能超越參與者的角色去直面客體，乃至在精神上深入客體。換言之，能擺脫個體作為參與者的利害關係（去除我蔽），例如學術研究給個體所帶來的名利等等，也能擺脫個體因習染帶來的偏見、成見（去除法蔽），依據「中道」看待客體。其次依緣起論，所謂主體之所以為假，是因為它們由不同的因素與條件構成，佛學極其重視這些因素條件分析及眾緣之合成，充分肯定其世間法層面上的相對價值。例如當確定了其一定時空範圍內的合理內涵之後，就可以如實（不虧不欠）地包容與接受；同時指出其暫時性與侷限性，毫不含糊地評斷其是非善惡。就這些西哲潮流而言，從哲學史角度可以看得比較清晰，它們之間的共同點都建立對以往哲學流派之侷限的批判之上，也建立在對社會現實的反思之上，至少它們都力圖擺脫那些已對現實提出的問題不再具有強大解釋力的，由思辨建構起來的學說的束縛，力圖擺脫主、客觀高度對立的思維模式，亦即除了對自身學說的肯定（但這一肯定也與獨斷論不一樣，有著對自身的有限性與對不同學說的開放性等諸多保留）之外，也感受到了我執之蔽（當然應剔除它們之中走極端的趨向）。從它們的內涵看，超越性指向成為其鮮明特徵之一。例如海德格爾認為：「人的綻出本質基於綻出之生存」。〔註1〕綻出就是超越。他認為，超越可稱作是有、無之間的一種

〔註 1〕〔德〕海德格爾：《路標》，北京：商務印書館，2000 年，頁 382。對海德格爾所謂人的本質，與其同時代的德國哲學同行雅斯貝爾斯有清晰的闡說：與動物相比，「儘管事實上人的每一個器官都處於劣勢，但人都始終有靠非特殊化（即不像動物那樣專門地發揮某一器官之特長）維持活力的潛力優勢。器官的劣勢給人以壓力，潛力的優勢給人以能力，使人在其形成的過程中，通過意識的中介，走上一條跟動物完全不同的道路，使人能夠適應所有的氣候、地域、地形和環境的，正是這種潛力優勢，而不是人體（與跟動物一樣的求生存本能）。」這就是雅斯貝爾斯對人之所以為人的說明。（《歷史的起源與目標》，北京：華夏出版社，1989 年，頁 46。）

「飄搖不定」，正是飄搖不定既拘束著我們，又解脫著我們。〔註2〕這說明超越是對現實的超出（有）到超出的現實（無）之間的過程，是基於現實，又達到為人類生存「去除遮蔽」的境界。這與佛學空觀已相當接近了。筆者認為，要使人類在其空前未遇的困境中得以解脫，就非得有這樣的超越之維不可，非此就不能明確未來有多樣化的多種可能（蓋然性）存在，非此不能為人們提供價值指引。即是說，我們所站立的精神高度非得超越於現實提出的種種問題本身不可，但又仍然在回答這些問題而不被當下境遇所囿，包容著東方哲理的佛學與上述西哲潮流之間的互資啟發，當能為飄浮的現實與未來人文價值重估，提供揚棄前現代的價值評估體系的新「錨」。

進而，如何把握這一精神高度呢？太虛法師（1890～1947）認為：依佛學的空觀去研究物理學、生理學乃至於人類心理學等等所謂的客體，「它（其實）不是主客關係中的客體，而即是這關係的自身。事實上，主觀與客觀間並沒有截然的區別。」〔註3〕這也就是說，主客觀之間只存在相對的界限，其界限隨著研究對象與研究深度不同而調整，因此，在說明物理、生理、心理現象之前，我們應首先研究主、客觀關係變動本身。當然，研究的客觀依舊必要，否則爭議難息，應當把客觀作為驗證理論可靠性的程度之標識而非絕對要求。西哲以及物理學、生理學、心理學專家或許會譏評太虛並不內行，可是太虛恰恰提出了被稱為「萬學之學」的哲學所仰賴的前提之問題，亦即「元哲學」研究的重大方面，即人的思維方式之多樣性。專家們或習焉不察，實際上各學科研究的重大突破，都隨著思維方式的變動而伴生著研究角度的轉換，隨著認知的深化，主客觀關係也在變動中，各學科之間的絕然界限也正在被打破。無獨有偶，與太虛提出這一問題的同時代，德國哲學家雅斯貝爾斯也正在思考同樣的問題，他認為哲學作為一種學術的要務，正是對人的思維方式本身進行研究並指出人之為人的那種超越的可能性，不同類型的主體（或自我）就是不同類型的思維方式本身，例如「存活」既是某些類型的人與動物一樣活著的方式，也形塑著他們的思維方式。而哲學作為一種理性的思維方式，其本身是超越主客對立而能夠去分辨諸種主客對立的思維方式且對其後果進行反思的意識活動，在這種分辨與反思中，人建立起自身獨特的

〔註2〕〔德〕海德格爾：《存在與時間》，耶魯大學出版社，1959年，頁28。
〔註3〕釋太虛：《新物理學與唯識學》，《太虛大師全書》第42冊，頁601。臺北：善導寺，1980年。

生存根基的同時也建立起以生存性交往為基礎的人類命運共同體。〔註4〕

　　雖然現代性意義上的西學東漸以及西方文明與東方文明之相遇，佛教與天主教的交鋒等，早在明末清初（公元16～17世紀）已展開，但無論漢人、滿人以及當時佛教界都被「天朝中心論」的傲慢遮蔽。佛學界最早自覺地啟動東西方平等對話者應為清末楊文會，他既主動向西方學習，又與基督教傳教士李提摩太一起，把《大乘起信論》譯傳西方。〔註5〕其後，最重視這一關係到人類文明未來走向之最高處者當數太虛，而太虛開創的多項事業皆已由其學生與門下繼承與發揚，唯獨這一最高處，連其高足印順亦感力不能及。〔註6〕當然對此，太虛也寄望於青年一代，甚至幾代十幾代人，方有望竟其所志。筆者不揣愚拙，就《太虛大師全書》中論及的主要部分，即現代物理學、生理學、心理學及人文社會學科中的不同的主客觀關係略作評述，並歸結為理論探討，亦期望對讀者，特別是青年一代有所啟發。

一、現代物理學與佛學空觀之「暗合」

　　本文所謂「暗合」指雙方基本見解不無偶然地相近或類似，不排除其中蘊有部分歧義。有歧義是正常的，因歧義而苛求兩種時代距離遙遠的學說之間的完全一致，則有可能阻塞能夠超越性地打破學科界限的啟發創造性的通道。太虛說：

　　　　在近世科學界，有絕大之貢獻者，厥唯愛因斯丹之相對論，以精深之算理，闡自然界之真相，非數語所能詳盡。概括言之：「宇宙間一切事物，都是相對的」。觀於山也，近觀近色，遠觀遠色，山色近遠，故是相對。……但相對論要點，在明瞭物理事件之時間、

〔註4〕參見〔德〕K. 雅思貝爾斯等：《哲學與信仰──雅思貝爾斯哲學研究》，北京：人民出版社，2010年，頁262～275。即雅斯貝爾斯十二篇電臺演講集結為《哲學導論》之第1章「何為哲學」、第二章「哲學的起源」。

〔註5〕鄧子美：《佛教義學研究新局的啟動：論楊文會之思想開創意義》，《法音》2016年第7期，頁10。

〔註6〕釋印順自言：「我第一部出版的，以文言寫成的《印度之佛教》，表達了我對佛法的信念。從佛教史的發展中去理解佛教，理解佛教正常的或偏激的發展，（然而）或世俗的適應。在佛教的發展中，認清我們所應承受的佛法的特質，正常的積極的部分，以適應時機，救濟苦難的現代。這是我所不能完美達成的，但從事教理、教史的條理考證，成為我報佛深恩的唯一願望！」（釋印順：〈《妙雲集》序目〉，《般若經講記》，頁a7，《印順法師佛學著作集》光盤版，新竹：印順文教基金會，2002年。

空間等性質，概由於觀察者之觀點而異，故異於舊時物理之理論定律。總之、宇宙間一切事物，無有絕對，不過對彼現此，對此現彼，彼變則此變，此生故彼生，絕無一件事物可為絕對之標準者。此類學說，與佛教三性中之依他起性，頗相近似。依他起性者，依他而有，即一切法待因及緣而生，都無自性之謂；都無自性，顯無絕對，依他而有，顯有相對。物理事件，繫乎觀察者之觀點……然時、空之見不破，於究竟真理，猶未免一間之隔耳。相對論外，更有最新之能子（今譯為量子，即量子力學）論者，將舊時物理學及化學以物質為基本之見解，完全推翻。原子、電子之說，盡可消滅而轉變為能力。物質既可變為能力，則能力應可成於物質，宇宙萬有皆為能力之所變現，猶如水為氫氧之所現，故曰能子。此能子論與佛學中之一切種，義頗相符；一切種即第八識中含藏能生宇宙萬有之一切功能力用，雖佛學由實證而知，能子論由推測而得，未可相提並論，然亦足以見新思想與佛學漸趨接近矣。〔註7〕

如太虛所言，物理學相對於生理學、心理學而言，最為客觀，但此一客觀亦非絕對。牛頓力學雖有其在宏觀上的解釋力，但由此推演來的19世紀有機械論傾向的世界觀及其劃定的化學、物理之絕對界限已被相對論與量子力學打破，這就證明了所謂客觀界限亦為人之觀察比較所確定，純粹的客觀根本就不存在。同樣，東方哲學歷來強調的萬物之間的相互聯繫與轉換雖然得以被相對論與量子力學證明，但正是這一整體思維方式，關注「合」而忽視了主客觀間的相對關係與萬物間的相對界限，阻礙了以牛頓力學為代表的近代科學在東方的產生與發展。而人與自然高度對立的思維方式，在西方古代就更為發達，這一思維方式由神的永恆與全能而反思到人類個體精力、時間與把握知識的能力均有限，因此強調「分」，因為如不能限定範圍，任何研究要產出成果都不可能。儘管有時只根據表面形狀的比較而分類，但也得在分門別類的「界限」劃定後，個體的精力時間才能集中與專注，其研究成果才能由「分科」研究積累起來，才終於成為「科學」，迄今主要體現為自然科學。太虛還說：

舊物理學以為它所研究的是一個客觀的自然，獨立於覺知它的心靈之外而有其本身的存在——不管曾否被覺知，這東西總永恆地

〔註7〕釋太虛：《佛學與新思想》，《太虛大師全書》第40冊，頁47、48。

存在著。新物理學的一般論旨，認為我們所研究的自然，並非由被我們覺知的東西所組成，而即由我們的知覺本身組成。它不是主客關係中的客體⋯⋯〔註8〕

佛學空觀所關注不是所謂的「客體」，它所關注的是主客觀關係本身，亦即緣起——作用力的相互關係與因果關係。就此而言，它與相對論及現代量子力學「暗合」。

二、現代生理學與佛學空觀之「暗合」

在此，生理學指其廣義，即生物學、生命現象中內含的「原理」研究，非僅指狹義的人體生理學。在生物分類學方面，太虛認為：

> 科學中說各種存在的東西，還沒有滅亡到空無時，都是有的；死的——無生命的，和有生活相續的，這就是死活相對。死的無生命，活的有生命，亦即所謂生物與非生物；有生活繼續的名生物，無生活繼續的名非生物；土石磚瓦名非生物，草木禽獸名為生物。這都是從有生命和無生命上分別的。但佛學上不作如此分類，只作有情與無情的劃分，要是有情才有生命。所以從生命的狹義上講，有情眾生——一切動物——才有生命。有覺知情識才是充足的生命，花草樹木不能算是充足的生命。〔註9〕

現代生物學的觀察已把狹義的是否能「動」，作為動、植物之間的嚴格界限打破，如豬籠草等植物不但能動，還能「吃掉」昆蟲類動物，說明在動、植物界限之間還存在「灰色地帶」，因而人類對生物的認知也是無限的，對以往認知的侷限能夠不斷超越。而佛學作「有情與無情的劃分」，顯然有利於保護動物。在生命起源問題上，太虛認為：

> 根據生物學來講的，如德國的杜里舒（Hans Driesch，1867～？）。他曾經來過中國。他認為一般生物的現象，非用化學的物質所能澈底說明。他主張生物都有生機——隱德來希（Entelechy），這生機是非物質的，有了此種生機，便成為一種生物，要是沒有生機，則不能成為生物，所以單據化學的解說是不充足的。生機不是物質而是精神的，但也不能與物質完全分開，但這生機是原來就有許多的，

〔註8〕釋太虛：《新物理學與唯識學》，《太虛大師全書》第 42 冊，頁 601。
〔註9〕釋太虛：《生命之起源》，《太虛大師全書》第 5 冊，頁 104。

還是原來是一而後來才變成許多的，也不能決定的說明。大抵物質
分化之後，變成一個個的有生命的現象，進而有感覺、知識、思想，
這只是一種假想的推論。（對此，）能夠講出幾分道理的，只有一神
教——印度梵天教、和基督教等。他們認為宇宙萬物的根本都是起
源於神，一切的起源完全以神為根本。他們說生物唯有生，沒有靈，
人之有靈更是起源於神。這種說法，若反問一句：宇宙一切都起源
於神，神的本身又起源於誰？（則）還是不能解答。法界眾生無始
終。世界眾生可說起源，以「神」為生命的起源，可以說是從大梵
天的觀念產生。從佛法來說，這種觀念根本就是錯誤。因為世界一
切的生起，一是共同的業報，一是各別的業報，由這兩種業力總於
一處，就生起了世界的一切。不過先後次第的不同，並不是從大梵
天所生；連大梵天（的觀念）本身也都是業報所生。〔註10〕

確實，「生機說」是生物「神創論」的變種，佛學以業報緣起論追究生命
起源的因素與條件，則與生物進化論存在「暗合」。太虛進而說：

無生物不能有「生物」之特性，而生物有無生物之性質，且有
力支配之；反之，則無生物可離生物之特性而存在，生物不能離無
生物之性質而存在。乃至於人則可（兼）有靈物（靈長類）、生物、
無生物之性質，且有力支配之，而靈物等則不能有人之特性——人
格。反之、則人之特性不能離靈物等存在，而生物等則可離人之特
性存在。至吾人對人不能滿足，往往有超人趨向，故人以上應有超
人的一階；而且說明過去是進化的，尤肯定在將來亦是進化的，則
現在的人趨向將來的進化，必是個性更圓徹更完美的超人。〔註11〕

這說明，物質只是生命存在的基礎而非其支配，人因對生命「單一可能
性」的不滿足而引發的超越趨向乃人之特性。這與前引雅斯貝爾斯關於人的
特性之結論完全暗合。

由於人與動物在情感上的接近，與生物存在著共生關係，所以較之物理
現象研究，生命現象之研究的客觀性更難把握。早期生物進化論的線性思維
固然幼稚，但「大梵天」之類的生物神創論卻反映了早期人類更為幼稚。當
然，佛學的生命觀也不及現代生理學精細。

〔註10〕釋太虛：《生命之起源》，《太虛大師全書》第5冊，頁105～106。
〔註11〕釋太虛：《評層化論與盤化論》，《太虛大師全書》第50冊，頁412。

三、以佛學空觀批評「行為主義」心理學謬誤，提出「佛教心理學」設想

佛教所擅長的「治心」即現代心理學所謂的心理調適。太虛曾回顧西方心理學史指出：

> 此意識心理學，若推究其源於上古之希臘哲學者，所謂意識，初僅側重知識之研究；繼由魯索等特別注重感情，乃並列知識與感情，為構成意識之二成分；繼又由康德、叔本華等特別注重意志，乃並列知識與感情及意志，為構成意識之三成分。知、情、意三分法之意識心理學，遂為百年來傳統心理學之定例。然所研究之意識，大抵指成人醒時顯然之心理現象而言；繼研究到成人睡時，及兒童與動物等本能的反射作用，有非顯然之意識所能包括者，遂有潛意識或閾下意識之說明以濟其窮。復因孔德、斯賓塞等所倡之社會學漸興，於是研究到群眾心理，又有社會意識、民族意識、國民意識等說明。雖合離異趣，繁簡有殊，對於心識的研究，未實未盡，而為研究與物理相對之心理，則大致從同。名以心理學，固猶可名實相符也。〔註12〕

太虛肯定西方近代心理學的研究成果，又指出其「未實未盡」之不足，因此關注著 20 世紀初現代心理學的興起：

> 行為主義「蔚為心理學界新起之一強國，與傳統心理學所派分之各派相對抗。由此派研究之結果，對於吾人所謂心理，頗增加不少之發見。此派以基於物理的「反射作用」及「交替反應」，以解釋一切心理現象，皆目之曰行為；而主張取銷意識，以但是行為故。行為派曰：我儕以科學方法研究說明之科學，貴有客觀之對象，可為實驗之觀察。……答曰：先不云乎？有自覺的既能覺他，亦可被覺，既可被覺，豈非被知之客觀耶？且君等客觀、主觀之分界，以何為標準而定耶？若以自有情身為主觀而餘為客觀，則客觀應但是他身而非自身，然則將謂但有他身而自身實無耶？如曰自身可被知故，自身亦有客觀存在，則君等以自身為客觀時，又指何事為主觀耶？主觀、客觀，相待而立，設無主觀，亦無客觀。又安可以知客觀自身之主觀自心為無耶？向者自有情身曾為主觀，今可轉為客觀，則自有情心雖為

〔註12〕釋太虛：《行為學與心理學》，《太虛大師全書》第 43 冊，頁 756、764。

主觀，亦何不可易為客觀耶？諸有自覺之心心所，可互為主客觀，亦
猶諸有自覺的有情之可互為主觀、客觀耳。〔註13〕

該心理學派追求「科學」、「客觀」，太虛也肯定了其研究所增的如訓練動
物的發現，然而心理現象比物理、生理現象更複雜，自然科學研究的前提即
確定的界限在心理領域更不適用，研究者的主觀意識更難「去除遮蔽」，太虛
因而責問其主、客觀之分界以何為標準？因為依佛學空觀，主、客觀間是相
對的，沒有絕對的分界。太虛稱「自有情身曾為主觀，今可轉為客觀」，即指
行為主義對身體行為的強調。其「有情心雖為主觀，亦何不可易為客觀耶？」
則指對傳統心理學的「內省」經驗也可轉將其作為客觀分析的材料看待，不
必全盤否定。這說明了在心理學研究方面，主、客觀相互間的視角能夠轉換。
既然如此，解決行為主義與傳統心理學爭執不休的問題之思路就是，絕對的
客觀性追求應當轉向價值中立追求，而站在爭論雙方之上的超越性洞見能夠
就此作出指引。太虛還批評行為主義說：

> 致行為派襲取此迷謬之陋習，乃將自然的心理學及刺激的心理
> 學概遺棄之，祇取身心感刺激而發反應的平庸行為，執為心理學所
> 研究之對象，且排斥研究其他任何對象之心理研究也。若知研究
> 「人」的科學哲學中之心理學，當從人的現實為出發點而研究之，
> 則行為派之僭妄固顯然可知也。〔註14〕

在肯定巴甫洛夫神經心理研究成果的同時，太虛在此似已預料到其學說
之由前蘇聯官方欽定的權威性必將破產。因為行為主義者中偏激的派別把明
明是人類特有的心理行為，也還原為動物生理或微生物就有的刺激——反應
行為，儘管三者之間的區分併非很容易，但這無疑是進入自己並非很熟悉的
生理學或生物學研究領域的「僭妄」。當然，行為主義批判傳統心理學存在著
心理解釋的主觀隨意性是得當的，在以非理性動因解釋人的行為方面也有建
設性。然針對其不足，太虛提出了在早期佛教與初期大乘的基礎上，以佛學
思維高度發達的「唯識學」〔註15〕去作「佛教心理學」研究的設想：即區分
「情」的心理學、「想」的心理學、智的心理學……「如是三類心理，亦可合為

〔註13〕釋太虛：《行為學與心理學》，《太虛大師全書》第 43 冊，頁 756、764。
〔註14〕釋太虛：《再論心理學與行為學》，《太虛大師全書》第 43 冊，頁 782。
〔註15〕徐獻軍：《太虛大師論佛學與科學的關係》，《西南民族大學學報》，2017 年第
　　　　8 期，頁 87。

二類：情的心理與想一分，為凡庸心理學，四惑所染雜故。智的心理與想一分，為增上心理學，四智所清淨故。如是三類二類，皆前染後淨，如欲修證，當捨前趨後。」〔註16〕

心理現象是涉及人類特有的價值觀的非常複雜的現象，其研究較之人與自然關係、人與人之間關係更為薄弱，因此更宜作多角度研究。太虛這一研究角度設想是從「菩薩行」的超越性高度出發，依大乘唯識學所觀察的心理現象之分類，但對世俗心理學在整體上也是肯定的，他建議佛教學者也應先做「凡庸心理學」研究，基礎紮實後再做「增上心理學」研究。雖然並非受太虛這一設想啟發，但西方心理學家如弗洛姆、榮格，生物學家瓦雷拉等等都在一定程度上吸取了佛學見解，其中榮格的研究尤其值得重視，現代日本學者佐佐木現順等也作了佛教心理學研究與探討，中國佛教學者陳兵、釋惟海等也撰有大部頭著作。〔註17〕

四、佛學空觀與人文社會學科之當時進展的暗合

太虛認為在20世紀30～40年代人文社會學科的最新進展中，也存在與佛學空觀的暗合現象，但依空觀來看，尚有不足。他之《論〈韋爾斯〉〈世界史綱〉》這樣說：

> 該書原著者英人韋爾斯，可謂已能超脫英吉利之國拘，而為一歐洲人，或合全歐、全美及西亞、埃及的西方人。然亦以其未能為全球的世界人，故令南亞之印度人閱之，已不能滿意；而在東亞之中國、日本人閱之，尤難滿意；然南亞、東亞實佔地球人類之半也。復以其為赫胥黎弟子而是進化教之信徒也，字裏行間，皆以從天體地球以至人類之進化教義貫注之，亦非有更宏偉之思想者所全許。然得此全歐、全美及西亞、埃及為立場之進化教信徒所示之世界史觀念，已足為拘一隅、篤一時的史家中之佼佼者矣！使能擴充「有始進化」說為「無始進化」說，更根據現實主義而現實現世界為立場者，必將更有公平正確之史眼，以洞照乎上下古今而表示吾人也。其法應剖三史：曰人文史、曰地質史、曰天體史。以現今實際之

〔註16〕釋太虛：《佛教心理學之研究》，《太虛大師全書》第43冊，頁751。
〔註17〕陳兵：《佛教心理學》，高雄：佛光出版社2007年。釋惟海：《五蘊心理學》，北京：宗教文化出版社2006年。

人物地球星系天空為立足點，從作史之年逆推而上，曰史前一年十年百年千年等以為紀──真正世界史，必廢基督教紀元──，蓋吾人於歷史之觀察，亦當以空間觀察之由近而遠也。先廣搜地球人類一切文語傳記，旁參現存之古物古剎為材料，細心推析，以忠實之純客觀，察果求因，以敘其後先之變嬗，上推至無覆文語傳記可得而止──約六千餘載──，曰人文史。從是石器巖層，更上推之曰地質史。遠至地球由日裂生與各星及天空中無數恒星系，且觀此太陽系未成以前，此處為一空洞無物之以太電子界，曰天體史。於是為察因求果之推斷，結論今此地球人類之果，由若何演成；並預言今後之人物地球當若何，以至今後此一太陽系終當壞滅，再為空洞無物之以太電子果。且天空中無數之恒星系，皆為壞空成住之恒轉，而進化實為由空而成，由成而住之一期現象。且地球人類今固猶在進化期中者，但由住而壞，由壞而住，則為退化焉。〔註18〕

太虛稱韋爾斯的「超脫」國家的「拘」束，這是超越性的淺層表現。太虛所謂「有更宏偉之思想者所全許」，對佛教而言就是從沒有終極的超越〔註19〕性高度去觀察。越來越多的當代史學家也開始肯定，敘說歷史的起點主要據史家本人所確定的研究範圍而設置，非此難以作任何研究。客觀的史料引用不無含證明史家潛在預設的立場（如韋爾斯的進化史觀）或理論假說的選擇性意圖在內。歷史中的退化現象也到處存在。純客觀是不可能的，但可以追溯、接近歷史的真「相」。又如針對社會學，太虛說：

德國現代的社會學，可稱為文化社會學，但主要的學派，有宗教社會學、知識社會學、歷史社會學等等；但其中以知識社會學尤有觀察世界文化的眼光。這種社會學以知識論為出發點，據說十二世紀以後勃興起來的西洋人，自然科學知識，只是一種認識自然而征服自然的技術，此則為實證主義或實用主義之知識。但是知識不限於實用的一種，此外尚有教養的知識及解脫的知識；前者如中國及希臘支配階級的知識，後者如印度佛教的知識。近世西洋學者與各國學者之沉醉於西洋學風的，大抵皆已不知有教養的──或修養──及解脫的知識類型存在。故只認實證或實用的知識為知識，

〔註18〕釋太虛：《論世界史綱》，《太虛大師全書》第50冊，頁258。
〔註19〕見本書第5篇。

而排斥教養的及解脫的知識為非知識；此為近世學者一般共同的偏蔽。乃德國的知識社會學者，獨具隻眼，知道於近代西洋的實用知識外，尚有教養的與解脫的知識，此種知識與實用知識有同等的或更高的價值，不可不謂西洋思想界的一大革新。但這三種知識的開展，即為西洋與中國及印度的三種文化。必這三種文化之合一，乃能成為世界圓滿的文化，如物質、生命、心靈之合一，乃成為一完全的人格一般。故不應互相排斥，而應由互相認清以成和合。〔註20〕

　　太虛對社會學綜合的知識之高度肯定，體現出佛學空觀的非對立性思維；又站在全球化的大文化視角高度，肯定各民族文化內含的不同合理性及其「和合」的可能性。

五、從佛學與新思潮「暗合」到《真現實論》之撰述

　　綜上所述，佛學空觀以強調相對否定絕對，但絕非「此亦一是非，彼亦一是非」的相對主義。這種相對主義極易滑向價值虛無。相反，太虛晚年愈益深入地把握了佛學空觀，在其超越性的指引下，現代性在得到充分肯定的同時，其弊端與不足也同樣顯露；太虛也肯定多元文化，但從超越性視閾看來，這不等於多元中無層次高下的不同，而價值迷惘正由表面的絕對「平等」疑惑中產生。很明顯，這是在佛學超越性指引下看待外部世界，但佛教作為世界三大宗教之一，自身也存在著現代轉型問題。太虛早期人生佛教思想不妨說也是對現代性衝擊的被動反應，如講人生是反擊稱佛教為「死教」，講科學是反擊稱佛教為「迷信」。顯然，這雖有其正當性，卻僅是乏力的「護法」。然而太虛在進一步的系統的人生佛教理論闡發中已開始轉向主動發掘更為深層的佛教思想資源，以更有力地為佛教開拓更為廣闊的空間。其基本思路以佛學為先導，這段話為其總綱：

　　　　大乘佛法，雖為令一切有情普皆成佛之究竟圓滿法，然大乘法有圓漸、圓頓之別，今以適應重徵驗、重秩序、重證據之現代科學化故，當以圓漸的大乘法為中心而施設契時機之佛學，是為人生佛學之第三義。故「人生佛學」者，當暫置「天」、「鬼」等於不論。且從「人生」求其完成以至於發達為超人生、超超人生，洗除一切近於「天教」、「鬼教」等迷信；依現代的人生化、群眾化、科學化

〔註20〕釋太虛：《評社會學與三種知識》，《太虛大師全書》第 50 冊，頁 411、412。

為基，於此基礎上建設趨向無上正遍覺之圓漸的大乘佛學。〔註21〕

所以，積極主動地建設「圓漸的大乘佛學」就成了太虛中年以後關注的重心所在。這才有他對佛學空觀與現代物理學、生理學、心理學等許多「暗合」的闡發，而「超人生、超超人生」即佛教根本的超越性，既是佛學觀察現代世界的指引，也是通過「不離世間覺」的修行達致的圓滿境界。因此，筆者認為太虛早年所說的「圓漸的大乘佛學」建設即由其中年所撰《真現實論》體現出來，而《真現實論》之撰述不但本之於太虛深厚的佛學素養，也深受他所觀察到歐美「新思潮」中的理論抽象與佛學「暗合」的鼓舞。太虛這樣概括道：

> 新思潮與佛學接近之點，略從數方面說明：一、場合觀與法界觀：前說（量子力學的「場論」）之場合觀，近於佛之法界觀。譬如一間屋子，所開的一窗關係全屋，全屋亦係在此窗。如大海中之一滴水，就能合於大海。又如人之一鼻根，即通於全身，若離全身即失為鼻根，與科學之場合觀正同。換言之，若明佛學之法界觀，而對於新科學方法，亦必特別容易明白了。二、結構觀與緣生觀：佛學謂一切法皆眾緣生，且如視覺，普通人謂是眼見。佛學則以空、明、根、境、識等九緣和合而有之作用，即緣生無性之如幻現象。如眼見色，必有光線、空間、離距、以及其他種種內心和外境之結合而成視覺；質言之，即是眾緣。若一有不同之變動，即可發生不同之作用。三、能力波動觀與一切種子觀：佛學說一切種子識，即是種種潛在之能力，因所潛之種子不同，故遇緣即發生不同之現象，此說與現在之能力波動觀亦相近。四、新哲學以及生動的、文化的、宇宙的社會與唯識觀：前者（見下引羅素哲學）所說之中立一元論，即是佛學之前五識的唯識現量唯識論。更有諸法唯識觀，此變現說即通創造之進化論。復次、根身器界之萬有，亦皆是唯識變，則宇宙人生即是活潑自動之生動，而社會亦非是政治、經濟、宗教等等一因所能轉變，乃是無數之複雜因緣而成，其變化亦即是共業力之共相果，故近於文化的社會學。〔註22〕

〔註21〕釋太虛：《人生佛學的說明》。《太虛大師全書》第5冊，頁205。
〔註22〕釋太虛：《舊新思潮之變遷與佛學之關係》，《太虛大師全書》第40冊，頁90、91。

　　這裡的所謂新思潮，是與 19 世紀在歐洲 20 世紀前期在亞洲尚風靡一時的「黑格爾等之泛神教」〔註 23〕等相對而言。太虛本於佛學對康德哲學也有所批評，但與對黑格爾哲學的否定不同：康德之《實踐理性批判》「推觀人生等，在可能範圍內有自由活動之意志力，以為吾人持身處世修行進化中能自選擇及趨向之策源地，以為知行上之方便，雖屬需要，乃倒執先天良心無上命令之道德律，為吾人行為最高至善標準。」這種先驗論「以為推論之所必有，（然而）昧其為推想之假名。」〔註 24〕

　　他對羅素哲學，包括其開創的語言分析哲學最為肯定：

　　　　近今哲學界，以英國羅素為代表之新實在論為最進步，試與佛學略一比較。

　　　　宇宙萬有，真相難明，或主唯物，或主唯心。……斷斷相角，已匪一朝。惟羅素主張心物相對而有，係由論理構造而出之概念，不能認為本元；世間之最根本、最簡僻而是實有者，只有一剎那。一剎那所發現之事情，以眼、耳等識可以直接經驗得到，故其斷定「事情」為根本元素。……人類之習見，實則只可為代表「一組事情之假名」耳。……物然、心亦然。故知宇宙間，惟有剎那變現之事情存在耳。然事情不僅屬心的現象，以照相鏡亦能照見故——羅素以照相鏡為能見，此亦謬見，讀者注意——；不定屬心，不定屬物，故新實在論，亦名中立一元論。綜上所述，羅素空於個性，而不空於事情；大乘佛教，並事情而空之，故不相類。只小乘佛教二十部中之一切有部，空人而不空法，與羅素之說為近耳。其說為哲學界最新之思想，而接近佛法之真理，已非前世紀一般唯物（唯心）論者所可及矣。〔註 25〕

　　太虛於 1928 年訪英期間，還與羅素作了毫不含糊的東西方哲學對話：

　　　　羅曰：吾亦思研究佛學，但恨未能耳。不知吾之哲學，與佛學有相同之點否？

　　　　太曰：先生之哲學，頗多與佛學同點。先生「只認有許多散而

〔註 23〕釋太虛：《大乘之革命》，《太虛大師全書》第 13 冊，頁 879。

〔註 24〕釋太虛：《佛學與科學哲學及宗教之異同》，《太虛大師全書》第 40 冊，頁 18、19。

〔註 25〕釋太虛：《舊新思潮之變遷與佛學之關係》，《太虛大師全書》第 40 冊，頁 90、91。

相關之特體，而不設有一個由此許多特體構成之全體，或包容一切
之整個宇宙；又只認有許多真理，而不設立有一條籠罩一切之絕對
真理」。此與佛學只說有許多彼此相應生滅相續之法，而不認有由此
許多法所構成之「常一我」，或任何之整個全體；而說有一一法之真
相，而不別立一法為籠罩一切之真理，以之而破除各家所執之我之
法，其同點一。先生雖說「此一人之所見之世界，與別一人所見之
世界，其中必無共同之地位，因為地位本只能由在其中或在其旁之
事物組合而成」，然許一「不同之世界間，雖有種種之不同，然各個
世界則完全恰如其被覺知之樣子而存在，就初令不為人所覺知，亦
可恰如現在所見之樣子」。此近於佛學所云：「法界諸法，法住法位，
有無覺者，性相常住」，其同點二。先生主張「只由許多之特體，排
比成某結集，即成為能知之心，而屬此結集之諸特體，個個均同時
兼為另一結集之一分子，因其為另一結集之一分子，遂又成為心所
知之物」，此與佛說若心法若色法等諸法，皆是因緣所生法，其同點
三。略言三例，餘可推矣。

羅曰：此所語者，與吾完全同意。

太曰：然尚有須研究者，先生既只認有「如飛而遊之感覺，與
感覺今有」，而又創說有「中立特體」，此之中立特體，其即感覺或
感覺今有耶？抑為感覺與感覺今有之下，更根本之另一法耶？若為
另一法，則有違「只認有感覺與感覺今有」之主張，若即感覺與感
覺今有，則何須更說此中立特體為？（此問題即太虛所認為的「羅
素以照相鏡為能見，此亦謬見」，所以當場提出。）

羅曰：此問題，吾尚在思考中，猶難更為決定。〔註26〕

由此可見，在羅素所代表的邏輯實證主義哲學中也存在與佛學空觀的諸
多暗合。不但如此，所有這些，以及引言所列舉的現代西方哲學走向表明，
隨著現代性諸弊端在西方率先暴露，原來推動現代思潮的西方思想的立足點
──神創論及其變種泛神論、獨斷論，先驗的理性論（這些都可歸結為本體
存有論），唯科學主義以及隨之而來的追求絕對的客觀性都引起了懷疑。海
德格爾（1889～1976）的思想轉向是最明顯的例證之一，海德格爾原本信仰

〔註26〕釋太虛：《與羅素先生之談話》，《太虛大師全書》第 53 冊，頁 757。

天主教、後又轉向新教，但布倫塔諾的介紹亞里斯多德關於存在的多種意義的小冊子，引起了他對關注古典西方哲學本體論問題的興趣，而胡塞爾現象學的啟發，尼采「上帝死了」的吶喊，特別是第一次世界大戰的爆發與德國慘敗的現實，使他感到由本體論出發的哲學理論喪失了其解釋力，甚至「本體」自身也成為了問題。而布倫塔諾關於人的認識之意向性理論是胡塞爾揭示「意識」結構的前提，〔註 27〕因而必須轉向追問「存在」之根本意義。從西方哲學史上主導學派更迭演化而來的這一根本點的轉向，可謂與原「無本體論」的佛教空觀殊途同歸，儘管廣義的現象學——存在主義或多或少受過東方哲學特別是佛學的啟發。進而，西方近代受科學研究巨大成就鼓舞而來的客觀性追求，例如行為主義心理學為繞開心理現象的主觀性難題，轉向可以客觀地觀測到的「行為」研究，然其實由此的收穫較其預期而言並不很多，因為心理範疇的研究總「難免主觀」。由馬克斯・韋伯啟端的社會學的「社會行為」研究的解釋力也有限。所以依太虛的建議或可如此解析，與物理現象研究不同，應根據對生理現象、心理現象、社會現象等研究對象的各自特殊性，而更重視主體行為作用於客體及其反應、反饋的關係研究，並據可重複的相互反饋來降低研究難免的主觀性。這樣，也與佛學「去我執」要求暗合。

太虛之佛學傾向重在繼承中華傳統的「法界圓覺學」（即印順所稱之真常唯心論），這點與印順重在「法性空慧學」（即「中觀論」，太虛於 1942 年曾開講）有所區別。對於此點，海內外學者的辨識已較明確。正因如此，太虛並沒有放棄人生佛教的「圓頓」路徑，即由禪宗的「直指人心，見性成佛」發展為「直依人生，增進成佛」。〔註 28〕然而歷來「十禪九蹉跎」，所以太虛思想的另一進路為「圓漸」。他在 1927 年開始撰述《真現實論》，即為其呈現，雖至 1942 年仍遠未完成，其歷時卻與他相繼提出建設人間淨土，率先提出作為專門名詞的「人間佛教」相彷彿。可見，與科學、現代人文學術新成就暗合的「圓漸的大乘佛學」才是太虛人間佛教理論基石。依筆者陋見，這一思路與現代人的文化科學素質提高相適應，也與佛教群體的精神層次不斷提升的

〔註 27〕該理論認為，物理現象與心理現象的根本區別就在於心理現象，包括人的意識結構，都帶有受其需求影響的積極主動的一端，即所謂選擇性接受與解釋。因此，所謂純客觀在人的意識中是不可能存在的。

〔註 28〕釋太虛：《即人成佛的真現實論》，《太虛大師全書》第 47 冊，頁 461。

需求相應，因他們各自所受科學與人文社會學術新思潮的啟發，與其所學佛學之間的相互影響，才有更大可能形成正知正見的「群眾化」，使更多的人有所覺悟；從而使佛教擺脫由明清模式造成的邊緣化局面，有可能被知識界與主流社會更廣泛地接納。因為佛法追求的「無始」無終的超越，原與科學「無禁區」的探索精神內在相契；也因為太虛在積極接納現代性的同時，不懈地批判西方基於執著於本體的人與自然、人與人之間的高度對立思維方式，以及由此帶來的強調對自然的「征服」、人與人之間像野獸般「鬥爭」而來的現代性弊端。而他這兩方面闡述都發自佛學空觀，具有內源性。與此相應，在當代必須強調，人本簡單的基本生存需求已不難滿足，被「本體存有論」一再強化的所謂鬥爭多為人與人之間的價值觀衝突，而由利益集團有意無意造成的價值扭曲（即攪渾水），才是被瑣事纏繞以至無暇思考的人們陷入價值迷惘的重要原因之一。對現代人而言，知性追求的客觀性及其由人決定如何去利用的工具性並不能解決價值觀問題，尤其是各界精英，生存意義追求更為迫切。所以，現代社會更亟需超越之維。

結語

筆者認為，變革急劇又複雜的所謂現代性，是與長期緩慢演化且簡單些的各大文明之前現代相對而言。在西方，現代性由文藝復興、宗教改革、啟蒙思潮、科技與工業革命——諸各有不同動機與目標的運動匯合而來，其間一以貫之者乃理性思維，而不僅僅是知性追求。現代性也不僅是生產、生活方式的變革，更是人類思維方式變革與價值重估與整合。至今現代性變革並未中止，僅其席捲全球勢頭遭遇了阻力。兩次世界大戰與當代的價值迷惘，恰恰說明了思維方式變革與價值整合沒有跟上生產、生活方式的急劇變化。而至少在一戰期間與戰後，西方學術界已對現代性自身釀造的苦果開始進行理性反思，海德格爾的思想轉向僅為窺一斑而見全豹的一例，同時代作出深刻反思的雅思貝爾斯進而反戰反納粹，提出了思維方式問題，不否定知性追求而更為強調對超越性洞見的追求。被太虛運用佛學空觀所敏銳捕捉到的一戰後三十年來的西方「新思潮」，正是承繼著理性思維又重啟理性反思的新指向之下的多方面成果映像。早年深受西方現代思潮影響的太虛也在一戰爆發當口，對現代文明的發源地所起的戰亂深感失落，以致對自己一向以來的信念發生動搖，甚至對自己以佛法救世的力量亦發生懷疑。當然太虛經過一陣

懷疑，最終打破了對西方文明的盲目崇拜，反而堅定了其秉持的佛法超越性信念。然而西方現代文明畢竟是其自身傳統的創造性轉型，不僅其科學技術成就，而且其思想高度與精神高度亦多遠逾其他人類文明之上。一戰結束後，西方經濟迅速恢復，儘管問題多多，仍然被當時一般國人所向往。因此，太虛感到「中國人心之轉移繫於歐化」，〔註29〕1927年，他在準備出國對此考察的同時，特撰《真現實論‧宗依編》，進一步闡發其人間佛教理論，表明了他從佛學空觀出發融貫現代思潮的基本立場：

> 現實主義乃佛陀無主義之主義。何謂現實主義即是無主義耶？現實真是如此，契知現實真是如此；現實真是如此——法爾如是，亦曰本來面目，亦曰真如——，宣說現實真是如此。知亦現實真是如此，不知亦現實真是如此；說亦現實真是如此，不說亦現實真是如此。……而現實主義，雖鏡涵萬流，含容一切，要非佛陀不足以正其名義也。以簡別世俗現實主義，故名曰真現實論。〔註30〕

這裡的「無主義」實為「無本體」，太虛試圖以佛學融貫的主要是在英美居主流地位的思潮即實證主義、自由主義，羅素哲學為其中之一。然而要求僅受過禪修與聽經指點，其餘皆自學又生活在東方環境中的太虛對其有深入瞭解無寧為苛求，但正如前文所言，佛學空觀之無本體之執的「鏡涵萬流，含容一切」，與實證主義在多方面存在暗合。他又撰《自由史觀》，認為人類「正當之所為，唯自用自由源泉之心知活動，自解放重重被囚之桎梏，以增進其自由而完成其自由之本性耳。」這一佛教解脫論意義上的自由無疑也跟自由主義有相通之處。

可惜，太虛意在為人間佛教思想奠定更為廣闊的基礎的《真現實論》並未寫竟，其原因與其個性偏於多方面的開拓而缺乏在特定方向的堅持有關，也與20世紀30～40年代形勢劇變致使事務繁忙有關，還與當時佛教徒的整體文化水平與眼前關切有關。所以他雖寫完了其中的《宗依論》後曾多次講述，在圓寂前五年還在漢藏教理院講《宗體論》，然言者諄諄，聽者多不解其中三昧。況《宗體論》仍有尚未來得及概括的內容，《宗用論》更尚未著筆。印順最為瞭解太虛未竟之志，即發揮「佛法的特質，正常的積極的部分，

〔註29〕 釋印順：《太虛法師年譜》頁104，意即當時國外新思潮對中國人心有舉足輕重的影響。北京：宗教文化出版社，1995年。
〔註30〕 釋太虛：《真現實論‧宗依論》，《太虛大師全書》第36冊，頁4、5。

以適應時機，救濟苦難的現代」，〔註31〕但印順自己個人志向在於追溯佛法本源，他想要闡發太虛這一志業亦力有不逮。所以只能把包括從文化、宗教、國學、哲學（指西哲）、道德到心理學、科學、人生觀、社會、教育、健康、文藝的各類太虛文章，統統歸入《真現實論·宗用論》（《太虛大師全書》第十三編，本文引用太虛語之大部分出此）。太虛亦曾寄希望於芝峰、亦幻等較為熟悉西方文化的學生能繼承他未竟之志，可是他們思路過於激進，為適應時機以至忘記了佛教根本的超越性所在。故太虛告誡說：如「別無超俗向上之意義，存佛教之名而無佛教之實，」又何庸為之？〔註32〕此外，1942年太虛在漢藏教理院主持召開「佛教對將來人類任務」的座談會，王恩洋提出「佛法之任務為人類之眼（正知正見）、眉（德行尊嚴）」，太虛在肯定其所指稱的高尚德行與超越性的同時，然尚感這還偏於「消極」。〔註33〕由此可見，太虛乃持守著佛法「中道」以評估現代價值，而《真現實論》正是其發揮佛法積極精神的基本體系所在，惜至今其志未竟。太虛將未竟之志寄望於年輕一代：

> 少年當站向新潮之最前線上，不可留戀三十年前的……舊思想，成為時代的落伍者！因為現代之新學說，已非三十年前之舊思潮可比……然則如何進步？在中國、可從研究佛學而步入於西洋已在蓓蕾待放的新思潮。〔註34〕

太虛誕生已一百三十年了，不論在東方或西方，當代社會之價值迷惘、價值虛無現象尤逾於20世紀，更需要超越性光照穿透「現實」。

原載《原佛》第三輯，香港：五和出版社，2020。

〔註31〕釋印順：〈《妙雲集》序目〉，《般若經講記》，頁a7。
〔註32〕釋印順：《太虛法師年譜》，頁241。
〔註33〕釋印順：《太虛法師年譜》，頁268。
〔註34〕釋太虛：〈舊新思潮之變遷與佛學之關係〉，《太虛大師全書》第40冊，頁90、91。

太虛的佛學意義世界
——《真現實論》之當代解讀

引言

　　太虛之《真現實論》早在 1940 年已有單行本出版，但迄今對之研究仍極為不足。關於佛教界特別是太虛門下對此的闡述，筆者在《多元價值迷惘下的超越性指引》一文中已有說明。該文還闢出專節論佛學與科學的暗合，本文則指出佛學與科學的不同所在。學界對《真現實論》的研究則似以霍韜晦為最早，但其相關論文多為對人生佛教的一般闡發，其相關見解中啟發性較大者為「『菩提』非他，即是此一（覺知的）存在」一語，這點可與西方存在主義哲學作溝通；其後陳永革在《人間潮音：太虛大師傳》中指出，太虛《真現實論》撰寫的主旨是「希望能夠全面地建構一個貫通佛法與世學的現代佛法的整合體系」，〔註1〕並以此指導佛法在現代的推廣，誠得其要，然論證尚疏闊。王雷泉與筆者雖分別為《近代佛教名家名著提要》與《中國學術名著提要·宗教卷》寫了該書提要，但限於篇幅也只是作了概要介紹。〔註2〕朱俊龍撰有題為《太虛「現實之理」思想探微》碩士論文，然僅屬對該書詳細介紹性質。李廣良的博士論文《太虛唯識學思想研究》中有專章闡發《真現實論》，這是迄今最有份量的學術研究性論文，其論述也相對最符太虛意圖，筆者從中

〔註1〕陳永革：《人間潮音：太虛大師傳》，杭州：浙江人民出版社 2003 年，頁 160。
〔註2〕王雷泉：《近代佛教名家名著提要：真現實論》，《法音》1996 年第 3 期第 38～39 頁。陳士強主編：《中國學術名著提要·宗教卷》，上海：復旦大學出版社，1997 年，頁 591。

獲益良多,然其不足有三,一是誤以為太虛人生佛教思想闡發在該書撰寫之後,其實是不說更早的話也是同步。二是把《真現實論》放在太虛的唯識學思想框架中論述,而忽略了太虛在此書中已有把「法界圓覺學」,即在中國得到充分闡發的「真常唯心論」的佛學智慧,甚至吸取中國傳統哲學精華,與唯識學一併整合起來的意圖,儘管太虛對「真現實」的闡發確以唯識為主。〔註3〕三是其所用唯識術語與當代學術語彙尚不足以對接,因此難以使太虛的意圖被國際學術界理解;而這點正是漢語學界之學者責任所在。

　　承接著前賢研究,筆者雖愚陋,也意識到由於兩千餘年累積的佛學名相與世界各類學術各派哲學概念體系同樣複雜繁瑣,欲作溝通是非常困難的工作,而且由於概念的特定含義不精確,未免被西方各派哲學與佛學唯識、中觀以及天台、華嚴各專家批評,但這工作總得有人起步,以便後人糾正與豐富推進。因為不同名相(概念體系)之實指並無二,擺脫不同語言與概念的表面糾纏,得其意即可忘言,人們在日常交往中不就是這樣嗎?故而,佛學與現代科學、哲學的意義之實質領會與溝通是必須做的,這是太虛撰寫《真現實論》的意圖之一,也是不能排除有逐步溝通的極大可能的。佛學在世界學術之林中極富自身特色,依佛學看來,人類常識與世俗學術成果各有其在其特定方面的合理性,因而大部分必須肯定,但它們或在整體上顛倒,或存在局部性、片面性,因而需要校正。但可惜,太虛在九十年前(1927)啟動的這一巨大思想工程在其生前並未完成,本文續前文之後,試圖對《真現實論》的重要內涵作出當代解讀,以期對後人有所啟發。

　　筆者認為,太虛法師的意義世界基於佛學的萬象相對而非必對立,相聯繫而不能割裂的立場。這一著眼於從整體上觀照現實的理性思維方式暗含著其所概括的內涵必須立於科學的認識及其知識性的基石之上,因而須從對知識的把握起步,昇華為尤其是人類富有的智慧。對佛學而言,係內向的超越性智慧。

　　筆者認為,從佛學所追求的解脫束縛的目標看,則暗含著太虛法師的佛學意義世界關注的重心不在科學,而在於人文價值。在這方面佛學當與現代哲學乃至後現代哲學具有更多共識,佛學特有的內在超越性亦可給當下與未來哲學發展予一定啟發。

〔註3〕李廣良:《太虛唯識學思想研究》,中國社會科學研究院博士論文,2001年,頁90。

　　筆者認為，在作出一定的佛學與現代科學、哲學之意義的實質領會與溝通之後，在全球面臨的諸多重大問題上，東、西方文明彼此可以增加一個共同的平臺，同時基於佛學立場的話語才能被廣大公眾理解。在這方面，太虛為佛教佛學爭取應有的話語權也早就作出了表率。而這三方面正是《真現實論》的主要內容之一，由於篇幅有限，該書中有關太虛為融貫佛學內部各派的分析與解說，筆者則暫不作分辨。

一、《真現實論》解題與佛學認識論

　　何為「真現實」？相對於受到道家消極無為思想影響的中國中古時代佛教界普遍否定現實的觀念而言，太虛認為：現代佛學必須對「現實」加以充分的肯定，因而現實即宇宙，但宇宙一詞又不能窮盡現實。因為宇宙也在無始無終的變化之中，因而在人的認識上不可能窮盡，而華嚴學的重重無盡「法界」一詞才能概括現實。現實既指宇宙萬象，更特指由表象呈現之理，即表象間的內部聯繫。在此太虛借用了傳統中國哲學的理、事範疇；然而依據「無本體」的佛學，此「理」雖比「事」即表象可靠，但終究也僅為「共相」而已，佛學並未添加什麼。因此，「真現實」超越於任何主義，〔註4〕「真」即相對於語言文字所表詮的有限──「假」相而言，假並非不存在，而指在蘊有無限超越性可能的佛學觀照之下，人對萬象的認識既可當下肯定，也未有其窮盡，當然也不可能以語言充分概括。這一特定的「現實」應屬「元哲學」概念，在西方哲學中雖有探索，但迄今似並無完全對應的概念可表述，不得已，暫理解為相當於存在主義哲學中的「存在」，當然是「空性」的存在。〔註5〕（以下均用「相當於」的現代概念表達的佛學術語同此，不再說明。）當然，太虛用「現實」一詞還表明藉此融貫西方實證主義的意圖。

　　佛學自其在軸心時代誕生起，與其他神學、哲學、科學對比之下，就屬於被筆者歸結為「二次元」的早熟的理性之學。因為佛陀對大梵天神學與以「六師外道」為代表的世俗學說作了全面深入的否定性反思，故而有佛學的誕生。這些學說其實也能代表一部分當時其他環境下的早期人類的思想與思考，因而

〔註4〕太虛：《真現實論·宗依論》，《太虛大師全書》第20卷《論藏·宗依論（一）》，北京：宗教文化出版社、全國圖書館文獻縮微複製中心，2005年，頁8～10。

〔註5〕「空」絕非無，也就是不是不存在，而其虛指是在變化中，如必須筆者進一步實指的話，乃重重無盡無始變化中的由因果關聯構成的因陀羅網。

都是「一次元」生的，太虛則用「幼稚的」加以形容。〔註6〕當時在其他不同文化環境下，如在古希伯來、古希臘、古華夏也誕生了類似的「一次元」神學、哲學、科學，軸心時代的先知、先哲也對此作了反思，然其神本的、物本的或以自我、以精神、以「無」為本的根基，並未由反思所憾動，反思只是促進了神本論或物本論等之修正與豐富發展完善，例如基督教神學乃猶太教神學的修正與豐富發展完善，〔註7〕20世紀物質構成的最小單位「基本粒子」論乃赫拉克利特原子論的修正與豐富發展完善。佛學則早就超越了諸如此類的本體論思維，認定在萬象之背後並無所謂「本體」、或「一生二」的「元動力」、第一推動力，萬象直接鏈結著其緣起，即形成它的因素與條件。佛學認為，人類對宏觀或微觀的認識背後，都不存在本源、起始或止境。早期人類就如心智未成熟的孩子一樣，由於自幼學習就來自把成人教的一個個語言概念與實物一一對應，他對其他感興趣或欲擁有的而成人也解釋不了或給不了的事相，很容易想像為背後有更為本源的東西如神或物在驅動或掌控，實則完全虛妄。佛學特有的緣起論無它，就是將這些虛妄徹底破除。其實，佛學的誕生是在兩千五百年之前，從世界的無限與變動流轉（不確定性）出發的對早期人類欲究事物本體的認識路徑之反溯（然而並非對之否定），亦即對向外尋求的婆羅門教等各體系的推翻，佛學不但沒有去修正、豐富印度各神學、哲學體系，而是作為帶有原創性的體系（即二次元），僅承繼、攝取了印度「一次元」文化中相當於古代科學認知的「五明」，並從根本上改造了「輪迴」觀念，進而返身向生命的更高層次（智者、羅漢、菩薩、覺者—佛）尋求。這相當於向內尋求路徑，對於人類而言相當於蘇格拉底早就提出的認識自己；就大乘佛學主張的眾生皆有成佛可能性而言，也相當於康德提出的成為智慧者。然而迄今相對於科學的突飛猛進而現，人對自身的認知仍有多多

〔註6〕太虛：「特人間一般之直覺，多為幼稚現比量之知識而已。……以一般學者比量理智為長成，則一般常俗直覺為幼稚；以未離執障者少分現量智——定心現量——為長成，則一般學者為幼稚；以離一分執障真現量淨智為長成，則未離執障者皆為幼稚；以全離執障者之淨智為長成——佛陀——，則未全離執障者亦皆為幼稚，幼稚之與長成，程度相差如此懸遠。」（《真現實論·宗依論》，《太虛大師全書》第20卷《論藏·宗依論（一）》，頁23。）

〔註7〕太虛稱佛教為理性的宗教，基督教則被稱為略具理性的宗教。（《人群政體與佛教僧制》，《太虛大師全書》第24卷《論藏·宗用論（三）》，頁55～56、61～62。）筆者之謂早熟，係用個體理性有其發育成長過程模擬，即相對於其他未成熟而言。

欠缺。在佛學所依據的超越性的成熟智慧觀照看來，向外尋求猶如由幼小動物就有的好奇心與生物本能的求知欲推動，在人的幼年期固應鼓勵，會有所得，但不可放縱而應在成人指導下才能成長，乃至其理性成熟。因此，太虛對各本體論哲學、神學都作了批評，〔註8〕印順對佛學無本體的特質作了更清晰的闡明。〔註9〕

那麼，相對於不可知論而言，在佛學的觀照下所謂「存在」是否可知呢？〔註10〕太虛認為，以言詮而論是可知而說不盡的，因為語言文字也不過是人類交流、思維的工具罷了，其傳達的信息有限，有時一幅圖畫比上千語言文字傳達的信息量還大得多。何況語言文字對複雜事物的表達還須借助在不同人之間很容易引起誤解的不同概念體系！而「現實」在佛陀的禪定（「靜慮」）

〔註8〕 太虛：《真現實論‧宗依論》，》，《太虛大師全書》第 20 卷《論藏‧宗依論（一）》，頁 5～6。

〔註9〕 印順：「凡是現實的存在者──即緣起的存在，必然的現有時間的延續相，即前後相。由於不悟時相前後的如幻，因而執取時相，設想宇宙的原始，而有找到萬化根源的願欲。原來，眾生與世間，有著根本的缺陷性、錯亂性，即在眾生──人類的認識中，有一種強烈的實在感，雖明知其為不真確的，如水中月，如旋火輪，但總還覺得是如此如此的。這種強烈而樸素的實在感，即亂想的根本──自性見。依此自性的實在感，成為意識的內容時，如從時間的延續去看，即是不變的：不是永恆的常住，即是前後各別──各住自性而不變的中斷。如從空間的擴展去看時，即是不待他而自成的：不是其小無內的小壹──即成種種，便是其大無外的大全。由於實在感而含攝得不變與獨存，即自性的三相。在知識愚蒙的（時代），索性把一切都看為真實、不變、獨存的，也無所謂神學與玄學。由於知識經驗的進展，雖逐漸的發現到現實的虛偽性、變化性、彼此相關性，但由於自性惑亂的習以成性，很自然的會想到超越於現象──虛偽、變化、依待之上的，含藏於現象之中的，有『這個』（本體等）存在，是真實、是常住、是獨體，依『這個』而有此宇宙的現象。由於不覺時間的幻惑性，所以有尋求宇宙根源的願欲。明明是人類自己在那裡創造宇宙，構劃宇宙，卻照著自己的樣子，想像有真實的、常在的、絕對的──獨一自在的神，說神是如何如何創造宇宙。……佛法確認此現實的存在是緣起的，是無自性的，是無常的，是無我的。緣起法現有前後、彼此、因果等等，世間即是如此如此的；但不能作為實在性去理解，實性是不可得的。」（《評熊十力的新唯識論》，《印順法師佛學著作集》光盤版，新竹：印順文教基金會，2002 年。）

〔註10〕 佛學雖無本體論，不承認萬象背後還有康德所謂自在之物，但認為單一事相背後仍然存在緣起，該緣起中的每一因素背後又存在另一深層緣起，如此重重無盡。正如原子背後有「基本粒子」，可「基本」背後還有更基本，僅許多在一定技術條件下人類仍未知。一旦「核子」打開又是一片新世界。從這一角度看也是言說不盡的。可見佛學並非神秘主義，凡神秘大體來自個體的無知或未知，而宗教意義上的崇拜又來自神秘。

狀態下的超越性全息洞照下是可知的,佛學即為佛陀之學。〔註11〕至於限定具體範圍的現實則是可知也可說的,但借助於佛學認識論及其方法論更能明瞭知性的侷限。

《真現實論》共分三部分,其第一篇《宗依論》之「宗」指宗旨,「依」指依據,「宗依論」亦即太虛擬伸張的現代佛學之古代依據及其論證,因而其第一章就介紹了由現量、比量〔註12〕及其驗證(真、似)構成的佛學知識論,進而追問知識由何而來的認識論與相應方法論。

約略地也是很不精確地說,佛學認識論主要從個體對知識的習得與掌握,及其習練運用之後智慧的生發而言,哈耶克所謂知識的分立性,〔註13〕也早就成為佛學認識論的前提,但必須注意,佛學並非如哈耶克那樣從個體理性的有限出發。因而,《真現實論》中的現量既指現覺親知,相當於個體的直接經驗;又指現覺親證,包括對來自他人傳授與前人累積的書本知識的領會把握,甚至包括超越性智慧的領悟證實。比量指個體經過比較推理把握的知性認識,〔註14〕相當於可靠的間接經驗。「真」為親知親證的,甚至帶有超越性的,「似」則為模擬的有侷限性的。現量的觀照最初對自相(即個別概念,但凡概念經抽象形成,皆為「似」而非真,有著語言文字所難以盡加描述的侷限,自相總比概念豐富得多)而言,個別概念的歸類集合,加上比量推理的共同作用,構成共相——模擬現實的概念體系,這一體系亦具內在條理,即內在聯繫。數學與時空觀念、語言文字(聲明)學、邏輯(因明)學,甚至凝結著古人智慧的經典,都是認識與驗證知識可靠性的工具。佛學從來就不以為凡佛陀所說的言詞就是可靠性不容質疑的,而是依「四

〔註11〕 太虛稱:「假依於實,實不可說,說皆唯假,假不離實。」(《真現實論·宗依論》,》,《太虛大師全書》第21卷《論藏·宗依論(二)》,頁10。可言說的假名是「實相」的抽象,但人只能通過假名或概念理解、逼近「實相」。

〔註12〕 太虛:「量是規矩繩墨準確刊定之義。諸正確之知識,概名曰量。」(《真現實論·宗依論》,》,《太虛大師全書》第20卷《論藏·宗依論(一)》,頁7。)

〔註13〕 〔英〕哈耶克(Friedrich August von Hayek,1899~1992):《致命的自負》,北京:中國社會科學出版社,2000年。另見其《知識在社會中的運用》。

〔註14〕 太虛:「除現量而外,所餘之正確知識,概曰比量,恰同近人所云『理智』。」又說:「而別名比量中之相曰『理』。名辭等與理及分別三者和合,乃成比量,若缺其一,即不成就。故比量智,亦曰理智。」(《真現實論·宗依論》,》,《太虛大師全書》第20卷《論藏·宗依論(一)》,頁12。)因知識固有的工具性質,這裡所說的理智,近於所謂「工具理性」。

依四不依」為準則，〔註15〕主張應考慮到佛陀在什麼場合對哪些對象說，以辯明其所說的真義。對《宗依論》中其他內容，本文第二節再略加論述。

　　《真現實論》的《宗體論》與《宗用論》兩篇借助了中國傳統哲學的體、用範疇，以表達太虛現代佛學體系的主要內容與其應用。因而《真現實論·宗體論》就展開了其理論體系。太虛原擬《宗體論》為五章，即現實之理，現實之行，現實之果，現實之教，現實之教理行果。可惜，他生前僅撰寫了第一章後即圓寂，與其理論對應的實踐，理論與實踐的效果預判與證實，理論來源的經典依據，以及最後的總結都未來得及形諸於嚴謹的文字。至於《宗用論》，更無一字著筆，但筆者依印順編《太虛大師全書》時分類歸納的諸篇章，已在《多元價值迷惘下的超越性指引》中已對其可能包含的內容作了扼要評述，故不贅。在此重點評述《宗體論》第一章的理論展開。

　　筆者認為，太虛所謂「現實之理」相當於佛學認識論原理、佛學思維方式的鋪展，同時也是對其他思維方式的批判。「現實」即「不摻絲毫不存私見私欲之主觀偏執（成見）」於其中的如實真相。〔註16〕而其中第一節《現變實事》的闡述，在我們所處的複雜而多變的現代世界，基於已充分把握多方面知識的智者或覺者立場，即太虛理解的「理性」立場，〔註17〕能夠對「現起變動的如實有事」作出當下即恰當的觀照及與此相應的作為，頗具特殊意義。

　　由於在世間，只有西方自古希臘以來的辯證法及其思維方式，與中國傳統的《易經》學說及思維方式與佛學較為相似，略具可比性。所以太虛就以對這兩派的批評為例，以便展現佛學的意義世界。在太虛看來，儘管兩派也強調萬象之轉化值得肯定，但辯證法強調的對立與易學強調的穩定在佛學「中道」看來都各執一偏，就萬象剎那剎那在變及其延續等而言，這兩派學說強調的變化中的世界也都是「粗顯」的，不如佛學所見「微細」，（微細相當於能透視至意識流，從認識層面看，佛學概括的精神心理因素更強，）因而其所見不夠「如實」；且佛學所稱的現象與幻象相對，與辯證法所謂與本質對立的現象並非一回事。因此太虛開首就闡明現變事之真實即為現實，道家的所謂

〔註15〕四依四不依，即依法不依人。依義不依語。依智不依識。依了義經不依不了義經。（《大般涅槃經·如來性品》）
〔註16〕太虛：《自由史觀》，《太虛大師全書》第 25 卷《論藏·支論》，頁 224。
〔註17〕「現起變動的如實有事」係該節第 1 小節的標題。依太虛晚年《人生佛教與層創進化論》中的闡述，理性係人之特性，但就個人而言，有「高低淺深」之分。（《太虛大師全書》第 21 卷《論藏·宗依論（二）》，頁 62。）

自然在佛學也看來只是業果之一部分（與自然相對的社會構成另一部分，即人類共業），即以往業力所造的遞延結果，屬假相非現實。從另一面看，個體的認識對象（色）與認知主體（心）都處於剎那生滅中，剎那生滅當然是間斷的；而現變實事的連續性，即前因後果須借助「緣」（在此指父母與家庭影響、老師教導等後天因素）才能被五識（眼、耳、鼻、舌、身）感覺到，並與意識（第六識）的綜合顯現「識」。「緣」與「因」相對，然而何為個體認識之「因」？有的學說稱是實踐，唯識學不否認實踐，但實踐只是「色、受、想、行、識」五個認識層面（五蘊）中的一層，故認為更為根本的是「種子」，在生物界相當於遺傳基因。從認識過程看，人的遺傳基因與「胎生」之緣結合後，其眼、耳、鼻、舌、身五識即受現行諸法（色）影響（薰），而第六識對薰知的綜合，特別是經自我意識（第七識、末那識）的加強，更具有模仿與主動學習的選擇性、能動性（習）；長期薰習也會加強學習與適應能力，並通過遺傳基因攝持，其各種能力的變優或變劣都存在可能，並反過來影響基因的改變。第八識即阿耶賴識又稱藏識，[註18] 認識的基因組即保存其中，藏識的運作變化如「瀑流」，既非「凡常」所認為的性質固定如一，亦非「斷滅」、「虛無」，健全的認知也在剎那中寂滅，又在剎那中重新開始（生、更新）；同樣，阿耶賴識能在事相的剎那間「因」滅，剎那間「果」生中，洞見其「緣起」，即因果聯繫，[註19] 亦即在認識的諸對象中找出線索與條理，即內部聯繫、理性認識。實際上，所謂八識是個體認識的統一體，分析是為了交流而說明的需要，這一剎那生滅而連續的統一體在漢語中稱之為「心」。因此，太虛說：「色、心匯流業果，業果噴湧色、心。至此，業果、

〔註18〕太虛：「藏識為末那識作俱有依及根本依，屬於勝緣；而又以其『見分』為末那識作疏所知緣，故亦為知緣。」（《真現實論・宗依論》，《太虛大師全書》第 21 卷《論藏・宗依論（二）》，頁 61。）勝緣亦即善緣，因此用現代語言說，阿耶賴識是價值與知識的聯結樞紐。

〔註19〕在此，佛學的因果聯繫不同於尋常的歷時性的由因結果關係，在佛學中這一縱向關係僅能歸屬為因，果則指橫向的內部聯繫，亦即共時性的相互影響。同樣，橫向的每個果前又有因。所謂華嚴十門相當於量子力學超弦理論之十一維度，構成了因陀羅網網狀結構的因果關係。因此說，從滴水或獅身上一毛可見大千世界之整體。太虛認為：「類別、別類，則為比量境中依共相理所增起之差別相理。依一類或一別之差別相理境，觀其藉以生成之眾關係，則為比量境中依差別相理所增起之因相理。即觀彼眾關係所成之差別相，則為比量境中依差別相理所增起之果相理。」（《真現實論・宗依論》，《太虛大師全書》第 20 卷《論藏・宗依論（一）》，頁 15。）

色心遂得貫通。」〔註20〕在太虛看來，唯識學的識與圓覺學（真常唯心論）的心是一貫的。唯識學對「識」的分別闡說，相當於從潛在的意識流、顯在的感性認識與理性認識的聯繫中把握世界。當然，眾生本能的欲求對認知的影響亦具高度選擇性與能動性。〔註21〕

　　《宗體論》第一章第二節《現變實性》講佛學原理所重的否定性原則，包括一方面應認識宇宙的無創造主宰性、無特定本因性、無世間進化性（因退化同樣存在而否定進化之必然性），不可否定的僅為變化的真實性，歸結為世界由因緣產生，由心識顯現；另一方面論證眾生與諸法界本無我，連阿賴耶識的「三自性」亦無確定的性質，可肯定僅為涅槃即內在超越，最後歸結為世諦、真諦。佛學對世諦中的合理性亦肯定，真諦更是實觀，也是佛學超越性的體現，又是在現實中寓有的理想性，〔註22〕能不斷引導現實世界向上。第三、四節《現性實覺》、《現覺實變》講轉識成智，以及轉染成淨〔註23〕的自覺。佛學稱通常的知識為分別識，相當於分門別類的知識。分別識與般若智相對，業師蘇淵雷教授亦有志於溝通東、西方文明，他認為阿賴耶識的「三自性（遍計所執性、依他起性、圓成實性）」的關鍵在於依他起性，這就是理性的依事物的性質而不同的分辨比較能力。然而在此之前，所謂遍計所執性就是理性的綜合判斷能力，對正確的則肯定「圓成」「淨」相，而遣除其「計執」所增益的「染」分，最後達致了知事物本來面目，即圓成實性。當然，般若智（真諦）啟於分別識（世諦）而高於分別識，圓成實性乃般若智的實有踐證。「了知『依他』為染淨依，然後觀行踐證得有下手處，方便善巧，最切受用。」〔註24〕筆者認為，依他起性與遍計所執性相當於康

〔註20〕太虛：〈《真現實論·宗體論》〉，《太虛大師全書》第 21 卷《論藏·宗體論》，頁 230。

〔註21〕其正面如由好奇發展而來的興趣，佛學認為乃認知的「增上緣」。天才無不對某方面知識有高度興趣，且可因此具有超越性洞見及不以求知為苦反以此為樂。其負面被佛學稱為「所知障」，如認識的片面性、仗才傲物等。

〔註22〕太虛：「故真現實即已包含了理想。」（《真現實論·宗體論》，《太虛大師全書》第 21 卷《論藏·宗體論》，頁 431。）但這一現實中寓有的理想性跟西方神學、哲學中的理想世界與現實世界的對立顯然不同，不妨解釋為現實中即寓有的實行理想的可能性。

〔註23〕太虛：「淨者，真美善之總名。染者，亦不真不美不善之總名。」（《真現實論·宗體論》，《太虛大師全書》第 20 卷《論藏·宗依論（一）》，頁 344。）

〔註24〕蘇淵雷：〈玄奘〉，《蘇淵雷全集·佛學卷》，上海：華東師範大學出版社 2008年，頁 3。

德哲學中的知性，知性既是認知能力，也是所瞭解的知識被運用的工具性的能力，但不具備能動的超越性，此即比量亦即太虛所謂「理智」；而具有超越性故同時可指導實踐的理性能力即圓成實性。然而「三性」皆由識轉化成智，本屬一體，分開說只是為被理解的方便而作不同角度的分析。〔註25〕染、淨相對而言，世俗知識皆染淨相雜，染中含淨，太虛將其分為三大類，一為各各不同的人類個體認知與眾生中同類的群體感知。同類群體因「根識」的相同，其認知也相似，但與異類相比如非靈長類，其根識不同自然感知也不同。二為人類習俗常識，各民族、各群體皆有不同，且習俗也在改變中。三為學者的理智認知，包括科學的、哲學的、神學的。太虛還另列了第四類，即與情感認同有關的儒道的修養、基督教靈修的個體宗教體驗。但只有達致佛陀境界，才能實覺去染之真知即純「淨」，亦即「普遍平等完美真實的理性」。〔註26〕「現覺實變」更說明了心識不但能認識世界，也是改造現實的力量，是世界不斷變化的原因之一。最後第五節《四現實輪》，太虛論述了從「現變實事」到「現覺實變」之認識與覺悟，理論與實踐相互間層層深入與激發，步步轉進的不斷昇華的關係，歸結為由做個具有完整人格的人而菩薩而成佛。

二、佛學知識體系中的人之為人

太虛認為：「以生物情識，為世間常識，人類理智，即為超俗真智，科學等皆有之，且唯科學為其特色。故吾人轉識成智之進化，以科學為基礎。」〔註27〕在此，情識與理智相對而言，「進化」一詞當理解為昇華。佛學無他，即以幫助眾生解脫煩惱及束縛（最普遍之善）為出發點，以區別於由萬象的外貌、性質所在為觀測點構成的知識體系。

佛學一向認為，「無明」是煩惱之根，佛學的「內—外明」既相當於通常的「主—客觀」相對，「內明」又有理解並求證了佛說的朗明，並與世俗知識

〔註25〕太虛：「四智，就是轉八識所成的四智。所謂轉第八識成大圓鏡智，轉第七識成平等性智，轉第六識成妙觀察智，轉前五識成成所作事智。」（《真現實論‧宗體論》，《太虛大師全書》第 21 卷《論藏‧宗體論》，頁 350。）

〔註26〕太虛：《人群政體與佛教僧制》，《太虛大師全書》第 24 卷《論藏‧宗用論（三）》，頁 58。

〔註27〕太虛：《真現實論‧宗依論》，《太虛大師全書》第 20 卷《論藏‧宗依論（一）》，頁 122。

——「外明」相對的意涵。「明」、暗相對，現代文明則與愚昧、野蠻相對。因此，科學的客觀認知能幫助人走出在黑暗中摸索的困境，缺乏基本科學常識就難以避免愚昧，太虛也因此深感近代僧伽素質低下。科學在太虛看來，乃按事物的形態與性質「類而別之」的分科研究，其成果即獲取的知識。〔註28〕從古希臘到近代歐洲發展起來的這一細緻的學科分類當然依據充分，也很有必要，共享的知識〔註29〕乃數千年無數個體的認知借助語言文字的交流保存而累積起來，因著每個個體精力、時間有限，非劃定較小範圍，確定起始點，就難以專注投入，獲取成果。然而從古印度到中古亞洲的佛學則就主要特徵劃分，將萬象分為「器界」與「眾生」兩類的方式也不可否定，其依據就在生命的存在與否。所謂有機質則是兩大類之間的轉化與聯繫，這從地球上生命的誕生及其更替方面亦有跡可尋。

　　在佛學看來，科學應充分肯定，知識應勤奮學習，〔註30〕科學的探索精神也與佛法超越精神一致。然而，有些科學家研究科學背後的存在著一個他們自己未必覺察的大前提，即素樸唯物主義或素樸實在論觀念的無形指導，導致他們把對客觀性的追求趨於絕對，且因此對知識的分立性缺乏自覺。當然這是由於其工作條件所限與長期專注於眼前所見的「薰染」結果，並非有意。對應之下，佛學分類則有自覺設置的大前提，即以幫助眾生解脫束縛為其追求。眾生各依其本能，不受束縛地自由成長，太虛稱之為自由，就英美自由主義哲學的「消極自由」含義，即自由就是不被任何外力強迫而言，兩者也相當接近。進而，佛學將其依特徵的分類貫徹，按「有情」與否把眾生分為兩大類。有情眾

〔註28〕太虛：「事物之已變現成者，類而別之，近人大抵分之為無機物——或無生物、與有機物——或生物。研究無機物者：為天學，即天體學、天文學、氣象學等；為地學，即地質學、地理學、礦物學等。研究有機物者：為生物學，即生理學、形態學、心理學等；為人生學——人類為生物之第四級；一、單體細胞級亦曰生元，二、植物級，三、動物級，四、人類級——，即人類學、人種學、社會學等。而綜貫之以化學、物理學。化學言質，物理言力。無機物與有機物，皆質力變現成故。此為執唯物之科學。今依現實主義之佛陀學，則當分為『有情』與『器界』研究之。然其研究之內容則同其豐富，而範圍之廣大過之。故應儘量採納上述之各科學而施設之於適當之位置。」（《真現實論・宗依論》，《太虛大師全書》第 20 卷《論藏・宗依論（一）》，頁 141。）

〔註29〕哈耶克將知識分為兩大類，一為顯在的，即共享的。二為默會的，帶有個體在特殊條件下才能把握的性質。詳下文。

〔註30〕太虛：「勤學五明，是菩薩之行處，固當採容而不當排阻也。」（《真現實論・宗依論》，《太虛大師全書》第 21 卷《論藏・宗依論（二）》，頁 99。）

生即依著情感，具有較充分苦樂的感知（識）的一大類，這比動、植物分類狹小，略相當於較高級的魚、鳥、哺乳類以上動物，蟲類則似情感反應尚不夠充分。太虛說：「有『異熟識』謂之有情，」〔註31〕異指異時異地，熟指與陌生相對的熟悉，而是否具備「識」則乃區別「有情眾生」與其他眾生的充分必要條件，因而「有異熟識」正指即使「無緣」得識，亦能起同情心。有情當然以其情感為首要特徵，母子依戀的情感乃最為突出者。眾生皆具的本能帶盲目性，有情眾生皆具的情感對保存「自我」的本能而言，始具超越意義，如「無私」的母愛。愛與理性（非經濟學所謂與本能相關的理性）認知（奧古斯丁〔註32〕所謂愛為認識之母）結合，其超越性更強；情感與理性結合形成的道德感（良知）也極具價值，儒學與佛學相互影響產生的王陽明心學甚至認定此乃人之為人所在；但情感本身並不能排除其固有的偏執。佛學之所以特重有情，亦以幫助眾生離苦得樂為其追求。然更因本能欲求滿足不了帶來的痛苦較易獲解脫，而情感需求不能滿足的痛苦更深刻，更難解，所以更為重視。

　　以理性作為人之所以為人的特徵是東、西方哲學史上很古老的觀點。儘管對理性的界定各有不同，但不論在歐洲唯理論還是在英國經驗論傳統中，理性主義都佔有主導地位。為了反對天主教神學的思想控制，歐美啟蒙思想更將理性分外地突出起來，以致任何學說都必須接受其檢驗。然而隨著啟蒙理想的破滅，西方哲學界由覺察到理性的侷限出發，走向經驗主義的感覺論、浪漫主義的情感論、強調本能的意志論以及直覺論等等，差不多將人具有但非其特徵的因素輪流倒放了一遍，非理性主義開始佔據上風。理性確有限，它不可能改造人的生物本能，本能與情感支配意志的力量也確比理性強大，但如果非理性思潮只是對高估理性能力的糾偏，那也是不錯的結果。可西方在 19 世紀末開始積累起來的大問題在於，隨著啟蒙理想破滅，理性不但失去了其崇高，更在於缺乏由其凝聚的共識的情形下，本具超越與引導

〔註31〕太虛：「有情以心身離減逼迫條件，而自由活動為樂；以心身緊增逼迫條件，而不能自由活動為苦。有情之情字，有三義：一者、愛情，隨所生體——異熟識及根身器界——係愛曰情；二者、有『異熟識』謂之有情，阿羅漢至十地等覺猶未舍於異熟識故，皆曰有情；則超情者唯有佛陀。三者、諸有『識』者皆名有情，佛陀亦有四智相應之庵摩羅——無垢——等八識故，亦名有情，畢竟無超情者。」（《真現實論·宗依論》，《太虛大師全書》第 20 卷《論藏·宗依論（一）》，頁 143。）

〔註32〕〔古羅馬〕奧古斯丁（Aurelius Augustinus，354～430）：《上帝之城》，臺北：商務印書館，2014 年。

本能與情感向上的能力的自身卻被作為工具役使。〔註33〕太虛在兩次世界大戰之間的 1927 年重申佛學之以理性作為人之所以為人的主要特徵有其針對性，他還指出人與眾生相比的其餘長處，〔註34〕其中四、五、六、七點即為理性的內在超越能力所在。然而太虛此說之缺乏反響，也顯出其對當時西方而言的不合時宜（如果在啟蒙時代重申，反應當大不一樣）。太虛認為，人的情感與其生物自我本能之間也存在由本能支配情感，還是由情感支配本能的相互關係轉換問題，〔註35〕亦即為善為惡的價值觀問題。

　　非理性哲學與極端的本體論哲學都與否定理性為人之為人的特徵相關，也有意無意地為人之作惡開脫或尋找到了藉口，為伸揚其「我執」，或其無私的

〔註33〕筆者認為，人類共有的抽象理性乃來自推理的虛擬，在個體中也不存在純粹理性。理性繫於個體，個體因性格不同、所受教育不同，自覺地努力修養或修行不同，其理性素質有高、低之別。理性既是為人的獨具的素質，也是多方面的能力，這兩方面的相互轉換有類於原子的質量與能量。理性的自制能力待成年才充分發育成熟，但它與本能、情感相對而言，不可分割。同一個人，其本能與情感在理性控制下，意志由理性支配，這才被看作正常，像人之為人，雖然也未免被看作虛偽。反之，如果例如為了狹隘的利益，由好鬥的本能支配了決定行為的意志，理性被其作為工具役使，則被太虛稱之為「人面獸心」。（《人乘正法論》，《太虛大師全書》第 3 卷《法藏·五乘共學》，頁 154。）如果情感支配意志，例如戀愛中的人，雖有自我犧牲的崇高行為，也會被笑稱為瘋了。理性的認知能力（即康德之知性）、把握能力、策劃實施能力等可以稱之為工具理性，如分辨是非、善惡等能力可稱為價值理性，實則為同一理性的不同方面而已。人性的複雜就在與理性與本能、情感相互關係及其皆處在變動中的複雜。

〔註34〕太虛：「此地球人，時有困難須待解決，而又有自由活動自覺努力之餘地，故能發生勇猛記憶而為教育之事。此地球人，具摩莬沙八義：一者、聰明，二、業果勝，三、意微細，四、能正覺，五者、智慧增上，六者、能別虛實，七者、聖智正器，八、聰明業所生。」（《真現實論·宗依論》，《太虛大師全書》第 20 卷《論藏·宗依論（一）》，頁 183。）

〔註35〕太虛：「感受之受蘊、為感情之本：發展為善感情，即為慈恕，乃為公之仁情；發展為惡感情，即是嗔恚，乃為私之暴情。」（《真現實論·宗依論》，《太虛大師全書》第 20 卷《論藏·宗依論（一）》，頁 363。）由此啟發，筆者認為，善惡觀念的產生不僅源於本能（私）的有害即惡，有利即善；也與情感的愛憎即愛者為善，憎者為惡有關。善惡觀念由文化習俗保持與鞏固下來，同時也因文化習俗的演化處在不斷變動之中。不同共同體的善惡觀念通過教養與修養被個體接受與鞏固，與知識的掌握一起，構成其理性素質。因此，理性素質之高也意味著辨別是非善惡與行善能力的強，但理性素質高者歷來少。而由一啟發，靈光閃現，打通了習得知識的內部聯繫；或由一感動，立志終身從事某自利利他事業；或一時衝動，墜入受苦或作惡的因果鏈中，都是一念間的事，唯素質高者不易衝動而已。

「法執」行烏托邦之善而鑄大惡找到了理論依據。依古希臘以來學科劃分作為分類標準的人文諸學，如宗教學、文學、史學甚至法學等皆有自稱為人學的一派，但它們不依人的特徵來界定人性也益增價值紊亂。最為常見的例子是文學評論界在讚揚此作品或那作品發掘人性的深入，人性的豐富的同時，把狼性與人性混同、把蜜蜂的社會性與人性混同、把母雞的母性與人性混同，把烏鴉利用與製造工具的智性與人性混同等等。當然，筆者也絕非主張文學要回到伏爾泰小說中的理性人那種刻板形象，絕非限制作家的題材，其實這類創作與刻畫作為反諷最妙（然評論者應作理性分析），它們對單一性的反思，作為多樣性的描繪，作為精神生活的豐富等都有益，有的還富有啟迪；但作為自稱的人學未免欠缺，充其量只能稱為局部的人學，即從不同視角所見的人性概括與分析。號稱人學的人類學、人口學、教育學等則由其概念限定的理論日益精密，與人之為人的出發點日益疏離，應用特徵日益明顯，技術性日益突出。與所有這些學術相對而非對立，似乎從人之為人的特徵出發界別，藉名相之假顯實的佛學才能繫連著人學之完整。

同樣，經濟學、社會學、政治學、法學、心理學以至宗教學中都有經濟科學、社會科學、政治科學、法律科學甚至精神科學、宗教社會科學等提法。究提倡者之本旨，大多（有例外，如存在主義提倡精神科學系從「主體間性」出發）皆係引進自然科學理論與方法，使研究結論更客觀以避免爭議。究其方法，似皆為重新界定基本理論及概念的內涵外延，使之更廣泛更精確；究其趨向，則皆為理論之實用性與可操作性更強。由於科學的權威性在現代已產生光環效應，佛教界內也存在用佛法乃科學的說法以勸人學佛的派別，但罩上科學的光環似乎並不改變其主觀信念高於客觀性的實質。各人文、社會學科中為其主張加個科學頭銜的提倡者也同樣不可能因此改變本學科性質。

經濟學、法學中還有「理性人」的概念界定，因著這一設定，確也能在商業行為、法律行為中幫助預測到大部分人的反應，從而可以驗證其研究結論，增強了本學科理論的解釋力；然而，這類工具理性的概念並不全面，與價值理性同樣各有一偏。筆者認為，凡研究對象涉及人自身的學科要做到如自然科學一般的客觀之困難極大，主要因為人類社會由習俗而來的規則、制度與自然法則不一樣，並非客觀的而不可改變，而它們之影響於人的思想、行為極大。太虛認為：「常俗以自身謂之我，自身以外謂之非我。其實我與

非我，但為人心之二概念，無固定之實體。猶如主觀、客觀二名，無一定之界域。主觀曰我，主觀有時而縮小或擴大；客觀非我，客觀有時亦擴大而縮小。」〔註36〕如「我」的範圍有時僅指個體，有時指某共同體（家庭、國家、民族等）、有時指代表全人類利益的「大我」，因而好像就有了正義性；主觀也不一定就是被貶低的任意性，如有主見與有個性一樣，都指不從眾，鶴立雞群。

其實，這些提倡者避免爭議的意圖良好，可追求知識的客觀性並不能減少人們的意見紛爭。因為人們依然各自可引用有利於自身立場的客觀知識作為論據，質疑甚至攻擊對方。現當代學科之分割愈來愈細，其界限、壁壘愈森嚴，闡述雖相應愈明晰，專業交流圈也愈來愈小。以個體精力時間有限而言，非本行學者對其他專業每有「隔行如隔山」之歎。學術界競爭激烈，過於強調對「新知」的追求，使青年學者中放棄「宏大」架構，從事容易上手而不致被質疑的僻小課題研究的偏向嚴重，這更加劇了知識碎片化。對民眾而言，社會分工愈來愈細及其相應職業的影響也不可低估；知識碎片化與海量信息，使民眾大都偏好於只篩選接受其中與自身直接有關的，互聯網與社交媒體的發達與方便，更把民眾也分隔成一個個各有偏好的小圈子，稍長期被限在小圈子內交流，其氛圍有自我強化的作用，以致於相隔稍遠的此圈與那圈的人交流就猶如雞對鴨講，這使人們意見紛爭更烈。

進而，追求客觀性的加強同時也意味著思想性的削弱。知識的客觀性就是可靠性，就是任何人在一定範圍內都毋庸置疑，就是其顛撲不破。這與理性的懷疑能力、探索能力，理性超越的洞見、不囿於已知的穿透力恰恰相對；理性思維的這些特點正是科學的探索精神源頭，所以絕對客觀性的追求恰恰會扼殺科學發展。

最後，知識的工具性凸顯了價值觀對知識論引導之重要。知識的客觀也意味著它可以被誰都可為任何目的而運用，因而客觀性就是知識的工具性所在。〔註37〕知識法則就是「用者則強」。知識愈豐富愈發達，其造福或為禍的力量也愈強大。為善所用的知識為人類及其所居的地球生態創造的福祉，

〔註36〕太虛：《真現實論·宗依論》，《太虛大師全書》第二十卷《論藏·宗依論（一）》，頁220。

〔註37〕太虛把邏輯學、語言文字學甚至數學等都列為工具，（《真現實論·宗依論》，《太虛大師全書》第20卷《論藏·宗依論（一）》，頁60。）它們既本身就是工具性學科，也是證明、驗證其他知識可靠性的工具。

與為惡所用的知識足以毀滅地球、毀滅人類的力量是同等的。何況人類的善惡觀念也處在不斷變化中即「空」境中。

三、佛學價值觀

　　佛學把自身的前提交給緣起論，相當於涉及事相緣起的各種問題解答的因素與條件都可以交給科學解決，或者說在知識論上不妨以世學為前提。所以佛學本身關注的重心反而不在科學而在於價值觀。太虛說：「『定』能靜心安慮，故能有為『決擇智慧』所依之用。『慧』能揀別善惡染淨，抉擇是非虛實，故斷除猶豫之疑也。」〔註 38〕至於「戒」學，更完全是依價值觀而立。但佛學價值觀不但不與知識論對立，相反，價值完整性正立於其傳統知識體系之上。般若智如太虛所言：與「定心相應之現量，尤為溝通俗間與內明之樞要，離我法執及煩惱所知障之淨智亦依之起故。」〔註 39〕

　　首先，依「器界」與「眾生」的特徵區分，佛學在肯定的層面上把眾生作為關懷對象，把眾生繫縛的解脫，即太虛所說的自由作為最普遍的價值；因「器界」與「眾生」存在著相互依存關係，提出了「依正不二」的環保價值。同時又鑒於眾生為「自我」而自相殘殺的本能，將由此而來的所謂「叢林法則」置於否定的層面上，而把和平作為最高價值之一，佛學最廣大的包容性亦由此而來。

　　其二，依「眾生」與「有情」特徵的區分，佛學正面肯定了有情眾生中長輩對幼輩「無漏」即不求回報的「慈愛」情感價值，亦即「無緣大慈」，因為不求回報，也就不會有求回報而不得的痛苦煩惱；佛學還正面肯定了「眾生」與「有情」相聯繫的「同體大悲」，即普遍同情的情感價值：悲以拔苦，慈以得樂，並由此推導出眾生平等作為最高價值之一。早期佛學因本身的出家性質，對西方價值觀高度肯定的在有情眾生中普遍存在的愛情價值，則以其如不加節制會引起極大痛苦，故持否定態度；但大乘佛學則因不再被限於出家僧團，故持對此的保留態度，也有一定的區別對待。太虛則說：「但能正乎男女之欲情者，斯已得禮節之本矣。」〔註 40〕這是現實的節制的態度，

〔註 38〕太虛：《真現實論・宗依論》，《太虛大師全書》第 20 卷《論藏・宗依論（一）》，頁 306。

〔註 39〕太虛：《真現實論・宗依論》，《太虛大師全書》第 20 卷《論藏・宗依論（一）》，頁 11。

〔註 40〕太虛：《人乘正法論》，《太虛大師全書》第 3 卷《法藏・五乘共學》，頁 126。

然而正因接近完美的愛由於「因緣巧合」的稀缺，所以人類永遠向望。

　　佛學把「超情」成佛〔註41〕的使命感價值作為最高價值之一，太虛之「超情」指「以出過世間分別（情感）故——即超情義」，〔註42〕就是說以曾歷經滄海之心態返觀，眾生情感猶如滴水。滴水溶海，故不是指在眾生的情感之外的高高在上。兩千年前展開的大乘運動已對前此五百年的佛學傳播與修行效果作出了反思，亦即社會的敗壞由眾生共業造成，因此必須從轉變、淨化其業因著手。個體對社會逃避式的修行效果有限，菩薩只有瞭解眾生疾苦，體驗他們煩惱痛苦情感，才有可能為他們指明解脫情感束縛之道，帶動他們一起改變共業，自身也在此過程中不斷超越，覺悟成佛。〔註43〕與此同時，大乘運動中也產生了因深感個體的渺小脆弱而求助於「外力」、「他力」的走向。對此，太虛晚年持有理性的分寸，即不必苛責。

　　其三，依人之為人的理性特徵，即在唯人才有可能由分別識昇華為般若智的前提下，佛學對個體具體行為向善也確立了相應價值觀念引導。大乘「六度」中的其餘五點即針對出於眾生本能的吝於給「他者」、與自律即自由相反的任性、衝動性地凌辱「他者」、懶惰、散慢，分別強調布施、持戒、忍辱、精進、禪定，以供在不同的簡單或複雜的「因緣」構成的場景下，由理性掌控意志選擇，還是聽任本能或情感去掌控意志的選擇並最終支配行為。如缺乏對相關「因緣」的知識背景的瞭解，「中道」智慧的引導也就把握不住評定與對治的分寸。因此說佛學知識論與價值觀是連為一體的。當然，還要分別指出各種價值之實踐「功德」，以此「大利」，去引導個體的不可能被改造的本能，以便給由理性支配意志讓路。如自利利他，〔註44〕如慈悲、尊重他人生命財產、誠實守信等五戒十善的行為準則，又如敬業守法等等皆如此。

〔註41〕太虛強調了菩薩與佛之「超情」與「超情佛剎」在佛學中的地位與意義。
　　　　（《真現實論·宗依論》，《太虛大師全書》第21卷《論藏·宗依論（二）》，頁49。）

〔註42〕太虛：《真現實論·宗依論》，《太虛大師全書》第21卷《論藏·宗依論（二）》，頁48。

〔註43〕見本書第5篇。

〔註44〕筆者認為，與中古時代普遍否定人的生物本能，否定私利，將個人利益與社會利益對立起來不同，現代社會肯定了個人利益的正當性。但把所謂「毫不利己，專門利人」作為最高價值仍是中古時代要人為神作犧牲，「存天理，滅人慾」的回聲。現代佛學對個體而言的利益觀應當修正為：自利利他乃大善，利他不利己乃小善而已（因其很難持續），損人利己固惡，不顧因果挑動仇恨，最後必損人損己乃大惡。

其四,以超脫生死,亦即以生命的存在及其超越為價值歸結。「生死」問題涉及上述全部,其第一層面是眾生皆有的壽命,靠科學知識能使其延長,而佛學要求直面不可避免的死亡。第二層面與凡「有情」的情感有密切關係,例如親見親人之死難以接受,貪生怕死其實也是自戀。這層的解脫自然靠情感撫慰,佛教的超度儀式即旨在撫慰生者,當然有信仰則撫慰更有效,甚至不必撫慰。而佛學則既要求看透情感的暫時性,也要求珍惜當下即生前,這是中道智慧的體現。第三層面即是保持理性的心態問題,開朗樂觀或能轉換不健康的心態就容易面對。第四層面是信念或信仰問題,要保持樂觀或正視須有向上的目標或希望或外力支撐等,信神、天國或淨土是外力支撐中最簡截的一種。這四層中也存在從淺顯到高深的內在聯繫,解決生死問題不妨多管齊下。然即佛學究竟而言,其當在於一下參透。何謂參透,難以言詮,但作用立顯:蝸居的兄弟間為生活近便的一幢房子爭得不可開交,因為辛苦工作一生換不來,但瀕死前,其價值即刻無足輕重。

東方價值觀,不論梵我合一還是天人合一,都無人類中心主義之嫌,但亦如本文姐妹篇所論,人與自然對立的價值觀也是科學在西方才得以發展的原因之一,而這一價值觀背後卻隱藏著人類中心主義,對此缺乏警覺乃地球環境惡化、氣候失常、生態災難瀕出的根本原因。人類中心主義正是自我中心主義的最大化,從家庭內部紛爭到地方主義、分裂主義、狹隘民族主義、變相種族主義的主張差異很大,各黨派與民粹主義則為分別支持不同主張而紛爭愈烈,但所有主張的共同點卻皆在自我中心主義,誠所謂「民粹活在自己的世界裏」。顯然,消解自我中心主義(同時釐清「左」、「右」不同民粹中含有的合理訴求)乃為裂變中的全球價值觀衝突釜底抽薪之舉,而太虛在《真現實論》中重新闡發的佛學價值觀,本著其知識體系中人與有情、眾生與器界的內在聯繫,正是人類中心主義、自我中心主義的反對者。而當代愈益普遍的知識碎片化,則有助於本為工具性的知識被為達到不同價值目標的各種利用。

佛學價值觀的內容極豐,本文再擇其二參與當代價值共識之重建。

(一)與現代社會愈來愈深入細密的社會分工相應,佛學當以建言者角色參與全球各行各業責任倫理的重建。佛學認識論以從分別識轉為般若智為其特徵,對各行業責任倫理而言,相當於從分散自發到自覺。佛學研究者不宜侷限以往佛學圈子,應如太虛所言:「佛法以因果律應用為有情行為責任——即倫理學——之根據。故於說因果時,亦時說業(包括動機、行為、言論

三方面）。謂由某業為因生於某果，因果隨業力為轉移。」研究者應根據各行業不同特徵，如傳統還是新興，已有基礎還是亟待建立等，將此原理貫徹。以科學界自律倫理的重建為例，當以最容易被科學家接受的佛學因果律為獻策，因為太虛斷言：「因果律之無超越性」。

（二）佛學當以直接介入者角色，參與全球信念倫理重建。佛學中有超越性者乃般若智，因而從般若智出發對自身參與提出了要求：信念倫理應是整體觀照的人類之眼，也是發現惡「病」即給治的非暴力（懲惡之法與此相輔相成，但不得不依賴暴力）的人類之醫，是以善的價值去駕御真的工具在更高層面上的體現。相對於重在自我約束的責任倫理，其價值意義要求更高。信念倫理既以忠實於自身信念為基礎，也以客觀知識的確當性為基礎，在兩者發生衝突的場合，捨前者而從後者。換言之，信念與對他力的極強信仰有所不同，雖有確信，但「從善如流」更重要，「我執」可以放下。般若智的超越性雖然難以言詮，但其非超越的部分就是哈耶克所謂默會的知識，邁克·博蘭尼所謂默性知識，即須身教傳授與心領神會的知識，比如與科學發現同樣重要的某些訣竅，這是常人也能理解，也能確信的。太虛又稱：「為善為惡之權責歸己，而受福受罪皆自致」。〔註45〕前一句即與自由即自律相通的責任倫理，後一句則對非信仰佛教者而言，往往難以接受，因為即使說自身「業力」可追及過去、現在、未來三世，也未必很易被見證。為消彌歧見，佛學須與各人文社會學科、各宗教、各界有識之士等增進理性交往，攜手致力於信念倫理的重建。

科學探索旨在求真，價值探討旨在求善美。如太虛所言，兩者在佛學中，係「識」由「染」轉「淨」作為聯繫，形成了整體思維。哲學思考則既旨在求真求善美，也有通過推理聯繫構成的整體思維特性，〔註46〕可以突破科學

〔註45〕太虛：《真現實論·宗依論》，《太虛大師全書》第21卷《論藏·宗依論》，頁5。
〔註46〕太虛：1.「這種智識——『理智』——的內容，分成很多的部門，研究一部分一部分的；所以研究所得的，也成為各部門的。這種分科的智識學問，叫做科學。2. 哲學：這是一種綜合概括的、追求根本的智識。這種智識，不以前五識——五官——的感覺為能證實，而側重於第六意識的記憶、想像、思惟、推理。他們以論理學（邏輯學）為工具，對於一切事理，由近推到遠，由局推到遍，由暫推到永；由此構成一種萬有根本的統一性、普遍性、永久性的智識。但這種學問的基本材料，還是根據於人類的見聞覺知。不過科學所重的是證驗，哲學是推論……總之，這二者對現事性的實證覺，科學有實證性而無普遍性，落於局狹；哲學有普遍性而缺乏實證性，落於玄虛。」（《真現實論·宗依論》，《太虛大師全書》第21卷《論藏·宗體論》，頁305。）

以分類研究為始之侷限。真實是作出價值判斷的前提，善美意願之效果也取決於真實的檢驗，但求真雖可貴卻並非一切，對生活而言，善美高於求知。〔註47〕因為無知雖迷尚能存活，而真相往往殘酷，善美居上風也並不多見，真與善美的「和合」更繫於難得的「緣」。如果一味求真，佛學的「染」、「淨」聯繫既被認定為純屬主觀感受，那客觀的科學對解決善惡美醜的價值問題更無能為力。

　　當代西方正呈現殘忍的價值撕裂，左翼主張精英治理下高稅收的福利社會，然而縮小貧富差距的良願卻被靠政府直接操辦福利以校正所謂「市場失靈」的可疑效果〔註48〕抵消，以至作為其一向支持者的勞工反被趕向右翼。右翼盲目相信市場，主張減稅以推動經濟發展因此得到「草根」支持，然而往往減稅的最大得益者卻為大富豪，貧富分化因此更加劇。恐怖主義驅動的難民潮只是導火索，加速了社會撕裂。左、右支絀之下，雙方都把科學技術作為推動經濟發展的良方，殊不知彼此相鬥形同水火的對立思維，也來自科技界對待自然的傳統思維方式的影響。

　　這幅現代性困境之背後，正是「榮耀上帝」的超越性精神引導不再所造成的「沒有（價值）靈魂」的建制內外專家統治與（因節儉的新教倫理自覺約束不存而聽任本能支配的）「草根」、「富豪」流於「縱慾」之共業「鐵籠」。〔註49〕當然，筆者並無意指責專家，因為專家只能憑其專門研究的真切性與所瞭解局部的完整性給出治理建議，很難綜觀全局，也就很少有可能作整體思維。「草根」與「富豪」們更難避免自我肯定式思維。而走出現代性困境的唯一希望所在的現代科學技術雖由於擺脫了神學思想控制而發展，更由於市場需求而強大，科學家對自身素樸唯物論思想指導缺乏自覺與市場盲目性的指向一致。在「市場法則」支配下只是共贏的機會多些，但仍免不了生存競爭的殘酷，

〔註47〕如僅保守的價值觀之「一葉障目」，便不見如「泰山」之重的全球氣候變暖的科學證據等。

〔註48〕如國家債臺高築，勞動者因高稅收而積極性受挫，在複雜社會中政府辦福利總是效率差等等，人口少而資源豐富的國家僅為例外而已。

〔註49〕〔德〕馬克斯·韋伯：《新教倫理與資本主義精神》頁34，北京：三聯書店1988年。韋伯認為，「現代性」是西方文明的「理性化」產兒。然而，「鐵籠」與其像韋伯那樣稱之為「宿命」，不如說是缺乏價值理性制約的工具理性的自身邏輯發展使然。韋伯將掙脫「鐵籠」的希望寄於所謂「克里斯瑪」即魅力型領袖人物顯然也會落空，當然這類人物必會出現，然其若執政後不回歸「建制」則難以持久，如「歸順建制」則執政雖可維持，但「克里斯瑪」不再有，其支持者、追隨者盲目地反建制夾雜著反「鐵籠」的合理因素之夢想破滅。總之，「看不見的手」與看得見的手都會失靈，如果同時出現，社會即瀕崩潰。

儘管這與在「叢林法則」支配下的弱肉強食已不一樣。因此，由市場驅動的學術研究顯然失衡，其失衡不僅表現在基礎科學研究與應用技術研究方面，更表現在物的研究與人自身的研究方面。因此在市場經濟充分發達的歐美諸國，物質文明與精神文明之間的失衡也同樣明顯，儘管其表現形式與中國不同。這是因為人的物質需求與低俗的精神需求更有市場，而不少為社會整體亟需的項目恰恰很少人提出也很少人自覺去研究。典型個案如「9‧11」之後，國際社會一方面對平民實施的恐怖主義同仇敵愾，另一方面對之一度一籌莫展，而作為國際警察的美國竟錯把伊拉克當作其源頭。這與西方學術界對伊斯蘭地區的人文、宗教研究薄弱，缺乏相關知識儲備肯定有密切關係。但批評市場的盲目性不等於要求國家控制學術研究，前蘇聯同樣由維護官僚體制需求決定的計劃經濟、「計劃科學」與學術研究的自覺要求更是南轅北轍，如李森科之遺傳學也是典型個案。在現代社會，西方啟蒙哲學業已失去了原本由其承擔的整體省視之影響力，在後現代哲學的多視角下，世界的整體聯繫變得莫衷一是。在由市場驅動的學術研究與教育體系中，哲學的地位與影響也日益萎縮，取而代之的是科學的知識分類體系，在這一體系中，對人類福祉至關重要的探討善惡的倫理學僅為哲學中不怎麼受重視的分枝學科，且與屬於心理的探討健康與否的人格心理學割裂，美學則與藝術分離。有著認識與建立學科間橫向內部聯繫重任的「宏大」哲學體系在被後現代哲學「解構」的同時，也無形中被科學知識分類體系及相應教育體系解構。雖然跨學科研究與交叉學科研究及通識教育有助於緩解這一現狀，但由於當代哲學未能承擔起整合科學認知與價值共識的重任，也由於價值探討及與此相關的價值共識形成遠遠跟不上科學技術飛躍進展，不同文明、不同社會層、「圈」間的裂痕越來越深，以致就在特朗普當選那天，美國著名哲學家丹尼爾‧丹尼特對人類文明的脆弱性感到吃驚，不禁道出「美國的危機是哲學的危機。」也許，更深層危機來自思維方式。

結語

綜上所述，佛學認識論即以分別識把握各類事物之特徵進行分析，在此基礎之上轉換為初步的般若智作出綜合判斷，並與默會的知識包括價值觀念在內的理性整合〔註 50〕的觀照結合。同時，這也是從場景的制高點直探問題

〔註 50〕哈耶克之默會的知識隱含著價值觀念，大體相當於太虛所謂第二類知識，這與不同文化、習俗有密切關係，見下文論述。

癥結的佛學方法論。從人學視角看，皮膚科醫師對人的各種皮膚類型、方寸皮膚之細的把握當然為佛學不能企及，但人們不能說皮膚科醫師最瞭解人之為人。佛學不否認皮膚科學知識重要，但那只有在人患有皮疾的場合才是。同樣，在生物學家眼裏，人體只是一堆細胞，這也沒錯，其他科學知識也一樣。總之在經濟的驅使下，無論當代科技發展如何迅猛，都不可能解決價值問題，只能引發更多的價值問題。〔註 51〕當然，般若智絕不止步於「成為智慧者」，再向上就需禪定的加持與「圓成實」之實證體驗才能轉升。這也與其他宗教（包括儒教）修行或靈修則與太虛所說的第四類知識相關，儘管學術界因其主觀性極強，並不認可其為「知識」，但至少肯定其為人類特有「經驗」的學者也越來越多。

發現與佛學宇宙論暗合的「相對論」的偉大科學家愛因斯坦對宗教也有諸多肯定，他在找到核能轉換的公式的同時也很清楚科學的工具性侷限，因此發出警告：「原子釋放出的能量已改變了一切——除了我們的思維方式。」〔註 52〕——科學的主觀與客觀、人與自然兩極對立的思維方式並不適用於一切，除非人類自甘毀滅。在價值衝突日益激烈的當代，轉換思維方式係出路之一。就此，佛學有幾點啟迪：

1. 相對思維。佛學並不否認對立思維在特定場合的有效性，但認為相對思維更具普遍性。例如市場經濟與自給自足經濟相比，僅具相對優勢，否則前現代狀態不會綿延那麼久，特別是交通不便，信息遭封鎖的條件下，習慣於以往生產、生活方式的大眾很難感受到市場優勢在哪，何況競爭不充分的市場也會造成劣勝優汰。因此，根據緣起論，欠發達國家不必與發達國家對立，而應力圖改善自身交通、信息條件與競爭環境等。人的善惡，人的幸福與不幸更是相對而言，凡相對好些就應受到鼓勵。佛學的「相對」即相離相即，相反相成。只要確定了範圍，是非善惡相較，當下立明，即有相勸不計較小是小非之意，那也與更重要的相對而言。因此，佛學絕非「此亦一是非，彼亦一是非」的相對主義。在大多數場合，人與人之間像野獸一樣對立的思維該切換了。

2. 整體思維。佛學秉承宇宙萬象相聯繫的思維，只有整體思維，才能解決人與自然失衡的生態問題，才能緩衝人與人之間的價值失衡問題。智者從

〔註 51〕如克隆人的問題與當今進展極速的人工智慧是否可能「失控」問題。
〔註 52〕〔美〕William J. Broad：《從愛因斯坦到朝鮮：核歷史啟示錄》，《紐約時報》2017.5.23。

整體看，才知其中畸輕畸重，而科學知識相當於佛學的分別識，〔註53〕但這並非指責科學家，而是他們也難免薰陶其中的專業知識結構的侷限。仿自然科學而發展起來的人文社會諸學科專家的侷限類似，這就是解決局部問題的專家立場。佛學的如太虛所示分為四類的知識結構則有利於綜觀全局，更不必再說般若智。唯有整體思維者才有高度自覺，盲目者則「不識廬山真面目，只緣身在此山中」。佛學的整體思維不是所謂集體主義，而恰足以超越以家、國、民族、宗教派別為本的集體主義。在當前，佛學以眾生及其休戚與共的環境為唯一整體，而這類集體主義各以自我為本恰是價值衝突之源。

3. 否定思維。佛學認為未知無窮無盡，人類所知永遠是其中很小因而有限的一部分。在無限的不確定性（無常）面前，人類已確定的真理性認識絕大部分屬於否定性的，如太虛所言的宇宙無創造主宰性、無特定本因性、無世間進化性。人類認識真理的道路恰恰在否定錯誤中敞開，科學家（包括人文社會學科專家）為發現一個公理、一個公式或一發明一突破而欣喜不已，因為其中凝結著他們無數辛勞，但這點雖能重複確證，有的如互聯網等甚至極大改變了社會，然而凡肯定性真理，其相對於宇宙的無限，其能解釋與被善用的範圍總有限。相反，他們的發現，他們對真理的一點確定，都是在實驗或實踐中否定很多甚至無數個錯誤中才獲得的。這猶如漫漫荒野中，盲目地走難免迷失，而否定性真理則告誡說此路不通，彼路又不通，所餘正確方向的可能就大得多，離正確的目標也近了。大智慧者並非自己什麼都行，僅善於總結與反思人類實踐與實證經驗罷了，能告訴人們錯在哪裏。

4. 動態思維。不同於現代哲學，後現代哲學多轉向動態思維。然而由於固化思維在生活中仍普遍存在，因而有必要強調。例如約定俗成的社會規則和秩序，往往被視作理所當然，潛移默化地左右著人們的判斷。佛學動態思維的特質一在不同於自稱客觀的哲學派別只是整合自然與社會動態的因變量，而是把人的心識（智）動態的自變量也納入觀照。例如通過自覺守戒養成習慣後，原本有意識的行為就轉成潛意識的本能反應，這表明理性與

〔註53〕此一因科學的源頭或來自對各各事物的直接經驗認知，或來自推理而得獲證明的認知，即人類的知識是由各各逐步積累而來。二因現代學科分割的性質，或在全貌上的整體聯結不足，或對各學科相互關係的總體認識較為欠缺，而這些問題並非科學思維自身所能覺察，更非在市場需求推動下的科學研究所能解決。由各局部研究所得知識，即使很確切，未必能從一點推論至整體正確。對此，源於印度的盲人摸象的寓言描述較貼切。

眾生本能之間也能相互轉化，從而個體的心識改造有可能轉變整個人生，而更多自覺者的共同行為有可能至少部分地改變社會，這就是人間淨土。當然「無常」仍在，佛陀也不能改變。權勢者無論如何呼風喚雨，到頭總被「無常」控制。二在唯有身處禪定的極靜，才能感受心識的極微——剎那生滅的潛意識波動。

當然，以上僅表明在兩千五百年前，佛陀在內在地把握了印度次大陸知識性的「五明」的基礎上，從生死困惑出發，籍助專業的禪定，即攝念靜慮，在對婆羅門教的批判與六師外道的爭論中，已實現了佛學特有的思維方式轉換，即轉識成智的超越，揚棄了早期人類幼稚地追問某一本體及由此出發的思維方式；揚棄了許多學者從某一似乎確然無疑的概念（名相）出發建構體系的思維方式。如果佛學思維方式能產生較大影響，那麼儘管智者對全球治理的預期並不樂觀甚至悲觀，〔註54〕但改善價值衝突局面的可能性空間會大大打開。本文強調轉換思維方式等，主要就太虛撰寫《真現實論》之融通佛學與世學意圖而言。該書撰寫的另一意圖，即奠定人間佛教理論基礎，則主要對佛教徒轉變觀念而言，筆者以往僅認為佛教有些觀念被中國宗法社會扭曲，如今更認識到有的觀念在傳入中土前後也被印度種姓社會所扭曲。太虛指出：「佛陀亦有四智相應之庵摩羅——無垢——等八識故，亦名有情，畢竟無超情者。」兩千五百年前的佛陀儘管擁有超常智慧，仍屬於人類。兩千年前的大乘已明確認識到，菩薩必須與眾生在一起才能了知痛苦的因緣，在幫助眾生解脫的同時自己也獲解脫。因此，除了獲佛經之證外，更由佛學體系的內明理性所充分證實——佛在人間。

本文由張琴博士提供了參考數據搜集之助，王佳博士幫助補充與校對注釋，謹此致謝！

原載《西南民族大學學報（人文社科版）》2018年第4期。

〔註54〕太虛：「故吾人身命之權，實吾人自操；作何種意識強烈之行動，待時待緣……『自我執』未空——所知障、煩惱障——，終為前作新作潛力勢限規定，不遇時而值緣，則難自由。」（《真現實論·宗依論》，《太虛大師全書》第20卷《論藏·宗依論》，頁153。）

人間佛教與當代多元文化社會
——略論囿於傳統之思維

引言

　　本文採用與筆者《漢傳佛教的現代轉型形態：人間佛教》〔註1〕的歷史學視角不同的文化學維度，依據佛學基本的知識結構與社會現實，考察與全球化相對的囿於各文化傳統的思維之當代影響，面向未來，探討人間佛教在植根於華人社會基礎後，進一步與在地文化傳統融和發展的可能。同時，本文繼筆者《多元價值迷惘下的超越性指引》與《太虛法師的佛學意義世界》兩文之後，擬對有關人間佛教理論堅實性之又一知識領域略作探討。但與前兩文不同，由於本文所涉領域存在極大不確定性，因而其意在提起警覺而非說服。依人間佛教最早倡導者太虛按佛學的知識體系所作分類，第一個領域即自然科學研究與實驗所獲知識，第三個領域即學者的學術研究與推理所獲知識，第二個領域乃由各文化傳統與習俗構成的「知識」（相對於第一、第三兩大領域而言，這類知識影響人類未來最大也不那麼可靠），而佛學之「內明」係奠基於三大知識系統（外明）之上的推動人類價值追求向上的跨文化的內在超越性指引。

　　由於在文化、文明與傳統的概念理解上存在諸多爭議，為避免歧義，本文採用太虛給出的文化與文明之定義：「文化乃是與『素樸自然』相對的，人類從素樸的自然人世，為適應人群求生存、求安善、求進步之需要，乃創造文化的

〔註1〕鄧子美：《漢傳佛教的現代轉型形態：人間佛教》，載《漢傳佛教的過去、現在、未來：佛光大學佛學研究中心開幕學術研討會論文集》，宜蘭：佛光大學2013年、《三觀映月度恒沙：近作自選集》，北京：宗教文化出版社2016年。

人為人世；故與『素樸的自然物』相對的『文化的人為事』之一切，即名文化。」「文明乃是文化活動的成績，所以文化乃是『人群求生存、求安善、求進步所起活動工作的總和』。」〔註2〕必須指出，太虛在20世紀30年代初所下的大文化定義與美國著名文化人類學家克拉克洪（Clyde Kluckhohn）之文化概念間存在著驚人的暗合，儘管後者對此又作了篇幅不小的細化解釋，〔註3〕但不改兩者間的意向一致。由於篇幅所限與文化的高度複雜性，本文無意就各文明與文化傳統差異作比較，僅通過勾勒現狀，力圖揭示出人們既被裹繞自身的文化傳統所形塑，又實質上只對此認同，對其他傳統缺乏深入認知的尷尬。各傳統的自身合理性雖存在，但並未獲充分證明，而人們不自覺地將之作為思維的出發點，這正是亨廷頓所謂「文明的衝突」的重要原因。〔註4〕筆者之所以將此挑明，乃冀進一步激發學術界對此的反思。為避免「諸神之戰」，故對「神聖性」問題懸而不論，關於宗教信仰也僅置於文化傳統範疇內討論。基於大文化維度，筆者修正了以往沿用的與現代性相對的「傳統」概念〔註5〕的界定，其含義雖不變，但意向轉為各個別的文化、文明傳統與全球化的整體人類文明相對而言，此廣義傳統包括大傳統即各文明傳統，也包含小傳統即地方文化傳統。

一、基於文化傳統之認知考察

太虛認為：「世間人類的真實：所謂人類的真實者，即是人類共見共聞共知等認為真實者是。」其中之一乃「習慣成俗的真實：謂各時方有各時方所習慣成俗者，在其一時一方內共同認為真實。如一國有一國之習慣成俗，認為天經地義之真實；但其他國家或以為非真實，則習俗不同也。」〔註6〕這類「習慣成俗的真實」，即為個體對自幼所處其中的文化傳統風俗的認知。〔註7〕

〔註2〕釋太虛：《提供談文化建設者幾條佛學》，《太虛大師全書》第40冊，臺北：善導寺1980年，頁108。

〔註3〕〔美〕克拉克洪：《文化的解釋》，南京：譯林出版社，1999年，頁5。

〔註4〕〔美〕亨廷頓：《文明的衝突與世界秩序的重建》，北京：新華出版社，2002年，頁1。

〔註5〕〔德〕馬克斯・韋伯：傳統指「過去一直存在著的事物」，社會「行為的約定俗成的習慣」，歷史「遺傳下來的制度」。（《經濟與社會》上冊，北京：商務印書館1997年，頁66、67、251。）

〔註6〕釋太虛：《真現實論・宗依論》（下），《太虛大師全書》第38冊，頁681。

〔註7〕在此暫據概率論的考察，即僅依大概率，或較大可能性而言，因文化傳統以及人的內在心理之複雜性，不排除存在很多例外。這類知識也多半屬於英國學者哈耶克所謂默會的知識，相當於佛學之薰染所得。

　　是故初而，從嬰幼兒對這類知識的接納看，這是他們初次接觸人文知識，並由於對親人的依戀將這類知識的真實性置於太虛所謂「自然的真實」〔註8〕之上。因其先得之於模仿，故而受之於父母、祖父母等親屬的身教大於言教，受家庭影響大於托兒所、幼兒園的老師影響。同時，辨別好壞的簡單道德感也已在幼年萌發，也主要受親人引導，因而價值理性的「埋伏」其實與文化傳統知識的薰習根本分不開，而家庭的維繫則極大地依賴於傳統倫理。

　　漸而，少年交往擴大，文化人類學家吉爾茨所謂地方性知識〔註9〕又從四面八方籠罩，無論城市當地小區文化，抑或在農村保留得更久的傳統倫理，以及涵蓋更大範圍的傳統宗教。對多數少年而言，接受這類潛移默化的「知識」遠多於表面上從現代教育系統獲知的顯在書本知識，〔註10〕此一因前者具有不得不接受的社會強制力，不接受就只能被夥伴或同學孤立，退縮回家成為宅男宅女。二因少年兒童的分辨力與理解力還不足以充分吸收與消化書本中非工具性的人文知識。他們儘管考試可以很不錯，但顯在的書本知識與其真正被理解仍隔著一層膜，這層膜可以稱之為懵懂。就在懵懂中，如果有家人信教的話，他們跟隨著家人的宗教膜拜動作的習練與重複，其信仰往往就隨之初建，宗教價值觀亦寓其中。這也從屬於默會的「知識」，因為同只有老師講得生動才能使學生對書本知識集中注意力一樣，如果牧師、神父、阿訇的佈道不夠誘人的話，就更難吸引少年兒童。伊斯蘭教在當代的強盛，不得不歸功於其重視家庭的傳統。基督教之勢能在北美仍強而在西歐已衰，其原因之一亦在西歐的許多家庭對於常去教堂已懈怠。〔註11〕

　　再而，青春期叛逆亦為普遍現象，但如果家庭狀況正常，多數人在逆反一陣後就會回歸溫和的小傳統。反之，他們也許就被或此或彼的激進化的

〔註8〕釋太虛：「人生自然的真實：謂世間一切人類耳聰目明，彼見斯我亦見斯，彼聞斯我亦聞斯。如嬰兒之食乳然，以生來自然知食。凡此即於世間同見同聞認為真實者也。」（《真現實論・宗依論》，《太虛大師全書》第38冊，頁681。）

〔註9〕〔美〕克利福德・吉爾茨：《地方知識：詮釋人類學論文集》，北京：中央編譯出版社，2000年。

〔註10〕英國學者哈耶克將知識分為默會的與顯在的兩大類，（哈耶克 Friedrich August von Hayek，1899～1992：《致命的自負》，北京：中國社會科學出版社，2000年。另見其《知識在社會中的運用》。）書本知識大體乃前述太虛分析的第一、三兩類顯在的可靠知識的教科書表述。

〔註11〕〔美〕斯達克等：《信仰的法則：解釋宗教之人的方面》，北京：中國人民大學出版社2005年，頁285。

大傳統所吸引，宗教熱情也在青年中最豐滿。青春期最重要的事莫過於上大學，如離開家鄉即意味著家庭、家鄉的文化臍帶已被切斷，交往面大擴展，然高於鄉土的還有民族文化以及更大的區域性文明傳統〔註12〕罩著。一般而言，青年愈是能上國際學生比例高的大學，愈是與不同國籍、不同族裔的同學、老師多接觸交往，其價值觀就愈開放。青年期正是理性成長至成熟的關鍵時期，而投入大學多元文化的知識海洋可以使自身理性素質迅速提高，又可以鍛鍊跨文化的理解與溝通能力。當然，掌握至少一門外國語乃其前提。可惜，能被這樣的大學錄取純屬幸運兒。但即使能進入更高層次做研究生，即在國際性大學跨文化的研究系、所就讀，也只有本民族文化與高層次文明之間存在較大落差的條件下（如從發展中國家的農村驟然來到發達國家的城市）〔註13〕，才能認識到自身傳統之不足。更不用說，普通青年只能上地方性高校或社區學院（在中國稱之為職業技術學院），從圖書館、互聯網與通識課中獲取對其他傳統的認知。因各種原因上不了大學，而一輩子被困在家鄉傳統中的也大有人在。

終於步入成年，其標誌為理性自控力成熟，因而即信教也狂熱難再，但若仍保有信仰也轉而堅定，非特殊原因造成的宗教「改宗」的情形自此就少了，然而同時伴隨著的正是其價值觀固化。成人即使堅持自學或受繼續教育亦多偏重技能，只有極少數有進入國際化大公司工作的機會，從而使理性素質與交往能力更為增強，其價值觀也更開放。雖然越來越多的人來到多民族地區或出國旅遊，但其觀光性質決定了那與從電視或互聯網上所看到的相比，

〔註12〕由於宗教乃人類文明的母胎，本文採用宗教認同與當地文化傳統相結合的概括法，把當代區域性文明大致歸納為由盎格魯撒克遜傳統與基督新教結合的英美文明（包括加拿大與澳大利亞）、由日耳曼、法蘭西傳統與基督教結合的歐陸文明（所謂西方文明則為此兩者合稱）、以基督正教為主的俄羅斯文明、以基督公教為主的拉丁文明（包括意大利、西班牙、葡萄牙及中南美洲）、以伊斯蘭教為主的阿拉伯文明（擴及土耳其、中亞、巴基斯坦與印度尼西亞、馬來西亞等地）、以儒教、神道教、大乘佛教傳統為主的東亞文明、以上座部佛教傳統為主的東南亞文明、以印度教傳統為主的南亞文明（後三者可合稱為東方文明），約八大塊，由於撒哈拉以南的非洲裔傳統之宗教認同較複雜，雖單立亦無不可，但不如與本文未明示的其他地區一樣，暫且列入本地傳統的碎裂帶，亦即各大文明的中間地帶為宜。當然還有不少交叉地帶。

〔註13〕此外，就看能否遇見並求教於有著世界歷史文化視野之師了，且無論處在人生何階段，遇到皆為「緣」，佛教稱這類人為善知識。

並不見得因此瞭解就多些，所謂民俗表演與媒體渲染一樣，會使觀眾的印象被扭曲。只有移民或有心人，出國才能真正感受到文化傳統之間的深刻差異。然而在移民中也逐漸產生了兩極分化：不能很好適應他鄉傳統者多遷入較多保留本民族傳統的小區，該小區又形成了自身傳統而相對封閉，國際化的大都市也被這類小區所分隔；適應能力強者則努力與當地主流傳統相融合，但較徹底融合者多在移民的第二代、第三、四代，但至此他們又被主流傳統所融化，大多忘卻了母語。可見傳統的力量無處不在，如果把過去與當下傳統的更新或衰落與未來傳統的延續也涵蓋在內，那麼，文化傳統就相當於佛學所謂生滅不息的「業力」之一，——人類創造了文化傳統，文化傳統又反覆範鑄著人類。

當然在社會轉折期，人們對自身的歷史傳統也有嚴厲的批判，甚至全盤否定。然而在中華文明內部就價值觀而言，這種批判其實只不過用傳統的一面否定另一面，即以法家的國家至上否定了儒家的宗法家族倫理，變化只是在囿農的傳統思維貼上使用現代技術而已，好似一枚硬幣翻了個面。西方文明內部對天主教神學傳統的批判也有類似之處，即以其源自古希臘、羅馬的崇智傳統（文藝復興）批判其源自希伯來的反智（信仰至上）傳統。於是作為對這類批判的反撥，中國民間興起了以儒家文化為主的「國學熱」。在西方，不但天主教那時即有反擊，當代基督新教福音派之信仰至上論較之近代更有過之而無不及。

總之，這些似源於地理隔斷而來的以一地「一國之習慣成俗」為真實，「但其他國家或以為非真實」的「知識」，果真是「天經地義」的嗎？

二、囿於傳統之思維的可怕與可變

太虛又說：「人類習俗的常識：不但類與類之間，對境相的認識證覺有差別，就在同一類中，彼此之間的證覺也大有不同。他類（眾生）中的不同，我們不能親歷其境，姑且不說；人類中的事，我們知道得比較多，所以就人類來講。世界人類，這國家有這國家的風俗習慣，那民族有那民族的風俗習慣；習俗成常識，對自己的習俗認以為是，對他的習俗則驚異為非。這種事實，最明顯的表現，就是語言和文字。」〔註14〕語言文字不同不僅關乎知識的傳播及其翻譯中的失真，而且關乎不同的思維方式。

〔註14〕釋太虛：《真現實論·宗體論》，《太虛大師全書》第 39 冊，頁 109。

　　確實，在價值觀範疇內的許多「是非」問題就由此而生。當然，誰都無法否認，自「地理大發現」以來，儘管山區貧窮，鄉村衰落，但除了文明碎裂帶外，幾乎每個村莊都通上了車，民航 12 小時就能達致地球的背對面，互聯網使得彼此信息霎間就能交換，各民族間也已不存在不能譯解的活語言，有關顯性知識，如地理、習俗禮儀等等也已有了極大增長，但技術進步雖給人們交往提供了極大方便，可惜人心間的距離並沒因此縮小很多，特別是 21 世紀以來，各大文明間對話的距離卻似變得更遙遠。迄今市場經濟已覆蓋到每一角落，其三大要素中，資本、技術的流動與轉移已經實現全球化，唯有人的流動仍受非常多的限制，移民與難民問題之所以成為引發全球價值衝突的導火索，誠不為無因。

　　誰都無法否認，傳統包括宗教傳統在內乃人類價值之源。毫無疑問，悠久的英美文明、歐陸文明、俄羅斯文明、拉丁文明、阿拉伯文明、東亞文明、東南亞文明、南亞文明等能夠傳承至今，都表明了其傳統中富含著先人智慧，因而其未來也極富價值，可問題首先在於全球 80% 以上的人們思維都囿於自身傳統（這與美國 80% 以上的人信仰各種宗教的調查資料似存在某種暗合）。其次問題還在於語言，語言是交往的工具。但語言本身出自各種不同傳統，其約定俗成性質最明顯，囿於母語與囿於傳統構成了人的雙重侷限。最後，自 1588 年英國擊敗西班牙「無敵艦隊」以來，英美文明之傳統價值觀一向引領著其餘文明。這不僅由於其軍事、經濟力量的強大，也包括英美文明作為「大憲章」與工業革命及其後一系列偉大科技創新的發祥地，作為兩次世界大戰（其引發也與民粹有很大關係）的中流砥柱所享有的道義力量。而最大問題正在於，自英國公投「脫歐」與美國特朗普當選總統始，英美文明的引領勢頭也遭致逆轉。這些，當然乃指現代性在全球的擴展而言。

　　然而，囿於傳統之思維可能已忘記了，英美自始即具文明交往開拓者與糟踐其他文明的殖民者的雙重人格。以英語為例，與純人為的「世界語」相比，其自身並不最為簡便易學，其語彙的豐富性也建立在全球被其他文明也廣泛應用的基礎之上。換言之，有多種其他文明的語言至少能達到與英語同樣的水平。英語作為最為通用的國際交往語言與英制的度、量、衡器等等的普及，以及其「遺傳下來的制度」沿用，既是殖民大擴張的結果，也由約定俗成而成，其合理性有限。進而，連英美立國之本即新教節欲倫理與致富的「工具理性」之結合——由自發資本主義到具有倫理約束的市場秩序的建立，

也既含自身基督教傳統分化的必然，也有由「五月花」號清教徒在美登陸所體現的隨機性，隨機性亦即佛教所稱的「緣」。〔註15〕這些都表明，傳統是自發的、盲目的。說到底，人們在物質生活層面上被生物本能所驅使，在知識論層面上被市場需求所驅使，在價值觀層面上，又被傳統所驅使。所以人啊，生即不自由，而無往不在束縛之中。有能力離鄉背井的個體之所以留戀傳統，主要因為熟知的傳統能夠提供安全感。不過，縱然學術界對英國歷史哲學家湯因比的文明比較論多所批評，就其在英美文明正處於其發展的巔峰之際能看到自身傳統侷限而言，無論誰都不能否認湯氏乃大智慧者。筆者並不贊成20世紀初即有的「西方的沒落」這種說法，但面對運用最新社交媒體「要麼在把我們送入看不到另一面的舒適（自我與同氣相求者）的回音室，要麼促使我們對其他人產生這種道德憤怒，以致於我們再也看不到他們人性的一面」〔註16〕之衝擊，連英美文明也扛不住了，這無疑表明了它開始衰老。有人甚至說，引領未來人類價值向上的擔綱者雖不可預知，但必屬「非英語」文明。

對自身傳統的肯定當然應尊重，當然也包括對信靠「神」以控制人的本能之傳統的尊重包容，〔註17〕但不應伴隨著對其他傳統的「妖魔化」，例如在居住美國「鏽帶」的有些歐裔眼中，華裔仍是以老鼠與蛇為食的妖怪。從鄰里間的看不慣到城市居民對鄉巴佬的看不起，從分裂主義的「漢賊不兩立」傳統到狹隘民族主義的以鄰為壑……其實這些差別都不大，種族主義對猶太人的大屠殺在劊子手看來也就是為日耳曼除害，日本侵華戰爭中兩位軍士從上海到南京一路進行殺人比賽，他們眼中的中國一條命也就是一頭「八格」。幾乎所有的價值觀衝突都僅由某點嫌隙發端，由某種不順眼或誤以為對自己有害的東西反覆出現，導致了「惡念」反覆出現而積怨成仇，怨仇形成群體氛圍則使之反覆加強，習以為常，習以為真，習焉成性，習非成是……阿倫特所謂平庸的惡〔註18〕不止於僅服從而已。太虛說：「他類中的不同，我們

〔註15〕儘管清教徒將此解釋為上帝的不知降臨何時何人身上的「恩寵」，但佛學所謂「緣」既有歷史或個體命運的隨機性一面，也包含緣起論的事物存在之因素與條件一面，且此事的隨機性也可實時轉化為彼事之因。

〔註16〕此乃 LRN 公司首席執行官基德曼之語，原載托馬斯・弗里德曼：《特朗普＋社交媒體＝民主社會的災難》，《紐約時報》2017.6.22。

〔註17〕釋星云：《尊重與包容》，《人間佛教論文集》（上），頁 659，臺北：香海文化公司 2008 年。

〔註18〕〔美〕漢納・阿倫特：《平凡的邪惡：艾希曼耶路撒冷大審紀實》，施奕如（譯），玉山社 2013 年。

不能親歷其境，姑且不說。」〔註19〕對，那確很難說，但我們已親見把人命當作「他類（動物）」的可怕，而可怕就源於對小惡的習焉不察。

　　不過即使別的傳統，其本身也並無可怕之處，其實傳統相對於群體，正如習慣相對於個體。父母皆知，培養孩子習慣的好壞將影響他一生，對群體而言，優良傳統就是決定自身生命健康與活力的好習慣，反之亦然。在改掉惡習或不良嗜好方面，常有理性無力現象。就是明知其不利自身，就是難改。往往要到問題反覆出現，危害越來越嚴重時再下決心改，但這可能為時已晚，群體也如此。但不管怎麼說，知其不好，就是已超越囿於傳統之思維。總之，對待自身傳統與不同傳統都應有理性自覺，然而愈是被更大範疇及其氛圍中的傳統籠罩，多數人愈具有盲目性。所以法國思想家托克維爾、德國社會學家馬克斯・韋伯到美國考察後，才有其發現英美文明之長與歐陸文明之不足的經典著作問世，這也證明，不同傳統間的相互學習是做得到的。如果說歐盟的建立、鞏固仍限於西方文明之內的話，那位於東方的日本民族就既善於學習西方又承繼著自身傳統就是最顯明例證。同樣在有理性自覺的前提下，改去傳統惡習即移風易俗也是做得到的，如漢族中的「纏小腳」等不就一下就改了嗎？同樣，社交傳媒這樣最新工具也可用於凝聚正氣，為有識之士發聲，引導大眾。當然，看別人毛病易，看自身毛病難，因而對其他傳統的毛病不宜指責，只可善意提醒。社交傳媒之所以激起了「仇視」，正在於「圈內」自我欣賞，「圈外」則相互指責。〔註20〕反其道而行之，應對自己嚴格要求，以身作則。這些素樸的做法及其原理，如果能克服語言障礙與自大心態，將之推廣到族群間、國際間，相信大部分價值衝突可以化解。

三、自覺、開放之交往與對話

　　太虛認為：「佛法從表揚其特質方面，以非一般的科學、哲學、宗教的定義所能範疇，故可云非科學、非哲學、非宗教的；但而不得云非文化的。」〔註21〕

　　確實，從佛法特質的角度看，佛學原理建立在可靠的知識基礎之上，與現代多種哲學的原理也存在諸多暗合，佛教的信仰、形式又與其他宗教存在

〔註19〕釋太虛：《真現實論・宗體論》，《太虛大師全書》第39冊，頁109。
〔註20〕據加拿大統計局一份報告顯示，在多元文化融和做得相對較好的加拿大，仇恨案近年也有上升趨勢，其中近半數（48%）為種族歧視，35%為宗教歧視。（該刊記者：《向種族歧視說「不」：陳國治專訪》，《加拿大商報》2017.6.18。
〔註21〕釋太虛：《提供談文化建設者幾條佛學》，《太虛大師全書》第40冊，頁108。

諸多共同點，因此不妨說佛教既有科學性、哲學性，也有宗教性。但這些特質又超出了囿於西方文明傳統的學者對科學、哲學、宗教所下的定義範疇。例如西方宗教學學者曾依其對基督教、伊斯蘭教及原始宗教研究，對宗教概念有不下百餘定義，其中也不乏力圖把佛教型態歸納在內者。但在精通佛學的學者看來，其中最清晰的定義也至多對佛教的外貌與某些性狀有概括，而未瞭解佛教的精神特質，但佛教無疑乃人類悠久厚重，傳承不息的文化傳統之一。

佛學對自身傳統具有理性自覺，因而認為即使對佛法本身的「法執」也應有警覺，不能被囿。當然佛教傳統也有變異，有分化，上座部傳統是相對保守的，但由其分化而來的「參與佛教」是努力契合現代的。正如由漢傳佛教傳統分化而來的人間佛教契合現代一樣。佛教堅持由出家人住持佛法，也因為出家才會不囿於家庭傳統，即使上座部佛教的短期出家，也既有利於子女看到父母養家的不易，也有利於看到家庭的侷限。佛教強調修行，因為只有通過嚴格修行才有較大可能去除傳統的「習染」。佛教戒律首先是律己的，秉於佛陀的大乘「四攝六度」更是對自身的極高要求。

除與生物衝突具有同樣性質的利益衝突（屬經濟、政治、軍事領域）之外，人類特有的絕大部分價值衝突並不源於價值觀喪失，恰恰源於價值指向「顛倒」──本該律己，反以律人。打開不同語言辭典，對品德辭條與德性表現的解釋都相差無幾，但從瑣碎家庭衝突到嚴重的宗教衝突、種族衝突等，人對自身的不道德行為則用「人都是自私的」之類理由輕易放過，對他人行為則從嚴要求，對方自然難做到，指責以「假」、「惡」、「醜」等似乎很有理，甚至善意也可說成「偽善」，於是從語言到肢體到殺戮，衝突逐步升級。因此，本之於佛學的內在超越路徑，為努力消彌當代愈演愈烈的種種主要屬於文化價值領域之迷惘與衝突，或許可重申東、西方文明共有的最低限度的「良知」底線，〔註22〕越線非但行屍走肉不如，實為「人面獸心」。但更有可行性的應為「存異」，西方柏拉圖和康德強調形式真理，只要內容本身不超出形式所劃定的應用範圍皆可存異；孔子講「和而不同」，印度文化傳統特色也在於存異。價值觀方面對內對外雙重標準或屬人情之常，但凡要求別人去做的

〔註22〕釋淨慧：《守望良心》，黃梅：四祖寺 2012 年。〔英〕約翰‧密爾：內疚感引起的痛苦是「良心的精髓」。（密爾：《功用主義》，北京：商務印書館 1957 年，頁 30。）

道德律條，皆應自身先做到。不但己所不欲勿施於人，更應重視的是己之所欲，也勿施於人，例如種種理想主義。高標準僅用於律己，但要求他人僅用最低的也就是不可喪失價值底線。「存異」即多元文化共存。正如欲克服擺在面前的重大困難，必先戰勝自我；亦如培養下一代好習慣，不但可使自身傳統綿延久長，也將使其他傳統因之共享和平一樣。反之，先以道德淪喪，後該傳統即隨之滅亡的個案亦史不絕書。簡言之，當代西方文明的主要問題在於，左、右翼凡遇事，都難以把「自由即自律」私德準則推展到公德領域；東方文明的主要問題在於，在大部分地區不同傳統間的交往尚欠展開，即還滯留於熟人社會，所以私德發達，而與陌生人在公共領域交往必須的公德並未發育充分。

因此，加強不同文明間的交往與對話，相互借鑒，取長補短十分必要，包括經濟、政治等各領域，特別是東、西方文明之間，不同宗教傳統之間的對話與合作更應加強。這不但因為文化交流與合作是世界和平的強大力量，市場經濟全球化則為之搭建了基礎與平臺；還因為只有通過廣泛而深入的交往，不囿於自身傳統而有著自覺的個體內在理性才能拓寬其廣度，延展其深度，以富有建設性的言論與行為進而影響大眾。

當代價值觀最激烈的衝突發生在不同宗教的原教旨主義者之間，但宗教原教旨主義也有溫和與激進的區分，狂熱的原教旨主義者為激進化的極少數，但他們從小受家庭宗教傳統薰陶，少年在宗教學校只反覆念誦經書，青春期由對現狀的逆反使之走向了思維激進化是更為根本的原因。如追問至更深，這一價值衝突的最尖銳表現植根於價值理性指向的最深刻悖論，即其典範表現為宗教經典規定的合乎理性原則的價值——正義的不可違背，且須貫徹到生活的各方面。這一「大我」賦予信徒強烈的人生意義感，為之可不惜任何犧牲。但這一追求又以逆反的非理性情緒——從熱情到絕望體現。由此不但造成了該傳統與其他傳統之間的高度緊張關係，也造成了該大傳統內部不同小傳統間的尖銳衝突，且這種衝突的各方所依據的乃同一經典文本。這就說明衝突原因並不在於經典本身，而在對經典文字的解釋傳統之不同。從而存在著化解的可能，因為經典的文字是原則性的且其詮釋具有極大靈活性，神職人員（佛教稱為教職人員）之解經如不與公認事實結合，所講必導致很少人信從，而招致傳統的衰落。相反，解經與事實相印證，經典的原則性也轉向律己為主，傳統才有可能復興。總之，價值判斷的確當性必須建立在事實上，

而事實判斷只能是理性的。個體理性對事實真假的判斷既依賴於其所獲信息是否充分（如果對情況不夠瞭解，那很容易誤判以及引起對他人的誤解，連超常的大智慧者也不例外），同時依賴於將獲知信息與經驗——交往、閱歷等作比較。然而事實不等同於信息，當代價值衝突之所以頻發與傳統傳承的默會性不無關聯，默會在人們幼年即表現為重複再重複的學習與訓練。這種對青年與成人依舊有影響的普遍心理，也往往被西方極右或極左的煽動者所利用，或故意扭曲信息，或捏造事實重複再重複傳播即所謂謠言，或運用社交媒體屏蔽部分事實只有意渲染對自身有利的信息，這些都加劇了不同價值觀的衝突。然而「謠至智者為止」，信息的扭曲等等也同樣。凡其交往已不被限在單一傳統內，或秉受理性原則凡事皆作思考等的許多人，因其閱歷豐富而理性素質強，都能據充分信息作出事實為何的判斷，即使謠言也可判斷出造謠者的意圖。因著人皆具理性，減弱衝突的希望仍存。全球化決非同一化，相反它依賴著多元文化傳統的豐富性才能保持活力。〔註23〕

結語：超越傳統與「佛陀教育」

太虛早就指出：「每件事物的認識證覺，都是隨各類眾生業報的不同而差別。但在同類的看來，則皆確認其所證覺的真實。」「殊不知以超類的眼光看來，」「其實是不真實的。」這種超類的眼光就是佛陀的眼光、真正覺者的超越性眼光。正處在現代轉型中的佛教「仰止唯佛陀」。〔註24〕

〔註23〕本文限於從大文化視角而言，各大宗教的信仰特點皆有所不同，但其共通性為具有超越性的情感聯繫，且密切到個體的生存意義託付給「他」的份上，為「他」可以作出最大的自我犧牲，因而具有超越性。這是源於自、他關係的價值判斷，其聯結是情感的而非理性的。其最早來源之一可能為簡單的自他兩者「相依為命」，最尋常的例子是父母與子女、相愛者等，但「他」也可被先知、先師、宗教教會乃至神所指代。就高尚性（仰望）而言，個體生命內在的意義價值對其他維持共同體不致於崩潰的道德價值（而這些道德價值通常由各自傳統保存並使之綿延傳承）有著引領作用。然而信仰之「信」即說明任何牢固的價值判斷必須基於事實判斷，否則就不可信。如被寵壞的子女行為使父母深深失望，其情感賦於之價值觀就可能崩潰。其他指代也類似，唯有些人會因以往付出太多，至死也可能不願承認而已。筆者須強調：在此提及的信仰僅依這一視角，而非據哲學或宗教學或教義學等給出的任何「信仰」定義，因為與宗教的複雜性一樣，信仰也是非常複雜的現象，學者各自給出信仰的定義眾多，恐怕永遠也不會有定論。無疑的僅為信仰既植根於情感基礎，也植根於理性基礎。

〔註24〕釋太虛：《真現實論·宗體論》，《太虛大師全書》第39冊，頁108。

這也就是說，傳統的界限並非不可超越。「超類」也指第二類先入為主的知識經過學術研究的理性分析或討論，能夠剔除其中疑似的僅為某一傳統自以為是的部分，轉化為使其他傳統也能確認的可靠知識，由此默會的知識也可轉為共享的知識。例如國際慣例僅最先存在於處理國際問題有經驗的西方文明中。經驗可貴，但只是基礎。在此基礎上其中一部分由具有前瞻性（帶有一定超越性）的外交家（或國際機構）提議，吸取相關學術研究成果，經其他文明的代表討論，剔除大家認為不可接受的，然後由締約國簽署，才能成為國際公約。儒家認為，「性相近，習相遠。」如果剔除其「性」之性善論前提而解讀為人之為人的特性，那麼就可以說，只要接觸多了加深了，生活在不同傳統下的「人心都是肉長的」，人們之所以會感覺其間差別大、價值觀殊異，主要是習慣的綿延造成心理距離愈來愈遠，而不僅是地理阻隔。例如猶太人早就生活在歐洲各地，歐洲各民族與猶太人之間沒有什麼地理阻隔，但歐州人多以自身生活習俗去衡量不肯改變習俗的猶太人，先是嫌棄，久而產生偏見，終至在納粹煽動下變成仇恨，其間貫串的邏輯乃是囿於自身傳統的思維盲目性。直到奧斯威辛集中營慘劇被揭露後的 20 世紀 60 年代，歐洲大眾才認識到人性之同，由此對待猶太人的自覺被喚起，並普遍釋出善意。猶太人與歐洲其他民族的問題已被更大範圍內的價值觀衝突問題替代。

由此可見一，喚起自覺完全可能，以往在商業利益驅動下發展的各民族、各文化傳統間的交往恰恰普遍缺乏這點。根據最新資料統計，由漢傳佛教傳統演化而來的主張人間佛教的海外寺院、活動中心（不計兩岸四地）已逾兩百。各海外寺院、活動中心在開拓之初依託華人社會也很正常。如果在此基礎上，從隨同其華裔家眷來道場禮佛的歐裔、亞裔、非裔等人士著手，秉承佛教的自覺，進一步去深入瞭解其他文化傳統，以充分的善意，主動地把握他們的需要與「內情」，使他們把法師與志工當作自己人，講心裏話（「內情」、心裏話、慣例─潛規則等正屬於所謂默會的知識）。那麼，從借鑒基督教傳統建立「團契」小組開始，人間佛教的海外發展必能創造出更大成績。問題可能在骨幹人才培養還跟不上這廣大需求，但這將是人類交往史上空前的自覺開拓，其對文明間和平交往與對話之推動前景難以估量。

由此可見二，地理阻隔不一定是妨礙交往的主要因素，而能突破囿於傳統思維，進而超越傳統的學校教育卻是喚起自覺，加強加深文化交往的有效方法。因為越來越多的國際學校已證明，從小讓不同膚色、不同民族的兒童、

青少年一起學習，他們就會習慣於各文化傳統的和平相處。而不分民族、宗教與膚色的教師、女性群體，因為他們最關愛下一代，可望成為引領未來人類價值向上的擔綱者。年輕人受教育也是擺脫囿於傳統思維，走向廣闊世界的主要途徑。

太虛曾經指出：教育約分為四類，「一曰天神教育……二曰生物教育——或動物教育——：謂人生之教育，由生物動物之適應性，遺傳性，模仿性等積習演成。其目的，則競爭生存，奮求富強是也。此種教育性質，雖自有人文史以來即已萌芽，而至近代，始盛行為民族國家之教育也。其弊也貪狠！三曰人群教育——或人倫教育——：稍知教育乃為人之特能，人之所異於禽獸者在此。下閑群動，節而不擾；上舍天神，存而不論。以繕吾人之性，而善吾人之生。其目的，則治理人群，安分樂生是也。此種教育性質，雖亦有人文史以來即已萌芽，而從古只有少數之真儒大哲行之。其弊也憍狹！雖然，今而後，地球人類能瞭解人群教育而施行否，尚為地球人類向上向下之關頭也。綜合此三者而導之向上，則更有宇宙大教育者佛陀之教育——佛化教育。佛陀教育，以人群教育為起點，此於其應化為地球人類可知之也。故當先撤廢天神教育，而董攝生物教育，以之完成人群教育。」〔註25〕太虛對其他宗教信仰也抱著尊重態度，他曾說：「唯有本著神所啟示的智識，才可以知道宇宙萬有的真實性。這種神學的智識，也有很繁瑣、很精緻的辯論，這是神學者的理智。」〔註26〕但他之所以認為要撤廢天神教育，出於消彌價值衝突的期望。迄今伊斯蘭教內的教派之戰蔓延，並與西方文明形成衝突，其造成的難民問題更成了引發各個別的文化、文明傳統與全球化的整體人類文明之間矛盾的導火索。撤廢天神教育乃是對某些宗教學校激進化滋養的「聖戰士」之釜底抽薪之舉，當然也包括在佛學院教育中「上舍天神，存而不論」。提倡佛陀教育並非主張佛教傳統優越於其他文化傳統之上，而是因為凡是人，皆可吸取佛陀的智慧以消解人際難免的衝突。人間佛教之倡導也正為了革除歷史演化造成的自身傳統中某些不良習染。

原載《2017 星雲大師人間佛教理論與實踐研究》，臺北：佛光文化事業有限公司，2018。

〔註25〕釋太虛：《真現實論·宗依論》（下），《太虛大師全書》第 38 冊，頁 218、219。
〔註26〕釋太虛：《真現實論·宗體論》，《太虛大師全書》第 39 冊，頁 112。

佛學人性論與超越之維(上、下)

摘要:

　　上篇首先從佛學「空」義出發,並與東、西方人性論作了簡略比較,指出人性處於不斷變化之中,蘊有向善向惡或無所謂善惡等多樣化的可能;「眾生皆能成佛」首指眾生平等,更重要且被普遍忽視的乃指「或然」即可能性而言。如確存在著難以改變的「本性」,那就是「俱生我執」,即生物共有的本能,所謂「本性難移」當指此,其餘包括向善向惡都隨「薰染」與因緣條件而變。進而,根據佛典與太虛法師論述,考察了這一人性「或然」並未離「法」的相對確定性,並以柏拉圖、康德哲學「應然」、「或然」、「實然」的三分法返觀人性,指出佛學「或然」主張依託於「緣起論」。當然,「法」的確定性乃相對於宇宙的無限與人類已有認知(相)的極其有限而言,所謂「相」中含有的少量確定性其實都被未知的無限的遠為廣大的不確定性所涵蓋,即已確定的也處在因緣變化中。這就是「法空」。反之,因為惟有人才擁有內在超越的根器,由做人開始,完成人格至成菩薩、成佛的多樣化潛能與不確定性同樣無限。但其前提乃個體自覺自願地作出選擇,即發願,其實現程度(「實然」)則視時勢而不同。發了願但促其實現的自身智慧及能力不夠怎麼辦?由佛陀教育提供幫助。但即使人類在眾生中最富理性及其能力,也終有限,故還需超越之維洞照。由於宗教的特質在於其超越性,世界各大宗教的共性也在於其超越之維。但除了東方宗教重內在超越與西方宗教重外在超越的不同之外,各宗教間的超越性之差異似很少人有研究。下篇作了西方宗教、哲學與佛教的超越論之間的差別辨析。就客體而論,佛教宇宙觀具有「無始無終」特色,與神創論宇宙觀不同,因而與唯一神論的有終極的超越(人不可能逾越神)相對,佛教的超越之維沒有終極。就主體而論,大乘佛教菩薩行「度盡眾生方成佛」的心量也是無限的,但繼承古希臘哲學的西歐新柏拉圖主義似乎也提出了內在的

「不斷超越」論，亦無終極。文中指出，與柏拉圖的先驗論出發點不同，佛教乃從歷時性與實時性的人生有限經驗出發，不斷超越自我乃至無我，正如太虛所言，「故『人生佛學』者，當暫置『天』、『鬼』等於不論。且從『人生』求其完成，以至於發達為超人生、超超人生，洗除一切近於『天教』、『鬼教』等迷信；依現代的人生化、群眾化、科學化為基，於此基礎上建設趨向無上正遍覺之圓漸的大乘佛學。」印順強調的「人菩薩行」乃其完善。最後，佛教「淨土」的懸照，乃為推動佛教菩薩行實踐的動力之一，也是對世俗社會的超越，佛教慈善事業乃其獨特超越性的實證。

關鍵詞：人性論、佛教教育、宗教的超越性、「人菩薩行」、利他主義

「或然」人性與佛學生命層次劃分

依佛學即慧學回觀世界史，現代性在古希臘富集的工具理性與古希伯來價值理性之間的巨大張力中，不意間於兩者相撞的歐洲率先孕育。排他性的猶太教、東正教、天主教、基督新教都由希伯來一脈傳承變異而來，甚至其旁支伊斯蘭教也在保存與傳播希臘工具理性中扮演了作為外緣的重要角色，由此歐洲才掀起了以復古為創新的「文藝復興」，衝破了以上諸宗教價值觀劃定的禁慾主義防線，所謂「人性」得以「解放」。宗教改革、科技革命、工業革命、經濟與政治制度變革等相繼展開，而這些都是工具理性突破價值理性束縛的體現。不但如此，在現代性剛展開的初期，這些宗教價值觀還起著抑制人的生物本能「貪」與「瞋」、負面情感「癡（狂熱）」及理性的自負即「慢」的功能，從而奠定了市場秩序的倫理基礎，「法治」的實施因之才有可能。由於信徒彼此的倫理承諾可靠，隨著這些宗教價值觀的全球擴張，也降低了市場交易成本。因為「法制」即便可靠，其成本卻高昂。然而隨著現代性進一步展開，蘊藏著的工具理性與表現在這些宗教或世俗倫理中的價值理性之間的衝突也日漸尖銳，造成韋伯所謂「鐵籠」困境。

運用現代發達的工具理性在解答人與自然關係諸問題方面成就巨大，在解答人與人關係諸問題方面亦有所成，唯在解答人的身心關係諸問題方面，因工具理性運用有著「客觀」、可重複驗證要求，故並不能給出直接答案。其中首要的便是人性問題，而佛學對此則早著先鞭，如今則更可借助運用工具理性所獲知識闡明。

一、人性何指？

所謂人性，指所有人的共性，還是人類固有的本性，還是人類區別於其他

生命體的特性？

如果設定為共性，顯然古來的「人為萬物之靈」為第一選項。然而現代生物分類學已證明，至少是靈長類動物也都有靈性，且不說海豚等。所以靈性即使說成是靈長類共性也可疑。第二選項為歐美文明主流的性惡論，即希伯來系之原罪說，「法治」傳統據此創立，以抑制人作惡，特別是抑制有權者作惡。當然，基督教或康德的「絕對律令」對人的道德要求也很高，也以此作為「法治」之基礎。中國法家、儒家的荀子以及佛教天台宗也都在不同程度上主張性惡論。以《荀子・性惡》為例：「人之性惡，其善者偽也。」〔註1〕荀子所說實指人的生物本能向惡，善乃偽，指後天才形成。依此說有觀察依據，強調「法治」也有實效。然而即便立說有據，這也只是所有生物的共性而已。人只因係生物之一類，故免不了被本能驅使。總之，此說立為人之共性，其說勉強。依佛學，本能所為係「無記業」、「不定業」，即其善惡性質難以下定論。顯然，不能說獵食性動物的獵食本能就是作惡。第三選項即為中國儒家孟子主張的性善論，他認為惻隱之心，人皆有之。孟子又說，「人異於禽獸者幾希矣」，「庶民去之，君子存之」。〔註2〕這是作人與動物的比較後，得出德性雖為人共有，但眾人不知，仍如禽獸般被動物本能所支配，唯君子方能全其德性。所以要使君子之風成為社會主流，令眾人追隨，儒家理想的實現途徑靠君子的德化，又稱為德治。自然，也須輔以「法制」以抑制作惡。孔子則說「唯上智下愚不移」、「有教無類」。〔註3〕這說明人的愚智乃後天形成，由教育可以改變。孔、孟無論如何也想不到，他們的性善論會被抹黑成先天的血統決定論。歐美也存在非主流的如（法）盧梭、（美）愛默生之性善論等。然而性善論的依據即同情心亦為「有情眾生」所共有，非人類所獨鍾。至於人性由種族血統或階級地位決定等論說，如果不是被現代性激化的話，也係其逆反，而前者恰恰已被現代生物遺傳學證偽，後者的背後也不是性善論，而繫結著人的共性就是其社會性，殊不知現代生物學已經證明，多種群居動物的社會性遠比人類強，例如螞蟻脫離了群體就無法獲得個性，

〔註1〕《荀子・性惡》，北京：燕山文化出版社，1995，頁283。
〔註2〕《孟子・離婁下》，《四書集注》，成都：巴蜀書社1985年影印清怡府藏版，卷4頁23。
〔註3〕《論語・陽貨》，《四書集注》，成都：巴蜀書社1985年影印清怡府藏版，卷9頁2。

單個螞蟻行為失卻了明確目的，只會亂轉。所以，社會性也為所有群居生物所共有，並非即人性。諸共性論的考察到此可以告一段落，不如追問人的固有本性為何？

由於人性關聯著「物性」，對這一問題的考察就不得不從佛學之「法」、「相」的概念，與柏拉圖、亞里斯多德哲學的「本質」、「現象」概念間的區別開始。太虛說：「法之一字最廣泛又最普遍。梵語達磨或達爾磨，華文譯做法；所謂法，意思是一切所有各有自有的性質，能夠叫我們及一切有情生瞭解。」〔註4〕這是對《雜阿含經》卷三十一：法即事物「任持自性、軌生物解」的解釋。依佛學簡要地說，法是對事物特性的規範，類似「道」，「相」則乃其外在表現。法由事物的相互作用產生，而不是由其內在規定性（本質）產生。相反，法對該事物運行的規範一旦消失，該事物特有的性質也隨之消失，轉化為又一事物。所以，本質不能說不存在，但只限於一定時空範圍，並受內因外緣影響也不斷在變化之中，「相」與現象之千變萬化更不必說了。所以物性非無非有，從天體到原子的運行無不證明引力與斥力相向形成的軌道之規範作用，內在的能量也由此發散或收斂，如行星脫離了圍繞太陽的運行軌道就變為另一類。人的固有本性也同樣非無非有，但生命不同於器物處在於其有主動性，特別是人，人類這一物種也是相處甚至相鬥相殺之間，彼此向度不同甚至相反之間，經數萬年才形成倫理規範，初時其表現在習俗規矩、禁忌中，漸而提煉為法律，乃至國際法，人才由野蠻而文明。〔註5〕所有在規範約束的空間有序活動者才實為其人，才顯人的特性。在這一意義上，《佛遺教經》才強調佛滅後「以戒為師」。戒是對佛弟子的規範。佛典則成為佛陀「法身」之存在體現，「法身」概念與俗稱的靈魂絕然有異，無寧說「法身」乃佛陀在世智慧的綿延傳承。依據現代考古學可靠證據，佛像作為「法身」象徵是在北印度貴霜王朝境內發展起來的，受到希臘藝術風格的強烈影響。同時大乘佛學也於此地興起，大乘菩薩行者既從早期佛典中領悟了佛陀清淨智慧，也吸取了各地多民族文化中蘊含的智慧，包括來自古希臘的思辨智慧；

〔註4〕釋太虛：《法與人的研究》，《太虛大師全書》第18冊，頁1308。
〔註5〕這些並不說明文明只有進化沒有退化，與現代性相關，可以觀察到由於輿論動員（包括智慧手機普及帶來的社交媒體網絡動員）、社會動員愈來愈大地擴展，導致對立群體的規模愈來愈大，迭加工具理性輕視價值理性的約束，現代戰爭技術愈先進，戰爭規模較前現代也愈來愈大。戰時，平民生活也迅即退回由叢林法則支配。可以說，如這一退化趨勢不扭轉，不戒殺的人類將自毀。

自然，為了佛教能弘傳大眾，也難免把各地神話傳說攝入。大乘還鑒於部派佛教守戒拘於表面的形式主義傾向，提出「心為戒體」，為戒律適應於不同於南、中印度的條件與狀況下的遵守，提供了更廣大的可能，也極大擴展了佛教演化軌道兩側的空間。就人性論而言，如確存在著不可改變的「本性」，那就是「俱生我執」，即凡生物皆具的本能。所謂「本性難移」當指此，〔註6〕其餘包括向善向惡都隨「薰染」（主要是文化影響）與因緣條件而變。然其俱生性是不可改變的，除非生命寂滅。確實，早期佛教因此強調性寂論，但古印度世親《大乘百法明門論》早就指出，「俱生我執」也同其他「惑」一樣，只是迷惑而已。即使孩子反而不加掩飾的自我中心主義〔註7〕，也只是與生俱來的妄想，連其他孩子都不會多次加以容忍，而及早覺察這種錯誤認識才能融入社會。這也是大乘佛教性覺論來源之一。性寂論主張，與任何世間事物難免成壞住滅一樣，人也難免生老病死，因此個體的歸宿雖為寂滅，然只要行走於解脫道，或多或少有可能獲得「心解脫」或「慧解脫」，而大乘佛教則繼承發揚光大了早期佛教的「正覺」說，將之擴展於人性論。當然，這已超出了討論人的固有本性範疇，而轉為人區別於其他生命體的特性探討。

太虛這樣解釋大乘性覺論：「此地球人，時有困難須待解決，而又有自由活動自覺努力之餘地，故能發生勇猛記憶而為教育之事。」其中「勇猛」與《佛遺教經》強調的「精進」義相通，既為人之特性，又用以對治人的動物性之懶惰，而與「阿修羅道」之好勇鬥狠迥異。同時，記憶力強也是人的特性，發揮得恰當，用教育強化人性中善的一面，弱化人固有的動物性一面也因此有較大可能。他又引用《佛說立世阿毗曇論·云何品》語說：「此地球人，

〔註6〕至於極少個性秉賦，當從親族基因遺傳而來，因不屬於人的共性問題討論範圍，故從略。

〔註7〕這就是荀子所講的性惡，後天的善乃「偽」。不過，這類肯定的本能性惡論正是前現代價值觀，現代性則把個體間的關係確立為獨立、平等關係，並解除了從家庭、家族、部落到國家等大大小小的共同體對個體的束縛，把個體對共同體的人身依附關係轉化為相互間對應的權利、義務關係，因此釋放出為自己幹活的充沛活力（在某些地區活力僅體現在內鬥等方面乃另一問題）。當然，這僅為憲法規定，其落實狀況則各國大相庭徑，這值得繼續研究，各國意識形態不同而這一規定大致類似也頗耐尋味。所以，為自己，為私不一定是惡，過分即「貪」才是。個人主義也不再是萬惡之源，為公也不能肯定就是善，極權主義、極端主義倒反而灌輸著為「大我」而「犧牲」「小我」。總之在現代，個體對共同體及其象徵圖騰、保護神的奉獻，已成為自願者值得尊敬的行為，個體對共同體必須履行的義務有限。

具摩菟沙（六道中的人道）八義：一者、聰明，二、業果勝，三、意微細，四、能正覺，五者、智慧增上，六者、能別虛實，七者、聖智正器，八、聰明業所生。」〔註8〕這有必要用現代語言一一詮釋，首先，聰明與智慧不同，聰明主要體現在學習能力上，而現代人工智慧的學習能力完全可能超過人類。聰明還有可能被「用在壞道上」。「聰明業所生」指人的遺傳基因與其他生物不同。其二，「業果勝」指唯有人才有強大創造力，但在當代須強調其創造力如不用在「善業」上，其毀壞力正等同。其三，「意微細」既指唯有人，才有感性或理性的多方面精細辯別能力，而動物或在某一特定方面辨別力超過人；也指唯有人，從細小一善念出發堅持，可以成就偉大事業，從小有嫌際出發也可以釀成大惡。其四，「無始以來無明」與「正覺」有何聯繫？乍看起來，「無始以來」與「本原」相近，無明與罪引起的惡果相近，其實出發點不同，追求也不同。簡略地說，「原罪說」出發點是強調信仰至上，罪來自偷吃「智慧果」，而與佛教強調的增長智慧恰好相反，故原罪總指望「救贖」。而佛教講的無明近乎無知，無知本身並無罪，而人的「正覺」建立在「正知」基礎上，只有掌握了豐富的知識且「能別虛實」（實者為正），在實踐中為了善的目的運用（即清淨智慧）才有可能（並非必然）達成正覺。也就是說，智慧是增上緣。其五，「聖智正器」指唯人才擁有由凡俗的智慧把握而昇華為超俗智慧的根器。第五點指出人與其他生命體的不同在於，其根器（遺傳基因）中就蘊有內在超越性追求，這才是人最可寶貴的特性。

二、人的多樣可能性與佛學生命層次劃分

性覺論並未給人性作究竟抑善抑惡的價值判斷，更多的是指出了覺悟、向善的可能與人特有之根器的極大潛能，以及指向其他多樣化的可能。如果擁有這些能力、潛能而不用或方嚮用錯，那就苦果自嘗，怨不得誰。所謂「六道輪迴」則乃印度古說，尤其是「天道」，摻雜神話傳說，是古印度各派宗教、哲學限於當時的知識水平而都認同的說法，這不能體現佛教特質，大乘佛教也只是沿襲其說而已。故且依太虛悲憫眾生有難，自力不逮時的祈求，對之「存而不論」。〔註9〕但《阿毗曇論》引用「六道」，顯然有強調提起對

〔註8〕釋太虛：《真現實論·宗依論》（下），《太虛大師全書》第38冊，頁216，臺北：善導寺1980年。
〔註9〕釋太虛：《真現實論·宗依論》（下），《太虛大師全書》第38冊，頁219。

人性趨惡等其他可能性的警覺、警戒之意，如放縱人的出於其生物性的爭鬥本能，並將智慧反用於無休的爭鬥，就將流於「阿修羅道」。必須對此高度警戒，因為相鬥激發的智力更強大，甚至有可能毀滅人類文明。至於六道的由來，不妨用「地獄道」為例闡明，太虛於 1935 年 10 月在上海雪竇寺分院講《地藏經》說：

> 首則「地藏」是菩薩的德號，愍念地獄受苦眾生，分身十方世界，所謂「我不入地獄，誰入地獄」；以悲願住地獄度生，名為地藏。

可見「地藏」不是別的什麼，就是菩薩德號，望文（字）生義多舛。

> 次則因大悲願最勝最廣，猶如大地一樣：大地為一切所依止，又能荷擔一切含藏萬物；而此菩薩悲願心亦復如是，為一切眾生之所依止，荷擔十方諸佛事業。所以如大地樣的，將諸佛功德事業並眾生苦惱荷擔起來，含藏在悲願心地之中，名為地藏。〔註 10〕

這說明了大願之「大」以及為什麼「大」。「地」指大地，非為地底下。

> 三則「此地藏菩薩誓願度空罪障極重的阿鼻地獄，這是特別悲愍願力所成。」〔註 11〕

六道又稱「六趣」，而人為「六趣」中樞，可以因「趣上」而昇華，也很容易因「貪、瞋、癡」而墮落，以致「罪障極重」墜入精神重重痛苦的深淵。這類重重痛苦只有自己發願也仰仗地藏菩薩願力才有可能獲解脫。可惜，太虛原《講要》已被刪，僅存開題與科目大綱。否則，講經內容當能給以更多啟發。

在中國民眾中，普遍有地藏王就是掌管陰曹冥府的閻羅王，地獄就是陰曹冥府的傳說，導致佛教被譏為迷信。太虛曾說：「世人多以佛教為迷信鬼神，不切人生實際，不知佛教宗旨，正以解除眾生苦難為唯一責任！」〔註 12〕雖然這一佛教中國化進程中的傳說演化，也起到讓罪者有悔過機會，其家屬可行善以獲救度的積極效能。不但如此，它還有令作惡者生畏而改惡行善的

〔註 10〕太虛：《地藏菩薩本願經開題》，《太虛大師全書》第 29 冊，頁 2469，臺北：善導寺，1981。熟習梵文的何歡歡考證：漢語「地獄」一詞譯自梵文 naraka 或 niraya，原意為「壞喜樂」、「無救濟」，如同設於地下的牢獄。（何歡歡：《育子地藏與送子觀音》，《九華山地藏論壇論文集》，頁 147，池州：九華山佛教協會，2021 年 10 月。

〔註 11〕太虛：《地藏菩薩本願經開題》，《太虛大師全書》第 29 冊，頁 2471。

〔註 12〕太虛：《佛教與護國》，《太虛大師全書》第 48 冊，頁 67、68。

作用，若非此，就不乏像《紅樓夢》中的鳳姐一樣之人，因「不信地獄」，幹出陰損殺人等傷天害理之事。又如《竇娥冤》所敘，這一傳說也給冤屈者以「惡有惡報」，公道終有實現的希望。所以這也如太虛所說，反映了苦難民眾對佛教的需要。儘管閻羅王原為印度婆羅門教經典《吠陀》中的夜魔神，地獄說也早見於婆羅門教經典《奧義書》，而佛陀則反對以神通惑眾，既定下戒律嚴懲，也借閻羅、地獄說為方便，警示違戒出家人，故該兩詞也見於《阿含》類佛經。印度文化傳入中國後，閻羅、地獄與道教類似之說及民間信仰結合，至唐末五代，衍出冥界十王的系統化之說，即《十王經》。然而代表佛學界見解的佛經目錄對該經持警示態度，拒絕將其錄入，有的則著為偽經。

　　古印度關於地獄的傳說眾多，歸結起來乃某些罪障極重的眾生趨向處，即六趨（趣）之一。「極重」也就是說，比陷入貪欲、愚癡者更重的各種罪與業障，其惡報皆為墜於地獄，特別是殺戮。因早見於《奧義書》的「六道輪迴」也被用於勸善去惡，世俗多誤傳佛教也肯定人死為鬼。其實，佛法之為佛法，係於其獨特的緣起論。與此相應的緣聚緣散生死觀，並不需要夾雜鬼神。佛陀之所以沿襲印度古傳，只是因為在民眾普遍被當地民俗文化籠罩著的當時條件下，為使更廣大眾生能接受佛教傳播，以此為方便說法而已。太虛對此早了然，他說在古印度，除少數人覺醒之外，曾經也是「其餘大多數科學幼稚、人情寡薄……皆如聾如盲，不能同喻。為適應此印度的群眾心理，即（當）人天福報及道解脫之機感，（佛陀）乃不得已而示說。」〔註13〕至於佛教是否承認鬼怪存在？即便太虛明知這只是沿襲古傳，但恐如徑直否定，會連帶傷及勸善戒惡與眾生慰籍哀痛的情感需求，所以仍善巧地說：「以人死流轉六趣，實非皆作鬼靈，且亦非皆從鬼靈投胎以來。其以人畜等鬼靈身為在人世身副本，亦屬不當」。〔註14〕然而怎麼說才得當呢？太虛說：「以常見對治斷見之損減執，以斷見對治常見之增益執，兩相對照，庶可發見世界眾生業果相續之俗諦道理；兩相窮極，空無所執，庶可遠離斷常，獲證真諦！」〔註15〕佛教戒「殺生」，也正是從反對婆羅門教「祭祀萬能」中嚴重的殺生祭祀開始；佛教提倡眾生平等，既來自反對種性制度，也來自無論貴為王族，

〔註13〕太虛：《人生觀的科學》，《太虛大師全書》第 46 冊，頁 40、41。
〔註14〕太虛：《閱科學的人靈交通記》，《太虛大師全書》第 50 冊，頁 371。
〔註15〕太虛：《評精神不滅論》，《太虛大師全書》第 50 冊，頁 396。

富可敵國，還是名滿八方，學貫中西，待生老病死來臨，誰都逃不過的洞察。而無視世間真相，以逃避求解脫，即為斷見（斷滅空）之執；從世俗流傳、世間常識到以某一角度的即使正確的觀察或學術推論，儘管也很有道理，但若將其誇大（增益）至其不能涵蓋的更廣大範圍，即為常見之執；太虛此言也就是說，中道方證真諦。

依佛學的生命層次劃分，對「六道」不妨作如此理解。人類這一物種，雖被賦以多樣可能，但向惡向下的可能性也並不小。在生活中，有些人卻只如同處在器界與眾生界之間，以生命的基本結構——細胞為食的新冠病毒那樣，被自身繁衍需求帶來的爭鬥本能驅使，那就是流於阿修羅道的可能，最可歎的是損人亦損己的一類爭鬥，聰明反被愚蠢用。有些人放縱人的同樣出於眾生本能的怠惰、貪玩，以至愚癡，實已墮落「畜牲道」。有些人過分放縱本能的食欲，則流於「餓鬼道」，可歎鮮衣美食曾被冠以資產階級情調，如今卻即如官媒，也滿屏舌尖上的味道。有些人放縱有情眾生特有的情慾及貪、瞋，其痛苦狀遲早可擬於「地獄道」。

最後，對佛學的「人道」不妨借助繼承柏拉圖形式理性論的康德哲學返觀，作「應然」、「或然」、「實然」式的釐清。「應然」即如同前引太虛所論，人應該是理性的[註16]，儘管多數人並不能充分發揮其秉賦的理智，現代高等教育的普及也只是增加了些精英，但理智內在地控制多數人行為而不至於患精神疾病的底線仍存在。「或然」指人們活動的「兩邊」雖不能脫離有形無形的規約，但因著人類最富理智及其超越性創造性智慧而不失眾生本能、有情情感，人的改變較之其他生命體卻具有更多的可能，其「邊距」間的自由選擇空間更大，且因未知無限，人的潛力也無限。然而人性係於「心法變化」，[註17]當個體所想暫且係於動物本能或較高級動物情感，儘管人的模樣保持著，其所為就跟獸類無異；當個體受理智的約束引導，其人性也就隨之恢復。所以人性難以固化，可塑可變——「無常」。人們實際上的狀況即「實然」。雖然理性可以利用某一本能調控另一造惡本能，可以調動某一情感抑制另一情感，但現實冷酷，個體理性能力有限，生活中多苦難，迫使有些人並沒用，至少沒好好運用自身理性秉賦，處於「無明」或徬徨中，任憑生物本能或情感驅使，並習以為常，過著禽獸般日子不自知。

〔註16〕見本書第二篇第二節。
〔註17〕釋太虛：《法與人的研究》，《太虛大師全書》第 18 冊，頁 1321。

三、選擇向上向善的可能

人趨下或趨惡的「四道」雖足為警戒，但人也能向上向善的依據何在？

太虛說：「佛典亦云人類最有造作能力，其餘有情身類皆受報，但人能造業。且以富於造作能力故，知識因以發達，既有語言以達意，又能創造文字以代語言，而排除空間（遠地）時間（將來）上之阻隔。其所造作，蔚然成為學問、知識、文化、道德，而代相遺傳。猶之個人之衣、食、住等之生活財產之遺傳於若子若孫然，此則尤非一切動物所能者。取要言之，形狀豎立，以手工作，能力富於創造，心力富有知識，皆顯然異於群類，故能自達其所欲達之目的，自覺其所應覺之趨向，善能變化，不純受自然力之拘束。是以人類在宇宙中，實為萬有之中心。」〔註18〕這就高度肯定了人身可貴。

就向上而言，依大乘佛學，「眾生皆能成佛」也就指向上的最高可能——「或然」而言。佛的梵文原義即為相對於昏睡的覺悟。太虛還通俗地說：「如我們（每個人）能夠發一種自利利他心，也就是菩薩。」〔註19〕如金地藏正是一位從新羅（今韓國）來華學佛又把地藏精神回傳東亞的偉大菩薩。對常人而言，由人而向上，成為能體會眾生疾苦，帶眾生共趨覺悟的菩薩乃是有更大可能性的道路。大乘也繼承著佛陀在世時的聲聞乘的進路，聲聞乘所謂「心解脫」與菩薩的悲智雙修並無二致，「慧解脫」則就是把握大智慧的覺者。當然，向上可能性的實現也受到社會條件（緣）的制約，但首先是自覺自願作出選擇，其實現程度則視時勢與條件而不同。

就向善而言，人性就特定時代特定民族特定階層特定個體而言，有其可確認的方面，但就整個人類或各個體的整體人生而言，人性也處於不斷變化之中，蘊有向善向惡或難以確認等多樣化的可能；大多數人的人生面臨多個轉折關頭也是不確定性遠大於確定性，人們因此為之忐忑不安；且人除了根器可貴外，皆由五蘊八識等眾緣合成，所以所謂「我」的身份，只是五蘊八識互動變化中的「幻相」，此即所謂「人空」。太虛歸結道：智慧者「故能從幻相我上覺知，人生固非一成不變。」人性的可塑可變，關鍵係於「心法變化」，〔註20〕而動物的本能行為則因不繫於心，也就無所謂善惡。太虛指出：人「皆有改善之可能；只在破除迷謬，希望覺悟，人皆可以向上漸增漸進，希賢希聖

〔註18〕釋太虛：《法與人的研究》，《太虛大師全書》第 18 冊，頁 1320。
〔註19〕太虛：《地藏菩薩本願經開題》，《太虛大師全書》第 29 冊，頁 2470。
〔註20〕釋太虛：《法與人的研究》，《太虛大師全書》第 18 冊，頁 1321。

乃至成佛。而且對於人生的社會，亦可從假名我上見到有改善之希望，與進步之道路。」〔註21〕佛學肯定人不論身份地位，甚至眾生很微弱的學習能力之間都平等；太虛指出的改善可能性即或然，改善的很大可能即希望所在，並非必然的但建於應然基礎上的希望，也可以稱為理想，佛學肯定理想對社會與人生的指導意義，但係針對著「無明」，限於給社會黑暗與人生苦惱予以佛陀智慧的「光明」之義，絕非強加於人。向上向善的道路也是廣闊的，絕非僅佛學指明的一途。

太虛也給善惡作了界定，他認為：「社會之構成，皆借種種關係集合及人的活動力量；故人對於社會的構成關係密切。故談改善社會，須觀察人的一方及社會的一方，而後善惡利害可辨。不為一己而謀福公眾者、善也，損害其他而自圖權利者、惡也，善為社會利而惡為社會害，害所當去而利所當作；非可由個人壓迫或殘害其他之人，亦非可由一部分壓迫或殘害其他部分，而後社會乃得由此互相交遍之精神，而成功為蒸（上）於善利之社會。」〔註22〕

太虛就此，主要針對佛教界提出了建設人間淨土的創造性設想，即從當下做起從改善周邊環境做起以改善社會，這與個體的各各向善密不可分，其理想性主要表現在佛陀典範人格對眾生的感召，而非幻想或推想。實踐中的向上向善或向下趨惡則表現為多種多樣的可能，對個體而言，如果選擇了向上向善，那就每個人都有充分伸展的豐富多彩的「自性」的潛能，這一潛能與不確定性同樣無盡。自覺自願的選擇即發願，只要堅韌，善緣會凝聚，願心多少總會實現些。發了願但促其實現的自身智慧及能力不夠怎麼辦？由佛陀教育提供幫助。

太虛深知教育的極重要地位，他說：「教育乃為人之特能，人之所異於禽獸者在此。」換言之，人之為人也因其能授受教育，改變氣質。就教育而言，人特有的理性也並不可能改造與生俱來的本能，但可以充分利用，進而支配本能的好奇心、求知欲，使之步上正「軌」。例如，先通過對個人興趣（它是散亂的，多半與社會需求並不匹配）的滿足使求學者獲得遠超於物慾滿足的快樂，以激發進一步向上的求智慧；然後將其學習興趣引導到社會需要的「謀福公眾」的善的方向，在堅持這一前提之下，仍存在將個人偏好與某一社會需求結合的多樣化可能，如果儘量予以滿足，則該學生必學有所成，

〔註21〕釋太虛：《法與人的研究》，《太虛大師全書》第 18 冊，頁 1329。
〔註22〕釋太虛：《法與人的研究》，《太虛大師全書》第 18 冊，頁 1329、1330。

回報社會。凡符合社會需求者，社會自會回饋，如此即形成了人才蒸蒸日上的良性循環。

太虛語重心長地說：「今而後，地球人類能瞭解人群教育而施行否，尚為地球人類向上向下之關頭也。」〔註23〕確實，在各大文明間的衝突引爆不可預測，科技文明飛速發展而人倫道德趨下的當今，人文教育、佛陀教育之極度重要性到了引起各界關切的關頭了。施行佛陀教育需要覺悟者的眼界與智慧，亦即是以佛學吸收消化現代科學知識、人文社會學科知識（外明）以啟發智慧（內明）。「以人群教育為起點」至「完成人群教育。」亦即太虛講的「人成即佛成」，此「成」乃指由人文教育開始，從成賢至圓成「聖智」。

本文係筆者《或然人性與佛陀教育》（《佛教教育的傳承與發展學術研討會論文集》，北京：中國佛學院，2017-11）與《地藏精神解析：太虛講《地藏經》的詮釋與增補》（《九華山地藏論壇論文集》，池州：九華山佛教協會，2021-10）兩文合併而成。

〔註23〕釋太虛：《真現實論·宗依論》（下），《太虛大師全書》第38冊，頁218、219。

沒有終極的超越
——論佛教菩薩行的特色

　　為理解現代性及其不意而然，除了西方一流社會學者指出的社會現代性包括個體社會化、知識理性化和權力合法化三個現代社會維度〔註1〕之外，還必需第四維，即超越之維。因為從現代性的誕生看，就與西方宗教改革分不開，由天主教改革而來的新教至少既從思想層面也從社會層面推動了個體社會化和權力合法化。宗教改革也是知識理性化的內涵之一，即「祛魅」，又稱「脫魔」，意味著宗教祛除其巫術痕跡。〔註2〕同理，佛教改革對東方社會的現代轉型也是不可或缺的，〔註3〕中國化佛教改革也需祛除其所染的宗法社會印記，但這些絕非否定宗教的社會功能包括其超越之維。自然，這一維度應是跨文化（對佛教而言，也不能為自身文化特性所束縛）、超時空的。對西方而言，即所謂上帝視角或整全視角。對東方而言，即為與人世間相對的出世間性，以及儒家「天道」。非此，不但現代性理論將缺乏歷史解釋力，更難以認知人類社會當下處境、未來走向，難以反思現代性，難以防治現代性已經與可能帶來的文明毀壞。例如各國皆籍由各領域的「專家治國」，這是「知識」理性化工具化的結果，而沒任何領域的專家敢對全球負責。又如面對正在展現的氣候變化、物種急劇減少及其災難性後果，具有西方背景的思維推出的

〔註1〕〔英〕布萊恩.特納編，李康譯：《社會理論指南》，上海人民出版社，2003，頁32。

〔註2〕〔德〕馬克斯.韋伯：《儒教與道教》，北京：商務印書館，1997，頁279、280。

〔註3〕鄧子美：《太虛與馬丁·路德：現代化視角下的中德宗教改革比較》，《世界宗教研究》2000年第1期。

往往是「基因庫」等對策，即現代版的「諾亞方舟」，躲向太空或地下。這些想法做法自有其價值，但佛學的超越性思維也同樣重要。這一思路是如今災難由過去眾生共業，由總體上的盲目性驅動造成，未來的極具可能的後果則由過去以及當下眾生被盲目性驅使造成，因此必須尋找當下之因，發揮人的向善主動性，從因果源頭阻斷可能鑄惡果的鏈接。現代性雖已不可避免，借助超越之維，人們或能避免被自身創造的歷史巨變繼續牽著走。本文即意在詳解佛學超越之維的特色。

一、與仰靠唯一神的終極超越相對，佛教具有「無盡超越」特色

宗教的特質在於其超越性，世界宗教的共性也在於其超越性，然而除了東方宗教重內在精神超越與西方宗教重仰靠神的外在超越的不同之外，各宗教間的超越性之差異似很少人有研究。因此本文具有原創性，亦因此論證缺失與粗疏在所難免，有待補正。

首先，對人而言，唯一神論的超越性是有終極的，因為依據其神學，人、神間具有不可逾越的鴻溝，人可以超越自我，但有其終極，「終極關懷」來自神。而大乘佛教雖也懸置著成佛目標，眾生皆可成佛既顯示了超越自我的無限可能，也顯示了人、佛之間沒有不可逾越的鴻溝，但人由菩薩成佛，必須度盡眾生，斷盡煩惱，而眾生無邊，煩惱無量，法門無盡，故而發菩提心沒有終極，超越自我沒有止境。這也彰顯了佛教宇宙觀「無始無終」特色，佛教宇宙人生觀的「無常」特色，佛教緣起論「無我」特色。

不但如此，這也映像了人之所以需要宗教之緣由（而不一定都需要超自然、超社會的神。大乘佛教雖也含神聖性因素，但早期佛教以及唐代禪宗的自心即佛都屬無神論，儒教儘管也稱天命，然則主要崇拜聖賢、祖宗。受此影響，中國化佛教也崇拜高僧人格），此一因個體肉身有限而仰望無限，二因每個人認知的有限而追求無限，三因人需要高於自身的超越性參照。

因而，就自我超越而言，面對的是終極還是無限，乃唯一神論宗教與大乘佛教的差別之一。正因面對著無限，佛教也把從發增上心求福報到發出離心求斷煩惱，再到發菩提心，由人而菩薩……，看作是一步步不斷超越的階梯，悲智雙運，邁向無我。

奠定佛教根本的「空」義，則通過宇宙人生皆無主宰（無我）的緣起論，把宇宙「無始無終」，處於不斷的無窮變化之中與人生「無常」統一起來。

前者（無我）與未知的無限，以及人類的認知與潛能也難以設限相一致，後者（「無常」）則與隨著人的視野不斷擴展，交往不斷擴大，雖然信息也愈加豐富，但相對於確定性而言，不確定性因素更大的概率吻合。因此，無盡地超越有限（相對於既往而言）——「自我」的有限、人生把握知識的有限、個體所處時代的侷限、世俗社會的有限、各學科學術之間似乎不可逾越的知識論界限等等，基於人特有的超越都是指可能性而言。西方理性主義、自由主義哲學雖然很少用「超越」一辭，但其寓意往往包含在對「自由」的詮釋中，這是由於追求自由同樣意味著對束縛人的種種有限的突破。在這一層面上，佛學與西方哲學（不限於宗教）的對話同樣大有空間。然而佛學雖推重理性，卻並非與西方唯理論者那樣主張知識本身有其超越性，即知識超越於可觀察的現象，可觀察的物之外還有「自在之物」，現實世界之外還有理念世界。〔註4〕

當然，對一般佛教徒而言，設置「成佛」作為高遠目標是必要的，沒有明確的目標會缺乏精進動力，方向也難以把握。佛教「眾生皆能成佛」論也特別地對有情眾生指明「成佛」及多層次多樣化的無限可能。是的，必須為它們的也許是卑微的企求容留可能，決不可剝奪它們對未來的希望。但是，就以把緣起論作為根本，對宇宙與人生具有深刻洞見的佛學本身而言，既然宇宙無始無終變化無窮，有限人生也不過是從無限中來到世間走一遭，那麼不妨稱為之為過程論。這正與唯一神神學的目的論相對，正如佛教強調自力救度的業力論與唯一神教強調神力的命定論，構成了宗教的兩大不同類型一樣。因為成佛就是成為把握大智慧的覺者，正如認識無止境，覺悟也同樣無止境，一層更比一層高。因而設定目標帶有暫時性，達致目標也不過是一時的休整，接著就應該向更高層次邁進。「覺者」可期，但覺悟本身即超越性智慧的認知與把握則不存在終極。進而，如果確把佛學作為過程論的指導，禪的「把握當下」不但具有認識論由把握一點而窺知無限的意義，也有審美觀的實時珍惜人生，抓緊當下的意義。相反，由於人仰望無限嚮往美好而具體目標總有限，以致達到人生任何具體目標之後，總難避免失望或迷茫，而成佛高遠的目標則不大會導致使人跌落於如此困境。

〔註4〕〔美〕萊興巴哈：《科學的哲學之興起》，臺北：水牛出版社，2001年，頁276
～277。

二、與先驗論的「不斷超越」相對，佛教具有「經驗論」特色

　　對宗教而言，不但在意義指引上幫助著個體不斷地超越自身一個個侷限，其本身也具有超越凡俗、超越世間、超越社會的特性。因而佛教早在公元前 4 世紀，即提出了「淨土」圖景，以與世俗的污濁相對照，淨土世界也是佛教的理想世界。這與柏拉圖（公元前 427～347）於公元前 3 世紀提出的「理想國」有美好理想的相似性，但也有宗教的「超驗」與哲學的先驗之間的不同。所謂超驗，指這一圖景是否確實存在，難以通過歷史經驗或科學實驗證明或證偽。所謂先驗，則意為把某些認識規定作為經驗概括的前提；而存在之先驗的規定，表示存在著普遍的，超感覺的，在一切經驗以前被知覺認識到的某些思維支點。散亂的經驗反而有賴其存在才得以整理，知識體系也有賴其支撐才得以填充，而柏拉圖的理念論正是西歐哲學先驗論的典型。理想國這一古希臘理想城邦的建構理念，也源於他把普遍善的規定作為發端，結合親身經歷的伯羅奔尼撒戰爭給社會帶來的極度混亂，故而他厭惡使戰爭歸於失敗的雅典民主制，進而考慮到各城邦的地理條件、人口因素等，概括出社會分工、社會規範等概念，然而作出哲學抽象，構成整套理念體系，演繹出民主統治不如精英統治，而哲學家才是精英中的精英，至善「理想國」的統治應該由哲學王承當的結論。當然，這一烏托邦早已被歷史經驗證偽。以至有人說，如果柏拉圖的理想國成為現實，那要麼是哲學被敗壞，要麼是政治被敗壞，而最大可能則是哲學和政治都被敗壞。

　　但是一方面，柏拉圖的思想根基在先驗論與由觀察古希臘各城邦成敗的歷史經驗之結合。另一方面，其概念的演繹已遠遠領先於實踐經驗，由此推出了應然論，即社會實踐應該接受其理念的指導，才是他所認為的正確的向善。由此柏拉圖被認為是歐洲哲學史上與經驗論相對立的「唯理論」的鼻祖，後世更有很多思想家由善的理念出發，構想了不少「烏托邦」，但即使按其理念作小規模的實驗，也無一不遭致失敗。至近代，由於「地理大發現」極大擴展了思想家的視野，以黑格爾為代表的一派哲學家更把當時有限的科學知識也概括進其思想體系，建構了龐大的由絕對精神主宰世界的理論，強調所謂人類歷史發展似乎存在唯一「必然」的路向，並由不同程度接受了其影響的思想家、社會活動家推向歷史上空前規模的社會實踐，把幾乎占世界面積與人口三分之一以上的國家拖入了新烏托邦理想的大規模試驗場，數億人民淪為犧牲品，釀造了世界歷史上從未有過的大災難。從哲學家、

思想家的善念出發，竟鑄成大惡。當然，這一後果不能僅由他們的思想為之
負責，但其思想上的獨斷論、人類歷史發展的必然論否定了認識的相對性、
在一定範圍內的有限性，歷史演化的複雜性、多樣化的無限可能性等，則應
為此負相當大責任。由此可見，古今烏托邦思想之善的出發點的邏輯推演
之所以釀成大惡，共同點在其大前提或出於先驗，或源於經驗之概括受到
了當時認識的侷限而不可能完整，因而在實踐中總是挫敗，被歷史經驗證
偽。儘管先驗論也懸置著人需要的超越於自身之上的規定，所以在哲學史
上不可否認其地位。

相反，佛教「無始無終」變化無窮宇宙觀則包含著肯定認識的相對性、
在一定範圍內的有限性，多樣性演化的無限可能性。佛教「無常」人生觀與
歷史觀強調了人生與人類歷史演化中存在的不確定性作用遠遠超過我們已
認識到的少數法則之確定性，但並未因此否定人類及眾生美好的向望。相反，
佛教這一「空」觀肯定了多樣化的超越存在著無限的可能，這就為人類眾生
展現了未來的希望所在。佛教緣起論主張「無我」、「無主宰」，認為宇宙萬
物現象都是因緣的會聚所成，除了種種因緣的聚散，不存在宇宙萬物的創造
與主宰。所以儘管對非信徒而言，與佛教宇宙觀、人生觀相結合的「淨土」
懸照所標榜的真善美之理想化性質與烏托邦類似，但既因其超驗特質不可能
被證偽，也因其宇宙觀、人生觀肯定未知無限，人類的認知無限，對自身與
社會的超越也同樣無限，故較之烏托邦終究會破滅，各大宗教共趨的真善美
卻長存。

或有人以為佛教的趨向無限的無盡超越論並不獨特，古希臘新柏拉圖主
義者早就提出過。確實，新柏拉圖主義是從古希臘哲學到中世紀神學間的中
介，其最突出的表現是將柏拉圖哲學神秘化。新柏拉圖主義堅守柏拉圖思想
中精神與肉體二元對立的傳統，認為物質與精神之間的界限是絕對存在的；
唯有「太一」是超越於所有二元的，超越人類認識範圍與經驗描述的絕對存
在，即柏拉圖的最高理念就是太一即上帝。新柏拉圖主義確也提出了人可以
不斷超越自身的思想與路徑，認為人可以通過某種方式與神合一，也可以追
尋上帝太一創生世界的路徑。這表面上也與大乘佛教的眾生皆可成佛之論斷
一致，但實質上存在相當大差異。

在此，不妨以新柏拉圖主義創始人普羅提諾（公元 204～270 年）之學說為
例，指出兩者間的主要異同。普羅提諾曾計劃在康帕尼亞建立一座「柏拉圖城」，

以實現柏拉圖的政治理想。當然這一計劃被現實擊得粉碎。但他認為「太一」作為一切存在的產生者，本身不是存在，也不是一切。正因為「太一」空無一物，所以萬物由它產生。這一神創論與佛法根本的緣起論是相悖的，佛教「空」觀也並非空無一物。普羅提諾認為，「太一」超越了「是」所指示的屬性，沒有任何肯定的特徵，因而不可言說和名狀。如果非要言說，也只能說它「不是」什麼，「沒有」什麼。這與佛教認識論的「遮詮」方法論倒有相似之處。他還認為，凡屬「是」和「有」的東西，都有對立面，都是區分的結果，所以都是「多」而不是「一」，都是部分而不是全體，都是缺欠而不是完滿。但「太一」既不尋找什麼，也不擁有什麼或缺欠什麼，它是極其完美的。這其實就是神學中萬能的上帝，而佛教恰由批判婆羅門教的萬能的梵天中誕生。普羅提諾說，「太一」在本性上雖然不「是」什麼，但是我們可以通過形容和比喻來肯定它。從肯定的方面講，「太一」是絕對的同一體，是單純而單一的神本身和善本身，是存在物的最高和終極原則，是完滿自足的源泉。它因完滿而流溢，因其流溢而產生萬物。太一首先流溢出努斯（Nous：理智、心智、理性），努斯又流溢出世界靈魂，並將靈魂帶入物質，那麼作為靈肉對立體的人自然就可以憑藉其自身所天然具備的理性、靈魂去領悟太一，回到太一，與神成為一體。「流溢」是普羅提諾哲學的重要概念之一，他用以說明「一」生萬物的方式。「一」由於自身充盈，故而自然要溢出，但這種流溢卻無損於自身的完滿。這種流溢說雖有濃厚的神秘色彩，但卻具有重要的理論意義。他不僅用內在的流溢關係解決了柏拉圖因分有或摹仿而遭遇的難題，而且從根本上改變了早期希臘哲學的「生成補償」觀念，因為生成不缺失什麼，所以不用生成物的復歸作為補償。普羅提諾繼續說，「一」流溢出努斯後，「理智」就成了「一」的影像，也是「一」惟一的直接產物。「理智」作為被產生的本體，不再保持「一」的絕對同一性，包含著原始的區分，因而具有多樣性和差異性，可用最一般的範疇表述它。在此，新柏拉圖主義的「先驗」特徵表露無遺。當然，「理智」仍然享有「一」的統一性，所以，多樣性又是統一的，知與被知的差異內在於其中。這樣，它就既是知識的真正對象，又是知識的主體。思想與存在，異與同，動與靜等範疇也適用於「理智」。普氏認為，「理智」也像「一」一樣能夠流溢。它流出的影像是「靈魂」。靈魂存在於理智中，猶如理智存在於一中。靈魂作為一之間接產物的第三種本體，已不是絕對同一體，也不像理智那樣是一與多的

統一體，而既是一又是多。當它轉向理智和一，並與他們相通時，復歸於原初的統一，但當「靈魂」轉向自己的創造物即可感世界，被分割在個別事物中時，就成了多。靈魂是能動的，不朽的，他可以輪迴，也可以流溢。從輪迴等看，新柏拉圖主義也受到了東方哲學的影響。他還說，靈魂的流溢物是可感世界。可感事物有形式和質料兩個方面。形式是存在於理智之中的理念形式的影像，質料本身是獨立存在的，沒有任何規定性的漆黑一片的混沌。質料不是無，而是非存在，它本身不變，卻作為載體承受形式的變化。當靈魂進入人的肉體之後，就因為受到污染而墮落了。因而人的使命就是改造自身，「不斷超越」自身，使自己的靈魂經由理智達到與「一」結合。這過程就是靈魂的回歸或上升之路。

　　普氏哲學的上升之路即不斷超越之路有兩條，包括德性修養和辯證法。
〔註5〕

　　〔註5〕關於德性修養，對應於靈魂，理智和一，德性也有三種，即公德，淨化和觀照。三者是依次上升的關係。「公德」即公民德性，目標是使人類仁愛交往，撫平激情，順從本性，所以它是實踐性和否定性的德性，指導公眾生活，限定欲望情感。「淨化」為沉思德性，目標是使人們從肉慾中解脫出來，在理性靜觀中獲得真正的自由與幸福。「觀照」是最高的德性，他使人在突如其來的一剎那靈魂出竅，捨棄肉體而與「一」處於一種合而為一，不可名狀而又無與倫比的巔峰狀態，這種狀態就是「解脫」（ekstasis）。在這種神人合一的狀態中，靈魂獲得了寧靜，享受著至福，體驗著奇妙無比的歡悅。由此可見普羅提諾哲學中有明顯的印度文化影響，與佛教所繼承的印度傳統相近。但是，他體驗到「觀照」的境界是罕見的，因此認為只有少數聖賢之士方可達到，（普氏高足波斐利說，他與普羅提諾相處6年，普羅提諾曾有過四次觀照經歷，而他自己在68年中僅有一次），且是可遇而不可求的。不過，「公德」和「淨化」階段的努力是「觀照」的準備，雖然這些努力並不必然導致觀照，但若不努力，觀照必不可能。普氏的經德性修養走向超越與佛法的戒學、定學不無相似處。
　　普氏認為，了達辯證法是靈魂回歸的另一條超越之路，也是引導我們到達解脫的技術，方法或訓練。這是哲學的高貴部分，不僅由一套理論和規則組成，亦涉及事實，知道真理，首先要知道靈魂的作用。「這條道路有兩個階段。第一階段是改變低級的生活。第二階段為已經上升到理智領域，已在那裡留下了足跡但尚需在那個領域繼續前進的人所享有。他一直延續到他們把握那個領域的終極為止。」那麼，什麼樣的人能到達終極呢？「肯定是那些已經明白全部或大多數事物的人，那些在一出生時就已經具有了由此可生長出的哲學家，音樂家或愛美者的生命胚芽的人。哲學家喜歡這條路是出於本性，音樂家和愛美者則需要外在的引導。」普氏的了達辯證法也與佛法的慧學不無相似，但新柏拉圖主義的「不斷超越」之「生命胚芽」不外乎命定論，也是有終極的。

　　總之，「一」向下的流溢過程和靈魂向上的回歸過程，構成了普羅提諾哲學的完整框架。第一個過程是他哲學的形而上學基礎，第二個過程才是目的。與晚期希臘哲學其他學派一樣，他也把倫理學問題作為關注重點和核心。他把人生的最高境界視為靈魂從肉體中解脫出來，不斷超越自身，過一種人神合一的內在的神聖生活。區別在於，其他希臘哲學家與唯一神論都強調人神之間不可逾越的界限，而他受東方神秘主義的影響，主張人神存在合一之可能。〔註6〕

　　由此可見，普羅提諾哲學的「不斷超越」不但與唯一神論一樣有終極，而且具有「先驗」前提。佛教要求的無盡超越自身則無須借助「先驗」規定，不脫離人生經驗，也須重視人生德性修養，在此基礎上不同根器的人可選擇或（人、天乘）發增上心求福報，或（聲聞、緣覺乘）發出離心求斷煩惱，或（菩薩乘）發菩提心，由人而菩薩……趨向無上菩提。佛教的個體選擇論與唯一神教的命定論也顯然不同。

　　同時，這三個面向也可看作是個體一步步沒有終極的超越的階梯。人間佛教主張，學佛先從做人起，先以做個堂堂正正的人，無愧於寶貴人生的人作為起點。發增上心所求得的福報，可視為做好人不易的應得報酬，也是由理性引導與驅動難以擺脫怠惰的動物本能向上的動力。而這一切既立於人生經驗之上，也有賴於對人生經驗的反思。發出離心求斷煩惱則聯繫著正視而不是無視社會之陰暗，直面人生難免的困頓煩惱之清醒認知為基礎的正確面向，這種清醒認知的獲的，既需一定人生經驗，也是對簡單的為逃避煩惱去修行的反思。無數高僧大德的修行體驗都證明，出離世間不是逃避世間而是超越世間，也不是避世隔絕，跑到深山老林裏去獨自苦行，單純地去斷煩惱，為斷而斷恰恰很難斷絕煩惱，何況當今市場經濟與便利的通訊已滲透到包括深山老林在內的每一個角落，即要逃也幾乎無處可逃。因此，在超越性智慧的觀照之下，化煩惱為菩提才是更切實有效路徑。所以，通過發菩提心，由人而菩薩，立足於初地菩薩……層層趨向無上菩提已成為實踐人間佛教的階梯。菩薩行原則上是悲智雙修，即既由大悲心出發去幫助他人，又通過超越性智慧引導，使自己身心獲得解脫感體驗。但也可依各人根器不同，分別著重於「智增上行」或「悲增上行」。就解脫而言，其實普羅提諾曾

〔註6〕思哲：《思哲的日記：新柏拉圖主義》，豆瓣網：www.site.douban.com/178913/widg...8451639/2013-05-24。

有的由觀照帶來的歡悅體驗，雖逾越了「初禪」，但只相當於定學的「二禪」境界，離「三禪」、「四禪」尚有距離。這正是由於他承繼柏拉圖唯理主義的「先驗」論所帶來的侷限。因此，與新柏拉圖主義相比，佛教的無盡超越無疑具有經驗論特色。自然，這種經驗論與英美經驗論哲學依然有著不同。

三、以人生作為出發點的無盡超越——「人菩薩行」的針對性

　　菩薩行源於公元一世紀前後的大乘運動，主要由部派佛教中的大眾部發動，具有廣泛的群眾性，正因如此當然會浮現多種傾向，蔚為主流的大體有兩支，其中主要由彌勒、龍樹等精英擔當的一支從反思「聲聞」以及上座部佛教的侷限，特別是拘守「阿羅漢果」，其末流走向「灰身滅智」以至於否定超越性智慧的弊端出發，因而提倡菩薩行果，克服僅僅注重於個人修行，忽視淨化自然與社會、幫助他人之必要的偏向。他們認為，如果不能發心普渡眾生，個人也很難獲得根本解脫。因而菩薩要度盡眾生才成佛。「智增上行」與「悲增上行」由此得以相輔而行。另一支則反映了大眾願望，即在強大的自然與社會力量面前，個人生命實在很邈小、脆弱，個人能力也極其有限，如果不借助神力，解脫實在太難。因而印順法師認為：「從『佛法』而發展到『大乘佛法』，主要的動力，是『佛涅槃以後，佛弟子對佛的永恆懷念』。佛弟子對佛的信敬與懷念，在事相上，發展為對佛的遺體、遺物、遺跡的崇敬；如舍利造塔等，種種莊嚴供養，使佛教界煥然一新。」從對佛陀的懷念出發，佛、菩薩的象徵意義也被普遍闡發出來，佛教據說達八萬四千之多的方便法門也被開發出來，「信增上行」也得以廣大開展。〔註7〕兩支的共同趨向則為克服部派的分立局面，因此漸漸合流，也使大乘佛教成為印度與北傳佛教主流。

　　人間佛教繼承了大乘佛教菩薩行的精髓，包括其所強調的社會性、利他性，主張從歷時性與實時性的人生有限經驗出發，不斷超越自我乃至無我，正如太虛所言，「故『人生佛學』者，當暫置『天』、『鬼』等於不論。且從『人生』求其完成，以至於發達為超人生、超超人生，洗除一切近於無上正遍覺之圓漸的大乘佛學。」〔註8〕這一主張，面對著近代中國佛教在 20 世紀前期的

〔註7〕釋印順：《初期大乘佛教的起源與開展・序》，《印順法師佛學著作集》光盤版，新竹：印順文教基金會，2002 年。

〔註8〕釋太虛：《人生佛學的說明》，《太虛集》，北京：中國社會科學出版社，1995 年，頁 228。

社會形勢，即源自歐美經驗的解答現代化與傳統問題的思路被擴展應用至東方，作為新文化運動的餘波的「非宗教」運動，挾唯科學主義的威力，在衝擊外來宗教的同時，把傳統宗教都作為迷信對待，必欲盡除之後乃快。而漢傳佛教在適應中國宗法社會需要，吸收中華文化傳統精髓時也不可避免地染上晚期宗法社會的痼疾，包括巫術迷信，許多寺院淪為被社會詬病的「死人佛教」、「遁世佛教」，喪失了佛教本有的積極精神。當此之時，太虛法師與一代僧俗精英提出人生佛教、人間佛教作為思想旗幟，為佛教贏得了生存空間，拓開了發展面向。太虛提出的「超人生」就是從初地菩薩出發的菩薩行，繼承了大乘佛教精髓，並提出「今菩薩行」，〔註9〕從而為古老的佛教義理注入了現代內涵。

印順法師進而強調「此時，此地，此人」，即現代人在所在的環境下應有何作為？他針對著梁漱溟「佛教是根本不能拉到現世來用的」論斷，提出「佛在人間」，主張「人菩薩行」，「菩提薩埵譯為覺有情，有覺悟的有情，不但不是普通的動物，就是混過一世的人，也配不上這個名稱。必須是了知人生的究竟所在，而且是為著這個努力前進的，」也就是說，菩薩必須努力了知人生究竟，不斷地超越自身。他還說：菩薩「致力於人生究竟的獲得，起大勇猛，利濟人群以求完成自己，就是吃苦招難，也在所不計。所以（佛）經裏常常稱讚菩薩不惜犧牲，難行能行。以堅毅的力量求完成自己的理想——覺悟真理、利濟人群，淨化自己，這才不愧稱為菩薩。又，覺是菩薩所要追求的，有情（眾生）是菩薩所要救濟的。上求佛道，下化有情，就是這覺有情的目的與理想。由此看來，菩薩並不意味著什麼神與鬼，是類似於聖賢而更高尚的。凡有求證真理利濟人群的行者，都可名菩薩。」〔註10〕顯然，印順法師所講的菩薩行突出了人，與神、鬼作了明確區分，但並不是單以人類為本，孤取人間而已。而在於「出家、持戒、修行、了生死、成佛，也唯有人類才有可能。」〔註11〕而菩薩行之所以以人類為主要對象，是由於只有人類的知情意已上升至可領略佛法、修行佛法。「人是升沉的樞紐」，〔註12〕就精神與道德而言，任何流轉生死的眾生之知情意都不能排除有其超越自身（即便是局部），

〔註 9〕釋太虛：《從巴利語系佛教說到今菩薩行》，《太虛大師全書》第 35 冊，頁 13。
　　　在這裡太虛已糾正了歷來以小乘貶低南傳佛教的說法。
〔註10〕釋印順：《般若經講記》。
〔註11〕釋印順：《成佛之道》。
〔註12〕釋印順：《成佛之道》。

提升至為人甚至在人之上的可能。相反，即使肉身為人，其知情意也可能墮落於被貪瞋癡掌控境地，甚至禽獸不如。印順「人菩薩行」思想回答了太虛的質疑，是太虛「今菩薩行」思想的進一步完善。

四、佛教菩薩行對世俗社會的超越與個體精神的提升──利他與自利的合一

佛教菩薩行首先是對世俗社會的超越。佛教一般都肯定世俗社會倫理，如中華傳統的忠孝仁愛信義和平，現代的民主自由誠信正義等，但它對佛教徒提出的倫理標準比世俗社會更高，從基本的五戒十善[註13]（所以初地菩薩又稱十善菩薩），到四攝六度，[註14] 到極嚴的比丘戒250條，特別是菩薩戒，雖僅三聚淨戒，[註15] 卻包容最廣，乃是菩薩行的倫理基礎。太虛本人就「行在瑜伽菩薩戒本」。這些都超越於世俗倫理之上。佛教的大慈悲也含容世俗之愛而超越之，即慈予安樂，悲以拔苦。但從出發點看，種福田，求福報傳統仍為佛教吸引一般善男信女做善事的最廣大因緣。丁仁傑的實證研究指出，流行於民間的功德積累、功德迴向、消災延壽、植福田等觀念在其中起了非常重要的作用。[註16] 丁仁傑從心理學的集體行動框架理論出發，運用診斷框架、治療框架、動機框架尤其是認知框架工具解釋了臺灣慈濟功德會社會動員的強大說服力和共鳴機制，在於集體行動框架與慈濟參與者日常生活具有十分密切的相關性，參與者個人也促進對集體行動框架的調整。[註17] 這具有一定說服力。但具有超越性的依「大慈悲心」的做善事並不求回報，甚至不求「宗教性的回報」（包括宗教團體內的緊密依戀和互動等）。[註18]

〔註13〕即戒殺生、盜、淫、妄語、飲酒，應放生、救生、護生，行施捨，修梵行，說實話、質直語、調解語、柔軟語，修不淨觀，修因緣觀。

〔註14〕即行布施、說愛語、（作）利（他）行、同事（與道友同止同作同學同修），以布施度慳貪、以持戒度毀犯、以忍辱度瞋恚、以精進度懈怠，以禪定度散亂，以般若（智）度愚癡。

〔註15〕即律儀戒、攝善法戒、饒益有情戒，實則包含了早期佛教所有戒律儀規，並更注重利它。（《瑜伽師地論》卷40）。

〔註16〕丁仁傑：《文化脈絡中的積功德行為：以臺灣佛教慈濟功德會的參與者為例，兼論助人行為的跨文化研究》，《社會脈絡中的助人行為》，臺北：聯經出版公司1999年，頁398～473。

〔註17〕丁仁傑：《社會脈絡中的助人行為》，頁165～198。

〔註18〕〔美〕斯達克：《信仰的法則》，北京：中國人民大學出版社2005年，頁228、229。

如針對著認為布施者付出金錢、時間與精力是犧牲的說法,證嚴法師卻說「布施就是眾生有所欠缺時,我能補足他。能有實施的機會就可完成菩薩道;如此說來,為慈濟工作,其實是為自己完成菩薩道,怎麼說是犧牲呢?」在談到募捐時,法師是這樣開示的:「當你將五毛錢投入竹筒裏,心裏便會想著:這五毛錢是要救人的。只要有這一念救人的心,就是救自己的心靈;表面上是救助別人,其實,這分愛,救的是自己,也就是啟發自我的本性」,「我常告訴委員們,富有愛心的人要感謝窮人的貧苦,因為他們貧苦,才有機緣讓大家當好人」。〔註19〕在這裡助人行為成就自己的菩薩道,不應該是犧牲而應該是感恩的提法,闡明了「大慈悲」正是超越性的無緣大慈,同體大悲。因此,如果沒有「人菩薩行」作為初地菩薩們慈善行為的導航,作為其個人人生意義追求的動力源泉;那麼,當代慈濟人許多超乎常人的作為就不可理解,慈濟基金會與社會上許多慈善機構的行為就毫無二致了。

歐美利他主義自然也形成了其超過兩千年的博愛傳統,也有其超越性內涵,即由柏拉圖的普遍善擴展到純粹的利他。而且至近現代,利他主義已建立在維護普遍人權,即肯定自我合法權利(不侵犯他人同樣的權利)的基礎之上。但與佛教的利它即由人擴及眾生包括愛護環境的利它仍有區別。中國式的禁慾主義也有其悠久傳統與超越性內涵,即由愛自己的親人、鄰人擴展到普遍的「仁愛」,由「克己復禮」到「存天理,滅人慾」再到極端的「毫不利己,專門利人」。但這種趨於極端的提倡與實行很難持久,很容易流入虛偽,並被「家天下」、「黨天下」所利用,成為一家一黨之私的裝飾品。

菩薩行則主張由利他與自利的合一,當然這種自利如前文所言並非要求他人給予物質回報,而是通過利他行為使自己在精神上獲得提升,不斷地超越自我,趨向於無上菩提。如印順法師所說:「人間佛教,是菩薩道,具足正信正見,以慈悲利他為先。學發菩提心的,勝解一切法——身心、自他、依正,都是輾轉的緣起法;了知自他相依,而性相畢竟空。依據即空而有的緣起慧,引起平等普利一切的利他悲願,廣行十善,積集資糧。」〔註20〕從十善菩薩做起,進為賢聖菩薩,再至佛菩薩。然而不那麼贊同人間佛教者都會提出這樣的疑問,未能自度,焉能度人?印順回答:「這不是說要自己解脫了,成了大菩薩,成了佛再來利他,而是在自身的進修中,『隨分隨力』地從事利他,不斷進修

〔註19〕釋證嚴:《在布施中學習感恩》(1984年6月24日),《慈濟年鑑》頁478。
〔註20〕釋印順:《佛在人間》。

（即『無盡超越』），自身的福德、智慧漸大，利他的力量也越大，這是初學菩薩行者應有的認識。」〔註21〕他還引用《涅槃經》說，「『具煩惱人』，如能明真義的一分，也可以為人『依』（止師）。如瞭解佛法的真意義，不說給人現在安樂的利益，就是專論解脫樂，也決非『自己先大徹大悟不可』。」〔註22〕我們也經常有這樣的體驗：明明都是幫助他人；結果是幫了自己；或者自己得益比被幫助者更大。因此從行為動機上看，菩薩行主要是為普度眾生，但助人反而有利於從客觀效果上看的自度。印順進一步認為，「菩薩是要長期在生死（流轉）中度眾生的……所以說『菩薩不斷煩惱』。但不斷煩惱，只是不斷，而……能造作重大罪業的（煩惱），還是要伏除的。只是制伏了煩惱，淨化了煩惱（如馴養了猛獸一樣），（還必須）留一些煩惱，才能……利益眾生。這樣，對菩薩修行成佛來說，如有善巧方便（一樣），煩惱是有相當意義的。」〔註23〕正如《大般若經》所證：「如是煩惱相應作意，順後有身助諸菩薩，引發無上正等菩提。未證菩提不應求斷，乃至未坐妙菩提座，於此作意不應永滅。」〔註24〕也就是說，在成佛前，不能斷盡煩惱，留些反而能激發自身不斷超越向上，也有利於幫助菩薩體驗眾生疾苦，以有效幫助眾生，即留惑潤生。再進一層，菩薩甚至發願在未度盡眾生之前決不成佛。他還說：「這不是說大乘菩薩沒有能力證入，而是他們不願意證入，因為他們要『留惑潤生』，救度眾生。」〔註25〕因此，《大般若經》說：「菩薩觀察生死多諸苦惱，起大悲心，不捨有情，成就本願……聲聞、獨覺所行之道，非諸菩薩摩訶薩道。何以故？聲聞、獨覺厭怖生死，欣樂涅槃。不能具足福德智慧。以是義故，非菩薩道。」〔註26〕所以，菩薩不像聲聞、獨覺那樣刻意地去做專門的避世修行，而是在利他的工作與生活中修行，其結果卻恰恰極大有助於自度，由於眾生無邊，煩惱無量，所以在覺悟之路上永不停步。

因為利他與自利合一，菩薩行給予自我以精神回饋的利它行為之提倡與實行能夠持久，也不易流入難度過高與虛偽。因為物質回報無論多豐厚

〔註21〕釋印順：《契理契機之人間佛教》。
〔註22〕釋印順：《學佛三要》。
〔註23〕釋印順：《印度佛教思想史》。
〔註24〕《大般若經》卷580，《大正藏》7，998b5～c6。
〔註25〕釋印順：《佛法概論》。
〔註26〕《大般若經》卷572，《大正藏》7，953b01～18。

也有限,而精神追求無限,精神回饋也同樣無限,即便一絲一毫,也往往足以振奮個體向上,更何況在無盡超越的行進中獲得的精神回饋,甚至還有個人根本沒去料想過的作為副產品的由社會所給予的物質回報都往往遠高於想像!對生命有限的個體而言,世事難料者往往十之八九,人生經驗無論正反皆如是。

原載《法印學報》第九期,桃園:弘誓佛教基金會 2018-12。

智慧四論

摘要：

　　首篇以 20 世紀 20 年代，發生在太虛與梁漱溟之間的關於佛教改革必要性的著名爭論為例，作了前賢很少涉及的思維方式轉換的對照探析，即從慣常的依託於存有的思維轉向「性空」思維。首先，通過與其他哲學的比較，論證了佛學的獨特性就在於其「空」觀以及梁漱溟早年對此並未深入理解。其次闡明了由於彼此思維方式的不同，直接導致了梁漱溟反對太虛主導的佛教改革。其三，通過太虛「大悟」的體驗，並以唐代禪師之悟為佐證，力圖闡明「覺悟」的兩方面，即思維方式（形式）轉換的徹底性、平等性、無差別性；其所「觀照」知識（內容）的個體性、分別性、漸次性、時代性。最後，指出人間佛教思想體系正是太虛整體思維，亦即參透前人洞照形成的總持智結晶。梁漱溟的質疑則侷限於學者的專業思維，即學科間相互割裂研究形成的分別識。對以往的佛教思想家研究而言，迴避了他們之間的思維方式不同，則相當於空缺了關鍵點。對解決以往禪宗研究中爭議不休的頓、漸（悟）之別問題，從思維方式著手亦或係其鑰匙。本文重在闡明佛教大智慧的特色所在。

　　知識與智慧之間如何轉化？佛學方法論乃以有明空，轉識成智，次篇重心在此。從星雲法師對關乎佛教究竟的「空」義所作闡發為發端，融合了佛陀親說、初期大乘及漢傳佛教義理，詮釋了對「空」義的理解能不斷接近而不能窮盡。通過空義對世間諸法的肯定與對謬誤糾治的提示，文中指出修行就是化煩惱為菩提智慧，闡發星雲所強調的諸法（規範）之自性「空」，並以如今熱議的人工智慧為例，力證人與人工智慧皆自性「空」。佛陀早已將古印度「聲明」、「因明」、「工巧明」、「醫方明」作為自性「空」的緣起解說，並且對這些外明都充分肯定，而這些正是現代科學認知源頭之一，所以，現代科學知識也同樣可作為佛法的緣起解說。結論還提出：空義亦為超乎

於所謂確定性、不確定性之上的應變思維。了悟空義才能恰當對待不可避免來臨的變化，並預防不測，因而能幫助人減少犯錯，甚至釀成災難的機率；「空」包含著未來無限的可能，了悟空義還可啟迪人們對宇宙與人的精神世界無窮的探索。

第三篇闡解轉染成淨，尤其是「世智」與淨智的區別，及其與文化交流文明共鑒的獨特聯繫。知識的原創性及其累積之重要在當今已不言而喻，然而知識累積與智慧增長的異同則常被忽略，因此，以何為佛法獨特之「淨」與之相對的多種「染」，及由染向淨的轉化路徑闡發為前提，闡明智慧是發現與創造知識的不竭源泉，知識是智慧運用的珍貴結晶，並指出了兩者的區別所在，著重於個體分析，點出智慧又是儲備著的知識、經驗在靜觀或思考中被啟動，以便應用的狀態。個體智慧增長與烏合之眾的迷狂或愚蠢在在相反，與廣泛的交往閱歷、與陌生人、與不同的想法交流之間則存在著親緣性。「淨智」不離「世智」，正因廣泛吸取世智，故能成就其大。淨智之吸取世智，當然也離不開文化交流，文明互鑒。史實證明，淨智的誕生與擴散承傳都獲益於文明互鑒。清淨智慧亦當以其獨特性促進文明共鑒。

最後一篇批評了把科技與人文兩類知識對立起來的傾向，創造性地提出科技與人文重迭互動互補論，點出科學探索的智慧與佛學「空慧」間的多重一致，同時指出如不能善用人文價值引導高科技應用，人類將自毀，以此凸顯中道智慧。

關鍵詞：太虛思想研究、整體思維方式、哲學知識論、清淨智慧、文明互鑒

頓、漸之別——
太虛佛教改革思路與梁漱溟的批評相對照

引言

　　梁漱溟（1893～1988）何以反對太虛法師（1889～1947）改革佛教之理由，建立在百年前，他對印度哲學、中國哲學與西方哲學理解的專業基礎之上，建立在他之展開東、西方學術對話前景期待方面，因此涉及東、西文化及其哲學比較的宏大議題。同時，國際學術研討與佛學界內部敘說的視角也未免有異。換言之，首先，佛學與佛教之間應有一區隔。學術作為天下公器，佛學自不例外；而作為信仰者對待佛教，則係出自個體意願的行為，即信、願、行。這是兩個雖有緊密聯繫但不同的範疇，在此之言說側重前者。其次，佛陀作為覺者，佛字梵文即為「覺」，佛學即為探求覺悟的學問。筆者認為，「覺」至少應有兩大層面：一為覺悟的內容，就早期佛學而言即個體解脫之道，就大乘學說而言即人類眾生解脫之道。二為覺悟的形式，包括思維方式的轉換，修行方式等，當然兩者之間也有相互作用、相互影響的關係存在。其三，客觀的國際學術規範必不可少，但為了太虛思想研究不留重大缺失，在此又不得不涉及因很難客觀評估而通常諱言的「宗教經驗」。因為太虛的這一體驗對其思想有重大影響，甚至可說起決定性作用。尤其對研究佛教思想家而言，如迴避此關鍵點，可以說就是買櫝還珠。因此，本文主要以 20 世紀 20 年代，發生在太虛與梁漱溟之間的這一爭論為例，側重探析前賢很少涉及的思維方式轉換問題。

一、佛學獨特性與梁漱溟「格義」而「不了義」

　　世界上大部分哲學、神學都以存有（存在）為其基石，只有如中國道家、印度耆那教等少數才從「無」中生有。儘管兩者相反，但從已確定可靠（或可信）的一個或多個基本概念，例如質料、形式、理念、上帝、物質、精神、道器、理氣、理事等等出發，並在與之相應的範疇中邏輯地推理展開，形成整個哲學或神學體系是相似的。唯有佛學與它們都不同，佛學的獨特性在於「空」，真如、般若、「涅槃」、自性清淨心等等都是「空」的別名。空意味著超克有、無對立的中道，它不否定確定性的存有，但認為凡確定的存有都依賴於內因外緣，因而有限。換言之，佛學從一切的可變性及其易逝性，即變化無限出發，它決非不重視確定性，即因果律，但更著眼於可能性，因為這乃佛學獨特性所在，特別是從人類眾生潛能（即向上或向下的可能性）無限出發。佛學也不否定人們在認知上追求的「本體」、「本性」、「本真」之暫時且局部地存有，但斷定這些同樣是有限的、短暫的，隨著其構成條件與因素之消逝而消逝，永恆的只是變化。〔註1〕因而大多數哲學、神學從現象追究本質、本體，又自稱已抓住本質、覓得其本體，並依此建構概念體系。佛學認為它們各有其合理性，但並非像其自認那樣靠得住。換言之，它們雖認為現象多變，但有個不變本質存在，佛學則認為本質（性）也是多種緣起構成，緣起變而隨之變，僅較現象（相）改變慢且方式不同。

　　自明末西學東漸以來，由於首先被國人接受的主要是西方自然科學成果，哲學、神學不被重視，因此「中體西用」框架，亦即東方精神文明、西方物質文明之類見解，長期主宰著國內思想界，連太虛早年也不免受此影響；相反，梁漱溟乃中國最早突破該框架的思想家之一，他受柏格森思想〔註2〕啟發，

〔註1〕〔古印度〕龍樹：《中論‧觀四諦品》，《大正藏》第30冊，第32頁。黃心川：《印度哲學史》，北京：商務印書館1989，頁219。印順：《空之探究》，臺北：正聞出版社1992。〔英〕凱思：《印度和錫蘭佛教哲學》，上海古籍出版社2004，頁35～56。

〔註2〕〔法〕柏格森（1859～1941）認為，作為世界與萬物的本質、本體的生命，只有通過直覺才能把握。他通過給思維中「直覺」因素自己重新下定義的方法自圓其說。這一方法為西方近代哲學家慣用，但無非將為分析思維所需的理智、意志、感覺、本能等單一因素脫離了其實際上所起的有限作用，誇大為大腦的主宰。然而在現實中，所有人大腦中的不變主宰並不存在。但如果歷史地看待西方本體論哲學演變，那麼自基督新教改革顛覆了中世紀的神、人關係之後，解釋世界紛擾現象背後之「本質」就換了位，即作為萬物之靈的人代替了天主教的上帝，循此進路，啟蒙哲學家首先以人的理智代替上帝

直接從中西現代已共通的「理智」、「直覺」與印度古傳的大乘唯識學「比量」、「現量」的概念辨析（即「格義」）入手，開啟了東、西方文化及其哲學之對話新方向，此功不可沒。由於「中體西用」說一時儘管也有其使國人在對西學開放的同時，維持自尊的合理性，但實質上只體現了當時國人對西方精神文明仍不瞭解而已。所以，梁漱溟初闢的東、西方文化對話的新方向似不為錯，唯循此方向乃可持續推進全球文明。正如自印度文化輸入中國以來，儒、道多次拒佛皆失敗，後經魏晉南北朝四百餘年的「格義」，在漢人與來華高僧均對中、印文化取得一定程度上的相互理解之後，終在唐、宋時代使國人心智獲更廣闊地開啟，激發出眾多哲學思想、文學藝術成就。如今專論眾多，皆可證明。

可惜，1917 年，籍助其早年最重要佛學論文《究元決疑論》，登上北京大學印度哲學教席的梁漱溟對佛學獨特性所在的「空」義尚並不了然。眾所周知，佛學內部各派儘管分歧多多，然在「空」義上存在共識，若否認此點，即不屬佛學，即自認「信」，也埋下了離棄佛教的暗記。細讀《究元決疑論》，僅有兩處直接提及「空」，一為「流動斯見，不動斯滅，眾生妄斷，大地亦空」。〔註3〕在此，他將空與斷、滅並提，顯違中道，有「斷滅空」即「惡趣空」之嫌。二為他引用熊升恒之語：「佛道了盡空無，使人流蕩失守，未能解縛，先自逾閑，其害不可勝言。」然後對熊批駁說：「不知宇宙間無一法之可安立。」〔註4〕這裡他是在《決疑第二・佛學方便論》中講的，而就「方便」而言，佛學恰恰隨順世間法，梁漱溟用的「無」字，也顯露出他對有、無之間的中道不盡了然。整篇《究元決疑論》，在大乘佛學中大體依性宗（太虛謂「法界圓覺學」）或相宗（太虛謂「法相唯識學」）立場，而重在引性宗經典，表明他是靠自學這些經典中的概念（名相）理解佛學的（太虛稱為「名言習氣」〔註5〕），

的理性或意志，然而後人因以理智評斷一切並不足以解釋一切，於是批判性地分別強調感性經驗、理性的「絕對精神」、物質第一性、本能意志、權力意志等本體論哲學體系陸續建構，柏格森的直覺主義乃其中晚起者之一，因其「生命」概念與佛教「眾生」概括相像等建構而被梁漱溟看重。可見哲學象牙塔仍體現了離其很遠的「現實」需要。

〔註3〕梁漱溟：《究元決疑論》，《梁漱溟全集》第一卷，濟南：山東人民出版社1989，頁15。

〔註4〕梁漱溟：《究元決疑論》，《梁漱溟全集》第一卷，第19頁。

〔註5〕太虛：《真現實論・宗體論》，《太虛大師全書》，臺北：善導寺1980，第39冊，頁197。

他還引介西方學者見解為輔證（這是在當時頗有新意，通過對他們所理解的印度哲學辨駁或糾正，也是東、西方哲學對話的途徑之一），論證他建立在本體論基礎上的佛教觀，即他眼中的佛教有個本體存在，在當時就是其引證的《起信論》之「性」。他未解性宗經論之所以強調「自性」，乃為對治不懂自省者一味「向外馳求」之病，性宗的路向，其實也僅為大乘佛學所展現的「覺悟之道」中的多樣可能性之一。然而梁漱溟只據此「本性」推論，而不理解為了在漢地生存與傳播，佛教不得不順應中國宗法社會條件（因緣），不理解明清佛教強調出世，雖有超越世間的合理性。但主要為避開主流文化攻訐佛教與之在世間爭奪人心的鋒芒。因而他執著認定如若對「出世佛教」改革，那佛教就「必非復佛教」了。〔註6〕1920 年，梁漱溟出版《唯識述義》，表明他理解的佛教本體轉為唯識之「識」，但他對玄奘所傳大乘唯識學之「相」保留著「空」的源流一面既不察也未「了」，太虛就此一針見血指出：「正須經過般若教（空宗）蕩空一切見解計較，證明了真如法性究竟無礙之理，成法空慧，不起法執，乃可開演阿賴耶、如來藏非一非二的唯識教。」〔註7〕這也說明了太虛對佛學已貫通。簡單而不完整地說，即太虛理解了所謂本體、本性，無論物性或人性都是隨「緣起」變化而變的。

　　相宗又稱「有宗」，蓋因其學說認為一切皆空，唯阿賴耶識之清淨本然，且具轉識成智功能。這與大乘中觀學（又稱「空宗」，以龍樹為其代表人物，太虛稱之為「法性空慧學」）徹底的無神論無本體論略有別。此外，以法相為宗，也表明了該派對概念定義及其分辨的重視，這有利於佛學與同樣重視概念的西方哲學進行對話；但決不可忽視該派雖重視卻仍然認定「名相」為「假」（非不存在的虛假，而指與「實」相對的模擬性）。梁漱溟早年對新學（西學）甚感興趣，從《究元決疑論》也可看出，他具有極強的問題意識，這種思想家必備的問題意識，也使他所著《印度哲學概論》（1918）頗不尋常。只是他以佛教哲學作為印度哲學的最主要代表未免過分體現了自己偏愛，

〔註6〕梁漱溟：《東西文化及其哲學》，《梁漱溟全集》第一卷，第 536 頁。唐忠毛《從「空性」到「體用」：中國佛學心性本體論的建構與反思》一文（《西南民族大學學報》（人文社科版）2018 年第 12 期，頁 59），已對由「體用」範疇展開的中國傳統哲學思維方式對中國佛學的影響作了全面梳理，亦可知在各本體論哲學體系中，存在著西方重「求知」維度與中國重「實用」維度的不同。該文雖不免尚存瑕疵，但對此問題感興趣的讀者不妨參閱。

〔註7〕太虛：《讀梁漱溟君唯識學與佛學》，《太虛大師全書》，第 50 冊，頁 300。

事實上，印度教哲學及其大梵天神本體論才歷來代表著印度哲學主流，佛學自誕生起就屬於對此作出批判反思的沙門（出家）思潮之列，且為其中思想最獨特的一脈。因而，除為時不長的朝代外，佛學多被印度文化主流排斥，佛教之所以在印度曾滅絕也與此有重大關聯；大乘思潮繼承發揚了早期佛學之獨特性所在，故大乘可稱為揚棄超越了出家形式的「菩薩」思潮，甚至大乘佛學也可稱菩薩學。儘管梁漱溟偏愛佛教，尤其是印度沙門共通的出世哲學，但他對佛學獨特性所在不甚了然，導致了他對儒家哲學、西方哲學的理解皆略顯狹隘。而太虛「無主義之主義」，〔註8〕即在融通早期佛學（聲聞等）與大乘三派基石之上，進而有選擇地吸收西方自由主義、實證主義思想養分，以創建改革佛教的「非本體」理論。這一主張與梁漱溟忽視唯識學名相之「假」而執取其「識」為本體的保守佛學主張相比，可見兩者並不在同一思想層面上，也就是說，彼此思維方式的不同直接導致了梁漱溟反對太虛主導的佛教改革。

二、梁漱溟對佛教改革的詰難及太虛整體思維之激活

　　1918 年 9 月，梁濟因張勳復辟失敗殉志自殺，父亡對梁漱溟刺激極大，促成了其思想由佛歸儒之根本轉變。他自稱：「自元年（1912）以來，謬慕釋氏，語及人生大道，必歸宗天竺，策數世間治理，則矜尚遠西，於祖國風教大原，先民德禮之化，顧不知留意，尤大傷公（其父）之心。」〔註9〕可見，對父親的贖罪心理是他棄佛歸儒的主要動機，他在《東西文化及其哲學》中所說的儒家更能適應當世，更具合理性乃次要者。他未落入「中體西用」老套亦由此之故。他在同書中反對太虛佛教改革的理由，即佛教不能適應當世也屬先入之見──儒家向以世間為其獨擅之勝場。1919 年 1 月，他借批評劉仁航抨擊太虛等「說佛化之大興可以救濟現在之人心」乃「胡講」，甚至指責他們之依據乃「醇之又醇」的「外道」。〔註10〕這種批評出之於被時人認為係佛學、印度學之專家的梁漱溟之口，影響極大。因此，自當深究梁漱溟自認的佛學之醇在哪？

　　1912 年，二十歲的梁漱溟始學佛，其因緣一為其父對辛亥革命後的現狀

〔註 8〕太虛：《真現實論‧宗依論》，《太虛大師全書》第 36 冊，頁 4、5。
〔註 9〕梁漱溟：《思親記》，《梁漱溟全集》第一卷，頁 594。
〔註 10〕梁漱溟：《唯識述義》，《梁漱溟全集》第一卷，頁 252、253。

極為失望之影響，二是青春期常有的心理危機，導致他在該年冬與次年年底兩度幾乎自殺，是佛教思想使他在絕路上開竅。三為由佛理啟發的他對人生苦樂問題的深入思考，四由讀《大乘起信論》、《楞嚴經》等「性宗」佛典及章太炎的闡發唯識諸論。第一點說明，作為京津同盟會會員的梁漱溟雖在當時極力在父親面前為革命黨人辯護，〔註11〕但心裏面對革命成果喪失的苦悶因自感無力的辯解反而會增長。這點與後來皈依太虛，建立覺社的陳元白、蔣作賓、黃葆倉等老同盟會員傾向佛教的原因是一樣的。與梁漱溟更相像的是老同盟會員熊十力，他以同樣原因學佛並以唯識學作為工具，構建了自己新儒學體系，這很耐人尋味。第二點說明梁氏自己的青春期危機或者說抑鬱症發作，因籍著佛教義理看開並緩解，這更使他如溺水的孩子拿到了救生圈，不得不由摳字眼開始，自學佛典，後來更盡力鑽研晦澀難懂的唯識學名詞術語，於是，名相思維浸染日深。

在學術領域，依託於概念的理性思維無可非議。然而在思想領域，注重名相則意味著思想表達受到語言文字本身的很大侷限。語言及更晚時被人類創造出來的文字，都出於人際交流的需要，也成為久遠地保存與傳播知識的媒介。古希臘哲學家柏拉圖曾讚揚人類創造出概念的偉大，概念也是他提出現實世界與理念世界對立的學說之基礎。佛教為了交流、傳播，也需要利用語言文字，創造、使用概念，唯識學正體現出古典佛學在這方面的最高峰。然而正如英國思想家哈耶克所言，知識可分為默會（內在）性與符號（顯在）性兩大類，〔註12〕符號性知識（包括用語言、文字、圖像、音樂等表達的）可以分享，但默會性的知識較難分享，即便使用較之古代已發達、複雜得多的現代語言文字，還是難以充分傳達。在佛學中，「名」為個體的符號，「相」指從個體中抽象出的類別共相，共相類似於但並不等於西方哲學從事物間的「共性」抽象出來的「概念」。在佛學獨特的空觀看來，人們習以為常的名及概念所指至少有兩方面誤區，一是名不副實，即所指之實，遠比「名」針對場合所確定的內涵豐富，還有「名」因個體認知不同，對實往往有所扭曲。二是因不同語言、不同理解所限，表指不同的名，它的實指卻往往同一，即言語雖不同，所表達的意思卻往往一樣。當然在學術領域，概念化思維很正常，但在思想上，被固化的概念思維則埋下了佛學所稱「（表裏）顛倒」或

〔註11〕梁漱溟：《思親記》，《梁漱溟全集》第一卷，頁594。
〔註12〕〔英〕哈耶克：《致命的自負》，北京：中國社會科學出版社2000。

「幼稚」〔註13〕的危險性，可惜的是，人們往往習焉不察地將符號或概念所指固化。這是因為個體幼年從認得爸、媽、山、水等等開始，就被教以名或概念及其所指的東西一一對應，如與之相符就受到肯定，與之不符就被否。反覆練習的結果就是名實相副就是可靠、可信。可見名相概念及所指被固定，乃出於人際交流溝通的需要，否則雞對鴨講，沒法交流溝通。但其所指實際上卻更豐富多樣，且在變動中。當然在日常生活中，一是一，二是二也就足夠應對了，問題在於複雜因素交織的場合，我們通常也會習慣地相信名相所指就是一固定不變的實體，相信所見的一面乃是其整體，乃真。梁漱溟就是先據《大乘起信論》等由「心性」概念建構起的「性宗」體系，執取了其中的「出世」一面，並認定佛教「厭世」。〔註14〕可惜，他偏愛出世但未能用經典給的文字鑰匙去開通佛學更大的門，沒能「照見五蘊皆空」，〔註15〕因而既不能超越於世間之上，也就出不了世，只能回歸儒學。後經唯識學專家指正，梁漱溟認同了《起信論》的「偽經」身份，改而認定「我只承認歐陽（竟無）先生的佛教是佛教，歐陽先生的佛學（唯識學）是佛學，別的人我都不承認。」唯識學派才是「真佛教」。〔註16〕進而稱，「總而言之，佛教是根本不能拉到現世來用的；」否則就是「糟蹋」了他心目的「真佛教」。因此，他「反對佛教（在當世）的倡導，並反對佛教的改造。」〔註17〕看來，由於唯識概念之可靠給他提供了證明，他確實加強了對儒學方能治世的信念。同樣可惜，他未經文字及概念的傳達去分享佛陀以及玄奘等唯識大師的處世智慧。

與梁漱溟相對照，太虛的學佛因緣則頗顯幸運，雖幼年喪父並遭母遺棄，但青少年時就常聽道階、諦閑等法師講經，更重要的是經歷了敬安禪師的

〔註13〕 太虛：「特人間一般之直覺，多為幼稚現比量之知識而已。……以一般學者比量理智為長成，則一般常俗直覺為幼稚；以未離執障者少分現量智──定心現量──為長成，則一般學者為幼稚；以離一分執障真現量淨智為長成，則未離執障者皆為幼稚；以全離執障者之淨智為長成──佛陀──，則未全離執障者亦皆為幼稚，幼稚之與長成，程度相差如此懸遠。」」（《真現實論・宗依論》（上），《太虛大師全書》第 36 冊，頁 23。）

〔註14〕 梁漱溟：《東西文化及其哲學》，《梁漱溟全集》第一卷，頁 519。

〔註15〕 《心經》，《金剛經・心經・壇經》合注本，北京：中華書局 2007，頁 87。

〔註16〕 梁漱溟：《東西文化及其哲學》，《梁漱溟全集》第一卷，頁 544。

〔註17〕 梁漱溟：《東西文化及其哲學》，《梁漱溟全集》第一卷，頁 537。關於梁漱溟的其他相關言論及其與太虛的分歧，筆者早已在拙著《傳統佛教與中國近代化》（上海：華東師大出版社 1994，頁 133）中作了分析，論點未變，在此不再重申。

耳提面命棒喝訓練，就沒必要從啃名相入門。東亞禪門（包括日、韓）的不立文字，不能理解為其字面意義上的輕視文字，而恰如《金剛經》所提示「應無所住而生其心」。〔註18〕這裡的「心」指理解，領會，不但不宜從音聲、視覺等感覺去領會，且不宜從經中偈句字眼上去領會，否則「所謂佛法即非佛法」。〔註19〕其中，住通「駐」，即停留。「無所住」即「空」，在此，泛指世事流變的「相」不可拘泥，特指應領會佛經整體所傳達的佛陀智慧與精神。而梁漱溟所失即在往往拘泥在佛典或唯識的字句概念上，此點為不少知識分子的通病，教條主義、形式主義則為凡不善動腦者皆易犯的通病，這是唐代禪師強調不立文字的針對性所在。古代被人迷戀的語言文字乃擴展聞思能力的工具，與如今被人迷戀的技術乃擴展應用能力的工具一樣，這類迷戀正是應被人利用的工具反而奴役著人之心智的「顛倒」。為矯正顛倒，對治通病，禪師呵佛罵祖，當可視為非常手段，博通經論的唐代藥山唯儼禪師（737～828）自己酷愛讀經，卻不要求弟子讀經才是「不立文字」的最恰當注釋，唯儼後被追認為曹洞宗始祖。〔註20〕同樣，擅長詩文的敬安主要以禪修訓練太虛，雖太虛早年未覺其明顯效果，但心中的領悟力無疑大有增長。所以至1907年冬，太虛恰在閱《大般若經》時能不拘文字地有悟，「沒有我和萬物的世界對待。一轉瞬間明見世界萬物都在無邊的大空覺中，」從此消解了種種兩元對立思維。〔註21〕默會性指由個體內在地把握，這也是東亞禪門為什麼都強調自悟自證的出發點，那怕佛經背得滾瓜爛熟也只能給個體以啟發，不能代替讀者領會其精神。可見西方學者及梁漱溟大多以為參禪開悟相當於「直覺」，然即便是比「第六感」更高級的「直覺」，也仍似是而非。

從開悟的形式看，這是思維方式的從固化的概念思維到空觀思維之非本體論的徹底轉換，由慣常的依託著存有向「性空」的轉換。自然，如法修持入定後，觀照頓現，惜隨後，如欲用文字對此作充分而中肯的表述極難，說似一物即不中。但廣義禪的梵文意譯即靜慮（西方學者稱之為冥想），唯儼禪師傳記中也對此有恰當注釋，一日他閒坐，有僧問：「兀兀地思量什麼？」他答：「思量個不思量底。」問：「不思量底如何思量？」答：「非思量」。可見，

〔註18〕《金剛經》，《金剛經·心經·壇經》合注本，頁36。
〔註19〕《金剛經》，《金剛經·心經·壇經》合注本，頁30。
〔註20〕〔宋〕贊寧：《宋高僧傳》，北京：中華書局1987，頁424。
〔註21〕太虛：《我的宗教經驗》，《太虛大師全書》第41冊，頁346。

這是一種獨特的整體思維方式，姑名之曰空觀，太虛則稱為「大空覺」，或也可並不準確地描述為「全息思維」方式。因為此時，在個體直覺、理智、本能、情感、意志（或用現量、比量、似現量、似比量等相似表述）之間，因時常背馳而帶來苦樂感受的矛盾消逝了，它們凝聚為高度合一的整體，從而帶來太虛回憶所說的「輕快、恬適」，即法樂，其整體性表現在意志向上，直覺有了新高度，理智引導著但不再刻意束縛、防範著本能或情感欲望（禪修者稱為：「塵埃」，因而「時時勤拂拭，勿使染塵埃」錯了。在觀照時，與日常冷靜思考時理智始終束縛著欲望完全不一樣，所以說，「開悟」是一種獨特的整體思維狀態。從思維方式轉換的徹底性而言，在南宗禪與北宗禪間發生的頓、漸之爭中，南宗無誤，確實要轉就全轉過來了，即頓悟；如說漸悟，或用世間直覺「靈感」觸發作類比者皆因尚未有過此體驗。

這一思維方式（形式）轉換的實現，沒有生物物種（其中，會簡單思慮的「有情」之可能略大）、膚色人種、民族（僅指因民風不同形成的民族，非指具有現代政治意味之民族身份認同）、地域、職業、受教育程度、男女等等分別，甚至無古今之別，只要如法修行，皆有可能，也確實「無差別」地平等。但從「大悟」或「觀照」的內容看，則與個體行履閱歷、知識結構、見地及所疑、及其所在時代等有密切聯繫。然而，不同的所悟境界仍有高低之分，太虛則曾漸次提升。1908 年，太虛讀《華嚴經》，又悟入了華嚴境界。只是太虛的回憶言焉不詳，只說：「從前所參的禪話，所記的教理，都溶化無痕了」，這裡說的是整體思維成形。而心境「空靈活潑」乃高度概括，〔註22〕或因太豐富了，難用文字一一表述；但聯繫到華嚴法界觀，或可理解為華嚴的「因陀羅網」──網絡式的因緣節點密席交織，其層次、面向皆多維度，無有窮盡。1916 年，他閱《楞嚴》又有悟，接著讀唯識典籍，再「入了定心現觀。這與前兩次不同，見到因緣生法一一有很深的條理，秩然絲毫不亂。這一種心境，以後每一靜心觀察，就能再現。」〔註23〕應當說，這是對凝結在佛教典籍中的前人智慧有連續性的參透。自此，「聲聞」教說與大乘空、有、性、相學說之源流、世諦真諦在太虛思想中已通貫，整體思維條理儼然，且在其晚年力衰之前，凡有所疑，這種獨特的定境都能再現，疑竇隨之冰釋。

〔註22〕太虛：《我的宗教經驗》。
〔註23〕太虛：《我的宗教經驗》。除此之外，他在《自傳》中也談到此點。《太虛自傳》，《太虛大師全書》第 58 冊頁 163。

但凡答疑，他人之「錯」能隨「照」指出，但如需表明「對」在哪裏？卻一則語言文字難盡，二則只宜啟發其自悟自證，不能替代。

如果因太虛的經驗僅為孤例，不足為證，那麼，禪宗語錄中有很多個案可作分析對照的佐證，如著名的青原惟信禪師所憶：「老僧三十年前未參禪時，見山是山，見水是水。及至後來親見知識有個入處，見山不是山，見水不是水。而今得個休歇處，依然見山只是山，見水只是水。大眾這三般見解是同是別？有人緇素得出，許如親見老僧。」〔註24〕其中，見山非山見水非水，表明了惟信的思維方式轉換。而最後山只是山水只是水，則表明了他對世諦真諦的通貫。這一說法也證明了行履等不同對參悟內容的影響。再以唯儼禪師之行履為例，他自幼慷慨不凡，十七歲時一個人從贛南信豐出發，翻越大庾嶺，貼近大自然，跋涉一千三百里，這樣步行至粵東潮陽出家。五年後，他受具足戒，慨然云：「大丈夫當離法自淨，焉能屑屑事細行於布巾邪？」因此，在同樣心契自然山水的石頭希遷禪師（700～790）門下得以證法，惜又言焉不詳，只留存其偈「雲在青天水在瓶」一句，〔註25〕但由此已可明「水」之所指之實遠比「大眾」日常概念已確定的內涵豐富。呀呀學語的孩子要水，指的就是一杯或一碗水，這一對一的概念也沒錯，然不可移至大千世界。孩子要學了物理（冰雪及雲）、化學（H_2O）、生物（體液）之後，才知「水」通向不同類別的學科領域（法界），各學科對水的專稱不同，也並不改其所指為一。不同的「界」別對水性有不同的共性概括，可見共性概括在其領域之內可靠，出「界」即不可靠，水的「本性」也隨「界」轉移。水與其他「雜質」相混，更產生無數變體，豐富無盡。當然唯儼所說的水，仍出於其行履所見之山水自然的水，但其已窺照水的因緣無盡當無疑。由於篇幅有限，在此不能引實際上很多的唐代禪師或華嚴經師的證悟語，例如金獅子的毛孔也包含大千等。那麼，為什麼唐代證法者甚多？通常的解釋都慨歎現世人心不古，稱頌那時代人的根器。然而多讀古史皆知，根本不存在眾生不苦的時代，與其說唐人根器更佳，不如說自東漢佛教初傳漢地，經魏晉南北朝四百餘年漢語與梵文間的「格義」及各民族相處融合，借助著辨析名相的鑰匙，至隋唐時，佛典大門對生活在漢地的人們也終於開啟，有見地者先進入佛陀說法的語境，然後確實明白了佛陀所指的「大意」。因而，「離法（相的指引）自淨」

〔註24〕〔明〕居頂：《續傳燈錄》，《大正藏》第51冊，頁614b29～c5。
〔註25〕〔宋〕贊寧：《宋高僧傳》，頁423。

自證成為當然。換言之，至唐代各方面的因緣成熟了，包括向世界開放帶來的視域廣闊，更多的個體才有可能抓住「向上」一著，而不論其原根器如何，都可有所提升。可惜梁漱溟執抱著「出世」一辭，殊不知強調出世只是對治常人戀世之藥，籍此自淨，才能一窺佛學之「醇」。

太虛將親體的佛學之醇稱為「宗教經驗」，或有將之納入與科學知識並列的經驗知識的考慮，或有將之納入世界性（包括東、西方）的宗教經驗以供學者分析的考慮。然而禪觀與美國學者詹姆斯歸納的「宗教經驗」並非一回事，儘管詹氏也力圖將之納入。〔註26〕可這並不是西方宗教的「靈修」帶來的感性「喜樂」體驗。從太虛的經驗中可看出，在禪觀中起疑為先，以理性引導為主，理性與直覺合一，而跳出束縛的輕安，僅在初禪時被感覺，可見其感性體驗輕微。當然，從彌陀淨土修行乃至密法修行，如果最終將其觀想（非觀照）對象也作名相對待，那麼它們與禪觀也就殊途同歸了。至於梁漱溟的「真解」，「西洋生活是直覺運用理智的；中國生活是理智運用直覺的；印度生活是理智運用現量的。」〔註27〕這也不如說，西方文化的思維方式乃以理智主導，並由本能推動著理智運用於各方面；〔註28〕古代中國文化因其臉朝黃土背朝天的農耕習性而被直感思維主導著，理智既被運用於去完善補充由朦朧直感構建的思想體系（儒、道共許的至高天道）與相應倫理（人與人關係）一面，也被應用於改進生產、改善生活的技能一面（實用理性）；而以區分與建構學科為特徵（中國古代經、史、子、集分類體系中，唯有史學建構類似西方），以系統的研究方式去運用理智一面，則不如西方發達。〔註29〕最後，對梁之「必佛教的路才是印度的路」〔註30〕這句斷言，古史與當代現實都作了否定回答，因而既然佛教代表不了印度文化，「理智運用現量」思維方式的

〔註26〕〔美〕威廉·詹姆斯《宗教經驗種種》，北京：華夏出版社 2005。

〔註27〕梁漱溟：《東西文化及其哲學》，《梁漱溟全集》第一卷，頁 485，他 1975 年自批此「言詞糊塗到可笑可恥地步」。

〔註28〕他說西洋文化「理智作用太強太盛者，是誰在那裡役使他活動呢？此非他，蓋一種直覺也。」（《東西文化及其哲學》，《梁漱溟全集》第一卷，頁 485）。西方文化之推崇理性，學界已無多大爭議。就科學發達而言，科學家多強調「好奇心」即本能的作用。就經濟發達而言，經濟學家多強調由牟利本能推動的「理性人」。除柏格森之外，西方學者皆否認由直覺推動。

〔註29〕梁漱溟認為：「凡是中國的學問大半是術非學」，「與西方把學獨立於術之外而有學有術的，全然兩個樣子。」（《東西文化及其哲學》，《梁漱溟全集》第一卷，頁 356。）

〔註30〕梁漱溟：《東西文化及其哲學》，《梁漱溟全集》第一卷，頁 487。

推論就不著邊際了。然而，梁漱溟自己並未意識到的他對東、西方思維方式
〔註31〕比較探討之開創之功很值得肯定。

必須指出，梁漱溟之所以反對佛教改革，一出於與空觀中道相反的執見，
二出於與空觀非本體論相反的實體論，這屬於學術爭議，跟那些因改革「有
損於不願改進的傳統佛教者名位」〔註32〕的反對者們完全不同，亦即梁並不
因此謀任何私利。梁漱溟早年主張：「策數世間治理，則矜尚遠西」，〔註33〕
「對西方化要『全盤承受』」。〔註34〕由此可見他曾經反對「中體西用」或東
方精神文明，西方物質文明套路。他認為，與現代西方文化的對比之下，1. 提
倡出世的佛教將「益荒事功」。2. 中國「學術思想的不清明」將因「學佛而益
沒有頭緒」。3. 如果因學佛而「低頭忍受，始終打著逃反避亂的主意」，不去
努力「奠定（採自西洋的）政治制度」，從而「寧息累年紛亂」，「護持個人生
命財產一切權利」。那麼「假使佛化大興，中國之亂便無已。」〔註35〕這一
切，梁漱溟都是打著問號提出來的，但這一切不也正說明佛學必須依般若智
作出適應西學東漸時代的闡發，佛教必須改革嗎？太虛也很感興趣地讀了梁
《東西文化及其哲學》，對梁提出的這三點並無異議，並承諾，「此後當另著
《佛教人生學》、《具足佛教學》二書以明之。」〔註36〕正是這兩大著作構建
了太虛人間佛教思想體系的基石，同時也是太虛致力佛教改革的思想結晶。

〔註31〕人類思維及其方式複雜而多樣，此僅就梁漱溟提出的由理智、直覺、現量主
　　　　導的三種方式而言，並與梁一樣，由此進而探討思維背後的推動力有何不同。
　　　　筆者認為大抵西方思維方式可分為兩大路向，其一為由軸心時代古希臘哲學
　　　　演化而來的理性思維，這既包括由柏拉圖作為代表人物的理念論，以受幾何
　　　　學啟發的概念思維為其特徵，現代數理分析哲學為其後裔（當然並不「純」，
　　　　受其他思維方式影響也常有）；也包括亞里斯多德所代表的經驗論，以實體論
　　　　為其特徵，現代實證主義乃其變體；而理性思維為兩者共許。其二為由古希
　　　　伯來宗教演化而來的神學思維，其特徵為肯定全智全能全權的唯一神存在，
　　　　推動這路思維的動力多樣，其主體或為對末日審判的恐懼（古猶太教）、或為
　　　　愛（基督教），而情感為兩者共許，當然也雜有求生存本能驅動。
〔註32〕太虛：《對大師學生會籌備員之訓勉》，《太虛大師全書》第35冊，頁129。
〔註33〕梁漱溟：《思親記》，《梁漱溟全集》第一卷，頁594。
〔註34〕梁漱溟：《東西文化及其哲學》，《梁漱溟全集》第一卷，頁534、535。
〔註35〕梁漱溟：《東西文化及其哲學》，《梁漱溟全集》第一卷，頁534、535。
〔註36〕太虛：《論梁漱溟東西文化及其哲學》。這兩本著作雖未如這時所擬書名而撰
　　　　寫，但前者即係作為太虛人間佛教理論集中概括的《人生佛教》一書，包括
　　　　旨在維護佛教徒權利的「問政」而不干治；後者即回應西方學科分類，體現
　　　　出佛教學術思想之「清明」的《真現實論》，其體系見本書《知識三論》，可
　　　　以說，太虛兌現了此承諾，惜識者寥寥。

就激發思考而言，梁漱溟的啟問之功亦不可沒。

梁漱溟還點名批評太虛「替佛教擴張他的範圍到現世生活裏來」，〔註37〕這說明太虛與梁漱溟之間的學術分歧至少也存在三點不同：1.「佛教的範圍」從來就沒有像梁漱溟所認為的那樣狹隘，只是曾被中國宗法社會所拘束，即使如此，唐代偉大的覺者慧能禪師因體會了佛陀的真意，故依然提出了「不離世間覺」。〔註38〕太虛提出人間佛教正是繼承了慧能思想。2. 太虛改革佛教的整體思維之另一方面體現在《整理僧伽制度論》中，此書有借鑒天主教的教區制度企圖，但基於對第一次世界大戰爆發的反思，〔註39〕那時太虛已認識到西方政治、宗教制度也存在著自身嚴重問題，而梁則拘守著「全盤承受」西學或提倡儒學。3. 太虛1916年之大悟再次將整體思維激活，而梁雖也讚賞唯識「根本智」之「超絕」，〔註40〕但他因未能親體，以致將佛學思維方式解錯。太虛有親身體驗故能批評他說：「梁君以『現量』、『直覺』、『理智』三種為知識之根源，蓋即現量、非量、比量（理智）之三量也。然非量原以指似現量、似比量者，梁君似專指似現量言；且直覺非不美之辭，在凡情之直覺雖屬非量，而聖智之直覺亦不違真現量、真比量，故成無得不思議之任運無障礙法界智。」〔註41〕顯然，太虛站得更高，並已體驗到真現量即真比量與直覺的一體，故空宗、有宗、相宗、性宗等「法界障礙」已被突破。

就學術研究而言，梁漱溟從基本概念出發沒錯，可惜他沒有由概念深入下去，只稟受了佛學、儒學中所蘊智慧的表面某點。知識本身並無東、西方之分，西方的文藝復興破除了天主教神學思維的禁錮，就為知識探求打開了大門。對中國知識界而言，否定儒學一尊的思維禁錮不等於否定儒家思想所含內在智慧，也不能換種思維重新加以禁錮。對於擺在我們面前的西方哲學界為「理智」、「理性」概念的澄清與強調，及其為糾正理智作用範圍的過度闡釋，而對直覺、感覺、意志、本能概念的分別澄清與強調所著的成千累萬

〔註37〕梁漱溟：《東西文化及其哲學》，《梁漱溟全集》第一卷，頁536。

〔註38〕《壇經》，《金剛經‧心經‧壇經》合注本，頁101。

〔註39〕太虛曾自述：「民國三年，歐戰爆發，對於西洋的學說及自己以佛法救世的力量發生懷疑。」（《我的宗教經驗》。）此前，他受關於社會改造的西方思想影響較大，此後則更強調依佛教本位吸收西方文化。由此，對《整理僧伽制度》中的設想作了多次改進，他對西方「彌賽亞」式的救世情結也增進了瞭解，在此懷疑的正是此類。

〔註40〕梁漱溟：《東西文化及其哲學》，《梁漱溟全集》第一卷，頁438、439。

〔註41〕太虛：《論梁漱溟東西文化及其哲學》。

著作，中國哲學界當感慚愧。就此而言，第二代新儒家也比梁漱溟做得好。

然而無論如何，梁漱溟《東西文化及其哲學》對加強東、西方之間的相互理解具有啟發性。在知識的保存、交流、共享方面，東、西方也須加強合作。因此，繼續對各自表述不同的概念「格義」，是一條須由各方幾代甚至數十代人接力的理解與合作通道。

三、佛學總持智與分別識：兼論前者習得之難

太虛的整體思維就是佛學所謂「總持智」，而梁漱溟的思維方式正是「分別識」之認知。梁漱溟提到，佛教為什麼強調知識的「無分別」、「無對待」，甚至悟後「無所得」？〔註42〕從學術角度看而不是從修行的角度看，筆者認為是由於我們自幼學習的時候就被教以這是什麼，那是什麼，已被教得習慣從存有的肯定的東西出發，從而固化了自身思維。打破這種思維方式很難，例如說見水不是水不如實，那麼固化的名相思維一定會反駁，一碗水不是明擺著麼？這就是分別識。又如假定說「這是什麼」錯了，那麼固化的名相思維往往會認為它的反面就對了。這就是對待，也就是兩元對立的思維方式之表現，其依據是形式邏輯思維的排中律。上述兩方面確構成轉入整體思維的「所知障」。從常人樸素的實體論——哲學上的「事實」看來，佛學的「非想」、「非非想」等似乎在「混淆是非」。殊不知轉入佛學整體思維，就可以照窺分別的由分類的學科研究所得之點進而聯結成片成面成為多維的立體，即由已知的因果鏈以及當下尚未知（因而無法用語言表述）的因素聯結起來的緣起。因而，否定分別識，並非否定其中的知識內涵，相反卻是高度理解了其知識內涵。所以，惟信禪師最終「見山只是山，見水只是水」。西方哲學史上與道家哲學的辯證邏輯思維也不過是與佛學有類似之處，即依直觀相信「物極必反」，「相反相成」等，但它們所說與佛學整體思維所觀照到的因果「緣成」仍有差距。就此而言，梁漱溟也講而未證的「超絕」觸及了「實相」。

整體思維並不為佛學所獨享，神學思維、大哲學家的思維也都是整體的，但後兩者的思維都建立在某種實體存有的支撐之上，失去這一支撐，其思維難以運行，甚至會轟然崩潰。道家思維也屬整體思維，但認定「無」為終極，而佛學整體思維則否定任何終極。整體思維與局部思維之間也不存在不可跨越的界限，當代正在興起的跨學科合作與交叉學科研究就處在整體思維與局部思維

〔註42〕梁漱溟：《東西文化及其哲學》，《梁漱溟全集》第一卷，頁399。

之間。整體思維只與局部思維相對而言，分別識意味著其局部性，用語言文字表述的各學科研究所得皆為分別識，其背後是思想專注於某一領域的專家思維。自然科學知識屬於最為分明的分別識，其長在客觀，能以重複實驗證明其可靠，但它對個體而言是外在的，憑語言文字理解後要靠動手能力、動腦能力才能把外在知識轉化為可運用的內在智慧。智慧乃他人的經驗知識與書本知識的整體活化，這被佛學稱為普遍智、世智。轉識成智的過程簡單而不完全地說就是習得，是否能運用即日常所說的會就是會，不會就是不會。普遍智與佛學強調的般若智的共同點在於其只屬個體的內在性，就內在而言，般若智當然有主體性，但非「我執」，即它不否定客觀，但更強調超越於客觀之上的公允——中道智慧。其中，慧與智慧有別，它包含著識斷，即與社會閱練相聯繫的判斷力，慧與智結合起來，才能識斷並解決問題。就梁漱溟所說的超絕而言，般若智與普通智的區別還在於般若智是超越性的無漏智慧，在此僅就佛學（與修行略作區隔）而言，無漏即不但主體動機良善，不會退轉，其效果既同普通智運用的知識力量一樣大，又不至於帶來負面作用——就是說覺者已經觀照到並力圖在論說中要求去除知識運用中可能帶來負面效果之因——誰能保證客觀的因而是不管善惡都能運用的知識不給人類眾生帶來災難？但正如太虛所見，般若智「有很深的條理，秩然絲毫不亂」。大體而言，不同領域有著不同因果鏈，自然的生老病死因果鏈不能與社會的善惡自有報的意義價值因果鏈混淆。雖然各鏈之間也存在聯繫與相互影響，甚至互為條件，但以身病為例，助人之心理愉悅有助於健康，但畢竟治不了病。古人因其知識水準所限，對此的理解有誤。

不但如此，般若智的智、慧、悲也高度一體，當它升起的時候，體會眾生苦難的社會歷練起著相當大的作用，因而悲憫眾生的情感隨之油然而生。但它又是理智主導的，清明的判斷力乃理智的特徵。〔註43〕在般若智面前，惹常人生氣的行為大多是愚蠢的，也是可悲的。因而梁漱溟批評佛教「低頭忍受」只說明了他認同了民俗對佛學的「忍」的誤解。尤其可惜的是梁漱溟竟「絕對不敢贊成」真正「發大心的佛教徒」的態度，他還說，「確乎也很有其人，但百不得一。」〔註44〕這似不可想像，作為當時佛學與印度哲學的專家的梁漱溟，竟然對大乘佛學主體——菩薩及其「菩薩行」也不贊成，這也許

〔註43〕如梁漱溟所說：「理智是無私的，是靜觀的」。（《東西文化及其哲學》，《梁漱溟全集》第一卷，頁485。）

〔註44〕梁漱溟：《東西文化及其哲學》，《梁漱溟全集》第一卷，頁533。

只能理解為此時已回歸儒學的梁漱溟先生，同時也回歸了由後期儒家「反釋」導致的明清民俗中對佛教的認知。然而發大心的初地以上菩薩不離眾生的「同體大悲」，也已初獲般若智，悲智一體。

　　不過，梁漱溟認為即使發大心，真能獲般若智的人也「百不得一」說對了。通過發心而成為「初地菩薩」不難，進入初地以上般若智則確有難度，首先在於由局部向整體的思維方式轉換之難：1. 發大心求菩提（覺悟）僅為前提（緣之一），即所謂大乘雖普度，只度有緣人。2. 然後必須打破（放下）以前的任何成見、先入之見，哪怕它曾被反覆證明為正確；還要改掉不良習染。3. 與分別識能通過學習獲得完全不一樣，思維方式轉換只能通過啟發——禪師能照見參修者原先思維的障礙所在，但絕不可明言，說明白了不但有誘導「假悟」之嫌，相反會妨礙參者內在的自得，依樣絕對畫不成葫蘆。個性各各不同，障礙更千差萬別，由此催生了逗機說法的萬千法門，可惜參學者很容易由此轉入對技巧的關注，仍然入不了門內，這跟耽於名相一樣……

　　其次在於中道運用之難：1. 思維方式轉換後，猶如新獲一面因果大圓鏡，個體原有閱歷及其知識結構並未因此改變，如果知識淺陋，依其所面對，需解決的具體的因果問題，則還須補習。但這大圓鏡映照有助於較常人更快地掌握知識、運用智慧。在佛學中，轉識成智專指分別識轉為般若智，般若智遠超普通智，但不外於普通智，般若智也有層次區分，如「聲聞（阿羅漢）、緣覺（辟支佛）、菩薩、佛」等不同，〔註45〕換言之，其隨個體修為，仍有淺深、遠近、明淡等異，絕非不學而知，不慮而能。反過來說，中道智慧如沒有把握全面而非局部的知識前提，如何對「偏」作切當的判斷？

　　2. 把握中道還須克服自身「所知障」，即去「法執」。只有超越各世間法之上，才能察知它們其實各有所限。眾生個性各各不同，各人所知障也皆不同，且人皆侷限於所處環境，難免或大或小地「坐井觀天」，個體生命有限，其「默會的知識」的真切性必定帶有局部性，專家尤不能免。學者如因被大眾尊重而缺乏自知之明（更高層次應為「內明」），執其已融入其生命中的內在的局部性的真切普通智，而擴及其不可能涵蓋的全體，那就成為主張或主義。自然，作為個人見解無妨，或還豐富了人類思想庫。如作為政治人物認定的普遍真理推廣甚至強制推行，那就成了「法執」與「我執」的結合體，給人類眾生反而帶來了巨大災難，無一例外。青年太虛與梁漱溟一樣曾經崇仰

〔註45〕太虛：《真現實論·宗體論》，《太虛大師全書》第39冊，頁211。

新學（其主要內容是被國人認知的西學），還曾崇仰由西方東傳的無政府主義……主義，主要因為它們為民眾設想的主張與佛學為眾生的悲心表面相似，但太虛晚年已棄置。與這類主張不同，空觀思維從不提供由外部推行的理想主義的一勞永逸的社會改造方案，認為這些烏托邦及其反面「人間絕路」同樣屬於「妄想」，而總是強調從生命體內在的增長悲智，去「我執」入手，使周邊環境有所改善，社會也會因之有所改善。眾生只要自願學，悲智就多少會有增長，雖說頓獲般若智難，但「發大心」的初地菩薩放下某些「執念」從而「安頓」自心並不難，就在一轉念間。

與梁漱溟《鄉村建設大意》〔註46〕從為其基本概念「鄉村建設」下定義開始的思維方式不一樣，太虛從早年《整理僧伽制度論》到晚年《菩薩學處》，貫穿的思維是教育現代僧伽、初地菩薩，以啟迪後人重獲般若智。當然為了幫助後人理解，借用「名相」闡說也必不可免，即有般若觀照之助（如太虛所說：「這一種心境，以後每一靜心觀察，就能再現」），但由於個體知識儲備難免不足，對世間信息把握也難免不充分（偏重某局部等），這就有「中道」斟酌之難。何況借用「名相」闡說般若也終究辭不達意，難免「我執」的眾生對「中道」也有領會之難。就各自設想的方案而論，梁漱溟「鄉村建設」目標在當時鄉村範圍內，具有普及科學與文化教育的合理性，其建設性與保存傳統文化的努力在今天也是值得稱道的。成年後的梁漱溟則已不是僅「坐而論道」的書生了，在當時就被公認為社會賢達；而太虛的目標則著眼於佛教界的重整，他提倡的人生佛教在梁漱溟眼裏屬於標新立異，雖然太虛晚年也努力趨向「中道」，〔註47〕然而同時代人（除了其少數弟子外）也對此多不理解。不論在當時佛教界、佛學界以及社會上，太虛都被看作引起爭議的人物。這也不足為怪，試想佛陀當年對提婆達多的處理，也不是被同時代人認為或偏軟弱或偏剛強嗎？後代因反覆遇到同樣的「分裂」問題，才非常懷念佛陀，認識到

〔註46〕梁漱溟：《鄉村建設大意》，《梁漱溟全集》第一卷，頁599。
〔註47〕太虛青年時代確激進，但思想成熟後便轉而採取爭取「老派」的中道策略，「運用佛教會的施策，潛移默化地（對之）進行改造。」（大風：《太虛大師歸太虛》，《香港佛教》第289期，1984。）這也不是說，僧伽、居士不能參與甚至領導改良社會活動，而是佛教的參與自有其獨特的方式，如同在抗日戰爭的特殊時期，太虛不離佛教反暴力宗旨，大力號召支持組織「僧伽救護隊」上戰場那樣。這些都是中道體現。針對於社會改造，佛教不會像執於理想主義者那樣將自認為善、正確的認識強加於人，強制推行於社會，而是當別人不接受時反思自身，先改變自己再影響別人。

中道之難能可貴與釋迦族覺者之真正偉大。從這一角度看，其實一部佛教史，也就是隨著前輩逝去，後輩因「知見」不同的分化史；也是曾獲得的般若智卻由於自然因果鏈的作用，隨覺者的寂滅而失去，後人又籍經典或前輩的啟發又重獲，並在般若智引導下重整寺院、教團的歷史。龍樹、無著、開創臺賢禪淨律之宗師、宗喀巴大師等的論著都歷時愈久，其中道智慧光輝也當愈耀眼。此外，與梁漱溟狹隘地反對佛教改革不同，太虛的整體思維非常寬廣，故對梁漱溟的《東西文化及其哲學》及其思路實踐——鄉村建設，大體是贊許的。般若智慧照見「色、受、想、行、識」認知變化過程中每一環節，能從抓住主動行為觸發的連鎖反應的總根源去避免犯錯、造惡，因善於領會少犯錯，所以不拘個體能力大小，凡到處即有成就；但般若智又是個體內在的，活生生的，語言文字及其他符號工具都難以直接傳授其真髓。它不是客觀的知識，可憑籍語言文字保存、積累、更新，因而難得，而由於覺者之寂易失傳……

太虛不否認由普通智而來的世間法（世締），也肯定建立在可靠（即確定存有）的基本概念基礎上各門學科探索所得的原理皆近真——「似現量」，但須過濾掉其中的「我執」、「法執」即真諦——真現實。〔註48〕

梁漱溟從青年期偏於「斷滅空」到後來偏有宗，再後則回歸民俗中的佛教認知，確如太虛所批評的未將佛法內在地融貫，以致成為其生命自覺的指導意識，在人生中煥發的智慧。佛學知識對梁漱溟來說，儘管他確部分地認同，也有些認識較常人更深刻，卻始終如其他知識一樣仍屬外在。因為即使讀自佛典，書本上的內容如未經內化把握的話，其所知即仍是書生氣的、概念性的。〔註49〕當然就學術研討而言，沒有理由苛求佛學專家必須親體，更不用說親證。但同樣，如未有親體，在判定那派是「真」佛教，判定何為佛教的「本來面目」〔註50〕等佛教界內部的大問題上，即佛學專家也未宜輕言。

結語

梁漱溟對太虛改革佛教的批評，激發出太虛以佛學整體思維回應當時

〔註48〕太虛：《即人成佛的真現實論》，《太虛大師全書》第 47 冊，頁 457。

〔註49〕針對拘泥於唯儼禪師所謂「屑屑事細行」，依樣畫葫蘆者，太虛認為僧伽負有開啟他們智慧的責任，因而終生致力於培養高素質僧伽，提出「佛學即慧學」（《太虛大師全書》第 6 冊，頁 254。）而「屑屑事細行」亦皆為門徑，開啟多少不重要，增長了智慧才入門。

〔註50〕梁漱溟：《東西文化及其哲學》，《梁漱溟全集》第一卷，頁 536、537。

佛教界最緊迫的現實問題，最終形成了《人生佛教》、《真現實論》兩部專著，奠定了人間佛教基本思想體系。筆者在此也不得不回應這些批評，但本意並不在評價梁漱溟主張的保守與太虛主張的改革孰優孰劣。

佛學整體思維並不否定兩元對立思維（僅否定其極端表現即兩極對立思維），在西方文化中居主流地位的兩元對立思維強調主體與客體的對立，客觀的知識探求由此發端。源於古希臘的科學探索出於好奇心，哲學探求則出於訝異，受同樣的幼小動物皆富有的這一本能驅動，在蘇格拉底、柏拉圖、亞來斯多德開啟的理性傳統引導下，古希臘科學與哲學遂蓬勃展開。「幼稚」並非其失，也是生命力充沛的體現，成長、成熟皆由此而進。約同時代的佛陀則深感眾生愚癡，將「無明」（不僅指缺乏內明，也包括聲明、因明、工巧明、醫方明等各學科知識性的「外明」）列為世間諸苦之第一因，旨在針對被本能或情感衝動的盲目性支配之因造成的苦果，喚起內在清明理性的自覺。在佛陀開啟的這一理性傳統引導下，佛學也有了蓬勃展開。由此可見，佛學整體思維與各種非極端的思維方式並不對立，相反地可以互補。佛學整體思維方式有助於消解人們自幼形成的名相固化，提醒、幫助人們防止各種思維的固化，防止基於有限的確定性之推理盲目地擴展，以及矯正線性思維、基於本位的局部思維、片面思維等等缺失。

兩元對立及片面、局部、線性思維方式在東方也廣泛存在，如在梁漱溟思想中就體現為世間與出世間的絕對對立，現世與未來之間存在著鴻溝。對他而言，承認了世間的苦，似乎就必然導致否定整個世間；承認了佛學對未來世代的指導意義，似乎就必然導致否定其在現世的效用（那時的他認為唯儒學才適用於當世）。殊不知佛學「究竟」的意義恰恰表現在能抓住、珍惜每一個哪怕僅在瞬間的當下以及善處當世之緣。不能抓緊當下，哪會有不斷改善的未來？太虛誕生已過 130 週年，梁漱溟發表《東西文化及其哲學》講演也正值百年，儘管對自己當年基本見解，梁漱溟後來也有所「悔悟」，[註51] 以至這一表述成了絕響。然而，梁漱溟為全人類考慮及其指向未來值得肯定，他自認「擷拾『本能』、『直覺』等等近代西方所用名詞術語以為闡說，實屬根本的嚴重錯誤」。[註52] 可筆者倒不這麼認為。哲理思維尤不能迴避人類的整體境遇，東、西方不同語言體系、不同理論範疇體系至近代才相遇，但東方與

[註51] 梁漱溟：《東西文化及其哲學》，《梁漱溟全集》第一卷，頁 323、547。
[註52] 梁漱溟：《東西文化及其哲學》，《梁漱溟全集》第一卷，頁 547。

西方人民自古就生活在不同語言系統、不同傳統中，僅語言不通就造成了很多誤解。為了彼此理解，也不得不通過彼此言辭的「格義」（不僅為翻譯而已），解讀彼此哲學的基本概念，進而加強對話探討，才能明白言辭背後的實指。此事體大，雖不可草率，但若持之以恆，功未必在當下，利益卻在長遠。當下已關涉每個個體的全球面臨大問題的解決，都有賴東、西方協力。

梁漱溟與太虛之爭這段公案至今已過百年，然其學術、文化意義並未失去：梁漱溟將唯識學、量論的基本概念「三量」與西方哲學的理智、直覺、感覺、意志、本能等基本概念作比較，互勘，通過釐清這些主導人類思維的要素的各自含義、作用與功能及其相互關係，對深化理解人類理論思維具有很高價值，其間有誤解、錯解也難免，但只有通過批評、反駁及疑難的解答，才能增進東、西方相互瞭解。他將類似的中國傳統哲學概念，如心性、理欲、體用關係之闡說判定為思想「不清明」也對，可這也說明了儘管所用言辭、概念不同，但中國古代哲學家所面對的問題與他們在西方當時的同行是差不多的。梁漱溟對西方哲學的關注也走在同代人的前列。可惜，他未能瞭解率先充分重視思維方式問題的雅思貝爾斯（1883〜1969）等人的哲學，也未親體獨特的佛學思維方式，以致對在中國、印度、西方占主流地位的三個思維方式的歸納全有偏差。如果不是根據片言隻語頌揚孔子高明，為新文化運動批孔打抱不平，而是與他自己的印度與西方哲學比較一樣，從指向相同的基本概念分析出發，例如探析古漢語「心」的多義性（包括其思維功能）與「欲望」後面的本能還是情感驅動入手，從儒家經典前後文的聯繫中理解概念的不同含義，而後進入前人語境，再從語境中親獲前人智慧，正如唐代禪師已超越了譯經那樣。梁漱溟如能那樣地去比較印、中、西哲學，則三方「般配」，其成就也會大得多。

不管如何，即就梁漱溟對太虛提出的質疑而言，因其事關全球面臨數千年來未有之歷史大變局，如佛教佛學該如何自處？又何以引導世間？諸問題，這就「逼迫」太虛作整體性地深入思考，交出初步答卷，這就是人間佛教思想體系，其價值難以估量。

原載《第二屆太虛與近代中國國際學術研討會論文集》，北京：北京大學哲學系、佛學研究中心、閩南佛學院，2019-10。

不生不滅
——略說人工智慧，證諸法自性「空」

一、「空」義的闡明及其豐富

　　星雲法師所闡發之「空」義，較集中地在他講的《金剛經》、《心經》等般若類經典以及漢傳佛教自創經典《壇經》中，體現出他領會的般若中道智慧。如他講《金剛‧離相寂滅分》時，解釋「無虛無實」就指出：「無虛，是『真空不空』。」「無實，是不住（執）有」。他解釋「忍辱波羅蜜」說，菩薩已達致「無生法忍」的最高境界，即「了知一切諸法無我，本然不生的空理，將真智安住於理而不動。」〔註1〕星雲的闡發有其由來。

　　「空」義之闡明始自佛陀，然後歷經部派佛教時代東、西方文化接觸的淬煉，歷經印度文化與中華文化交融的智慧增益，空義的闡發才更為豐富，運用才更自在。

　　《增一阿含‧四意斷品》闡明「空」義謂：「一切諸行皆悉無常，一切諸行苦，一切諸行無我，涅槃休息。」通讀《阿含》，佛陀說空，多與「無常」、「苦」、「無我」一起說。而是否認同以這一空義為究竟，構成了佛學、佛教與其他學說、宗教之質的區別。所以，「空」是佛學總攝，佛學、佛教的特質在於空。各派佛學、三大語系佛教及其宗派儘管有種種不同，但其究竟都是空，其間僅存在徹底性與涵蓋面的不同罷了。否則就不成其為佛學、佛教。

〔註1〕釋星云：《金剛經講話》，臺北：佛光文化出版公司 1998 年，頁 258、257。

　　《雜阿含》第 80 經如此進一步解說：「心樂清淨解脫，故名為空。當觀色無常，如是觀者，則為正觀。於色不知、不明、不離欲貪、心不解脫者，則不能越生、老、病、死怖。若見有我、有世間、有此世、有他世、常、恒、不變易。彼一切非我、非異我、不相在，是名正慧。」這裡佛陀講了空的出發點，即從正（不染而清淨）的觀察入手，應瞭解並明瞭凡有形有相的「色」——所有一切，都隨觀察者的「貪」的欲念而起，但空，並非說色不存在，只是說色亦隨心知而現。空是無主觀執見、把世俗所執「常」、「恒」、「不變」再顛倒過來的中道智慧，也就是說，幼稚的人（尤其針對婆羅門教所說）所執的「常」、「恒」、「不變」都是靠不住的，「常」終究會轉化成無常，「恒」終究會轉化為消逝，誤以為「不變」的一切，實際上都在變。但否定他們所說的「一切」也不是離棄主觀後，「一切」都不存在。當然，在部派佛教的爭論中，已經體現出在承認空為究竟的前提下，為了佛教能為（除早期佛教攝受者即沙門精英之外）更多的人接受而強調佛法運用中「有」的面向，否則難以令更多的人「信」。這一面向也在中、後期大乘中反覆展開，亦即各學說、各教派在體系化的流佈中都堅持的你們說的都錯，我說的才是真理或真諦。例如部派中的保守傾向儘管仍講無我，但「我」在那個時代以「補伽特羅」的名相出現；儘管仍講無常，但卻堅持佛陀講的佛法乃「常」，佛制是「常」。而大乘運動則是在更多地瞭解把握空義的北印度（包括位於中亞的東、西方文化交流要道上的所謂西域）的大眾系與分別說系基礎上，經歷了「希臘化」的淬煉而發展起來的。經此淬煉，不僅在佛教中誕生了吸取了古希臘風格養分的犍陀羅藝術，古因明也當由吸取古希臘邏輯學的某些因素而更豐富，甚至「空」義也不無遇見古希臘「人不可能兩次踏進同一條河流」之「流變」知音的欣喜。在這一基礎上誕生了初期大乘的「空」宗。

　　初期大乘「空」宗的代表性學者乃龍樹（活躍於公元 150～250 年間），雖距亞歷山大東征（公元前 334～324 年）已 500 年，但不能排除那時東、西文化交流要道兩側仍殘存古希臘辯證思維影響。例如古印度、西域都重思辨而輕歷史記載，然而司馬遷（公元前 145～90 年）在《史記·大宛列傳》中卻仍留下了兩百年前亞氏餘響的相當曲折晦澀的記錄。龍樹著名的闡發空義之《中論》就是在東、西方最早的時空際會之後被淬煉出來，該論說：「不生不滅，不常亦不斷，不一亦不異，不來亦不出。能說是因緣，善滅諸戲論；我稽首禮佛，諸說中第一。」「眾因緣生法，我說即是空。亦為

是假名，亦是中道義。」〔註2〕龍樹的思想，淵源於部派後期與大乘初期被「結集」的般若類經。般若經力闡有為無為「一切」諸法（即宇宙萬有）當體性空，破除被假名（即概念）認識所執著的實在論。龍樹的立說更發揚了性空而無礙緣起的中道妙理──依他（即緣起）的諸法當體空，自性不可得。他在「禮佛」基礎上的獨到洞見，在於「空」並非「無」的異名，「空」義是「不」，「不」是泯義、是破義，並非相對於「有」而言的「無」，而是超越有無的「中道」。筆者認為，道家的無中生有與猶太教系統的神創論，分別構成了存有論的兩端；而龍樹之說絕非半有半無的折衷主義。因為依空義，世界是無始無終，無邊無際的存在，不是不存在，也就不是無；但這存在中沒有主宰，當然也非係主宰所創造。因而，世界上不存在絕對不會走錯的「道」，也不存在放之四海而皆準的終極真理。龍樹進而從空義中分割出生滅、常斷、一異、來出四種相對思維以深入闡明「空」，並指出凡就緣起諸法的假相立名，都和離一切妄見戲論不可得的中道實相（即空）不相應，而庸眾把它執著為實在，墮於無因、邪因、斷常等邪見中。所以龍樹針對緣起諸法，說不生不滅、不常不斷、不一不異、不來不出「八不」，否定這些實在論的見解。〔註3〕同時，這也是對「空」義的擴展。這四個相對中，不生不滅為理解之樞紐。不生不滅不是說沒有生就沒有滅，如因此為追求永恆的解脫而寂然無為，或以苦行「斷」貪欲，就是斷見，也是庸眾對佛教的誤解。反之，如世諦生滅即是假名，那真諦不生滅亦是假名。所以固執佛法同樣屬於「常」見，同樣偏離了佛法精神。所以，龍樹「八不」的精華主要在破執。般若智（即一）不離分別識（即異），中道智慧乃在於把握好在不息的生滅中（可簡略為當下）的鮮活因緣，恰當處理好各種因緣關係。中道智慧雖只有個體能把握，但通過文化擴散與傳承，其光照則可在群體中得到廣大而恒久的傳承發揚。本文正是從星雲法師所闡發之空義回溯，從維度與向度兩方面展開論證。

佛教在其誕生地常以邊緣文化形態存在，卻能融入東亞傳統；儘管東亞也曾一度迷戀印度文化，但對其主流婆羅門──印度教卻一向有著負面印象，這是一個歷史之謎。謎底之一或因大乘在其最鮮活繁盛之時長驅直入東土，形成了正面意義上的先入之見。中印文化的對接，離不開印度來華高僧，而漢、藏本土知識精英對彼此的理解與融會則起著關鍵作用。僧肇（公元384～414），

〔註2〕〔古印度〕龍樹：《中論·觀四諦品》，CBETA，2006，T1564。
〔註3〕黃懺華：《中論的「八不」》，《現代佛學》1958年第8期，頁70。

就是一位對般若空義在漢地被理解與接受的關鍵性人物。他早年喜莊、老之學，青春煥發之時，也是求知欲與理解力最強之際，助鳩摩羅什譯經，深得羅什讚賞與傾心傳授。他著《般若無知論》時，年方 21，其《不真空論》、《物不遷論》誠得般若中道精要。湯用彤謂：「若如古希臘哲學家 Parmenides 主一切不變，又如 Heracleitus 執一切皆變，僧肇自皆加呵斥。」〔註4〕自然，僧肇呵斥的「一切皆變」，就是否定變中不存在「常」、不存在「法則」的傾向。僧肇著《物不遷論》，還駁斥了兩派之間的調和傾向，他引用《放光般若》：「法無去來，無動靜者。」證明動靜一如，駐即不駐。〔註5〕由一不變動（常駐）的本體而生各色變動的現象也不存在。其《不真空論》則旨在糾正以道家的「無」套用「空」之偏，闡明了「真空不空」。當然，僧肇仍不免浸染了漢人習慣的思維方式，然亦正因其作了漢語系與巴利語系（古梵語系其源頭之一）的直接對話，故以其獨到的煥發出中華文化進取精神的「空」義詮釋，開啟了漢傳佛教各宗義學發展方向。

星雲法師在講《金剛》等經典中的「空」義闡發，乃融合了早期佛教、初期大乘及漢傳佛教義理，他在各種場合對此加以了發揮。

他在晚年指出，人們所謂現象背後有本質的說法是不能確定的，所有的「都是假名」，連佛教信眾追求的「那個名稱叫羅漢、叫菩薩、叫佛祖，都是不一定的。」〔註6〕「不一定」說得好，就是空義的可能、「或然」；但在有些場合、情境（如寺院大殿）下這樣稱呼應肯定。

他早就指出：「『有』的現象，是由於『空』理，『不空』就什麼都沒有了」。「『空』中才能生妙『有』」。〔註7〕這就是說，空與有不能放在同一層面上去看待，「空」中生妙「有」是指萬有都在變化中存在，空不是無，不是不存在，因而絕非「無」中生有，而無與有才是對立的，而「空」超乎其上。

他還說：「自有人類文化以來，生命起源一直困擾著無數的思想家、哲學家。有的主張宇宙的一切是唯一神創造的，譬如基督教、天主教的上帝，印度婆羅門教的梵天、回教的阿拉等等，都將宇宙的來源歸諸於神格化的第一因。

〔註4〕湯用彤：《漢魏兩晉南北朝佛教史》，北京：中華書局 1983 年，頁 236。
〔註5〕固定、停留，佛學稱為「駐」，通假為住。佛經中常見的不住、無所住，龍樹精確地釋為不來不出。
〔註6〕釋星云：〈我對人間佛教的體認〉，頁 18。
〔註7〕釋星雲編著：《人間佛教》，《佛教叢書》，高雄：佛光山宗務委員會 1995 年，頁 200、201。

有的則主張一切是命運安排好的；有的以為是無因無緣、偶然機會的湊合；有的則認為一切現象是物質元素的結合。佛陀為了破除這些邪見，提出『諸法無我』的獨特見解，而揭示出因緣生滅的法則。所謂『諸法無我』是宇宙萬象沒有固定性的自我、本體，一切現象只不過因緣和合而成。因緣條件不具備了，就消滅分散。」〔註8〕在此，諸法乃指萬有之各門類或各領域皆循「軌」變化運行，而顯各自特質。前面曾引星雲說「『有』的現象，是由於『空』理」，其「空」理即諸法由「軌」總持著變化運行的法則。諸法即總的來看，皆自性「空」——「無我」，「無我」也不是說自性不存在，而是說無、有對立地去執著名相是錯誤的，自我、本體絕非固定不變，而是隨因緣而變；或者說就某一法而言，從其不同側面（因緣）看其所謂自性、本體也不同，因而不可「執」。這就證明了依因緣不同，自性在變，由生而滅地消散，即「空」。

星雲對「空」義及其由來有著全面的理解與闡發，本文則不過是對「空」義能不斷接近而不能窮盡的詮釋：如果套用哲學的主客觀範疇，在客觀上，「空」與「色」相對，「色」包括所謂物質、精神等所有的名相，色無固化不變的自性、主宰，而「空」因其無始無終，無邊無際，雖難以用有限定的名相（概念）表述，但乃實存。在主觀認知上，大乘的「空」義是「空」不離「色」，〔註9〕觀照至「空」是超越有無的中道智慧體現，「空」即變動不已、不駐，而大乘先肯定「有」所含之「常」，然後指出「常」（即諸法內含的法則）有其暫時性與適用範圍的偏限。對無、有之間的「相互關係」恰當的表述就是「空」，空就是揚棄，空是唯一的「實相」……也就是說，一切都在變，所駐能駐的唯有變這一「實相」，尤其在當今世代，變局更為明顯。

星雲晚年還說：生命乃「不生不滅的存在」。〔註10〕不生不滅，不是所謂沒有生就沒有滅或死。恰恰相反，這種錯誤的望文生義正是灰身滅智的

〔註8〕釋星云：〈佛教現代化〉，《星雲大師講演集》第2集，臺北：佛光出版社1996年。

〔註9〕色、空關係包含有、無，但超越於有、無之上，借用具象與抽象範疇表述：色、有皆具象無疑，空則不但包含從「有」抽象出的無形的只有人的心智才能把握的變化運行法則等，在這一意義上可說空不離色，空還包含無形且無限的變化，人類迄今只能認知其中的一小部分。更為廣大的未知也存在，因而不能說是無。色不離空則指任一色的流轉都受無形的因果律支配，其形成都可歸結為多因緣的聚合，其中每一因緣的形成又都可分解為其背後還存在因緣，以致無窮，無窮即空；而因緣的消散才是無。

〔註10〕釋星云：《我對人間佛教的體認》，《人間佛教：佛陀本懷》，頁19。

「斷滅空」，以「無」解「空」。在般若智看來，涅槃就是個體生滅既不斷亦不常的中道，就是層層向上的新生——覺悟，是生命價值的不斷發掘與顯現。個體生命及其所貢獻的智慧結晶則在群體的生滅綿延中顯現出其駐在，即慧命的延續擴展。從對佛法也不可「執」的視角看，各有不同的世法都是「實相」的各個側面，因而每一側面都能導向領會真諦——「空」。

星雲所闡發的「空」義之價值至少體現在指出與糾治謬誤，引導修行，啟迪不斷地探索並向上超越三方面。

二、空義對諸法的肯定與對謬誤糾治的提示

空義對常人以「有」的思維去認識世事並不否定。因為一方面個體的認知有限，總需有一個或多個確定的出發點去作邏輯推斷的前提，形式邏輯就由此發展豐富。這個出發點可以通稱為「常」。另一方面，人心總需有個「常」為依託才可靠踏實，才有信心、勇氣生活著並不斷探索。在這兩方面，大思想家與創建體系的哲學家、科學家與常人並無不同，區別只在大思想家與部分哲學家關注從整體上認識與解釋世界，科學家關注從局部也就是其專業上去探索與認識、改變世界，常人關注自身與周邊的生活。社會生活秩序與哲學原理、科學規律也可統稱為「常」。所有這些「常」，都被大乘佛學肯定為諸法的「世諦」。對初涉世者而言，把握「世諦」很重要，「真諦」不離「世諦」而超越「世諦」。因為未知的無限遠超有限，一切被認為不變的總處在更大的變化中。例如從更廣大綿延的時空看，舊的已確定的原理也總被新的擴展的原理取代。人類已知的規律也總有其作用範圍與邊際，範圍之外就是其侷限，而進一步的認識可以打破其侷限。生活秩序總被變化打破，甚至人的時空觀念範式也是相對的，所以變化中的「無常」才是「真諦」。

如果不明空義，從有確定性但僅為一時一地性的「常」出發，將其作為某個或某類事相的「本質」並固化，被大乘佛學稱為「常見」。如龍樹以空義對早期大乘時代從「常」出發的各種謬誤之破斥，玄奘以空義對中期大乘時代從「常」出發的各種謬誤之辨析，皆鞭闢入裏。當然，「常」識並非不重要，佛學認為，人之所以容易犯錯，首在「無明」，即愚與癡，愚蠢與狂妄。因著愚蠢，故掌握知識很重要；但狂妄往往隨著掌握知識而來，如果以線性思維把有限知識的運用推向無限，或者以平面思維把認知的兩端對立起來，這些都是「執」。由靈長類動物脫胎不久的人類求知欲，在孩子身上特別明顯，

好奇心不可扼殺，值得讚賞，但一味肯定卻恰恰通向了神秘主義。西方哲學、教育推重這種不計功利的求知，長期保持了這一只問為什麼的長處。（相比之下，中國哲學、教育就顯得老成，老問學了有什麼用？即過於講功利。）但是，追問為什麼達至深處，即在追問萬象本源的多樣化探索中，有的哲學家沿著進行推理所必須的確定性概念一味推導，把變動不駐的「自性」當成現象中具有主導性的本質並將其固化，卻係誤人子弟的思維方式。因之而推出的唯理、唯名、唯心、唯物、唯意志等等本體論的固化思維之方向更有誤導之嫌，特別是其結論，如被推廣為一時一地的支配性思潮，被政治人物不乏真誠地信奉，取其一部分利用，把社會當成其所謂「原理」的試驗場，就引發了極具災難性的後果。當然，這些哲學家之初衷不錯，對前人的批判也有力，其體系建構也分別推進了具有片面的深刻之長的認知深化，如果對他們強調的各個側面能通貫地看，也能顯現出哲學流變即「空」的整體。而推廣者對其各自的侷限性不察，則主要因「空」義不彰。

　　同樣，因著「空」義不彰，致使對科學知識的侷限性不察，把科學研究得出的只適合有限場域的結論由線性思維推廣為「普遍真理」，也反而引致科學探索的遲滯與社會認知的謬誤。如17世紀牛頓發現了萬有引力定律，18世紀帶有機械論傾向的自然哲學更風行一時。孔德（1798～1857）受此啟發，以進化論為立足點，試圖將此基於「萬有」的自然哲學推廣運用於人類社會，提出了「社會物理學」、「社會靜力學」、「社會動力學」等概念。孔德的社會動力學把人類社會看成是人類的智慧和理性的進步史，他把這種進步和發展的整個歷史進程分為三個階段。

　　第一是神學階段：他又稱之為虛構階段。這時的人類在解釋各種現象時，把這些現象的存在歸因於生命體或與人相似的力量，最後求助於超自然的力量——神。這就出現了各種宗教。在神學階段，人類的宗教也有一個從拜物教到多神教，最後發展為一神教的歷史發展過程，孔德認為，神學階段的各種宗教追求事物和現象的「內在本性」，探究事物和現象的「終極原因」都不過是沒有科學意義的一種虛構。於是人們便以超經驗的形而上學的抽象概念來代替超自然的神來解釋「一切」，以期獲得關於事物之「本質的絕對知識」，這就出現了各種獨斷論的思想體系或哲學體系，進入人類歷史的第二階段。

　　第二階段是形而上學階段：又稱抽象階段。不過，形而上學階段的各種抽象知識和獨斷哲學都未經過科學的實證。於是人們便拋棄這種抽象的絕對的

知識，不再探索宇宙的起源和目的、各種現象的內在原因之類知識，認為這一一切都是不能實現的，人們把一切知識都看作關於現象的知識，只具相對性的意義（就知識的相對性而言，這與佛學暗合），一切知識都以實證和事實為基礎，這就發展到人類的最高階段——實證階段，又稱科學階段。〔註11〕從史學與歷史發展的實際看，孔德對神學與神權時代以及建構在「本性」基礎上的獨斷論哲學的批評一針見血，他預言的第三階段也似乎已成現實。但這種把科學置於「最高階段」說法卻既受到當時自然科學研究突飛猛進的影響，也背離了他反對本性論以批評神學與獨斷論哲學之暗藏邏輯，具有唯科學主義傾向。

依空義看，則階段性沒有最高，只有更高或退落。萬象的本性也在變化中，但其特性可以在相對的比較中顯現。萬象之所以自性或本性不駐，不是說它絕對不存在，而是說由於觀測點的不同，即一方面看待事相的層次、向度不同，同一事相就呈現不同本性，例如物理學家總是從原子構造說起，化學家總從分子結構說起；另一方面，同一事相的本性在不同時段、不同環境（因緣）中也不斷在變。如果說所謂性或質還相對穩定些，那麼所謂「本」，則在不斷漂移中。總之，緣起既是佛學的存有論，也是佛學作分析與解答問題的方法論。當然，相對於現象（相）的「本質」也不是不可以說，人的認知不能不先抓住事相聯繫中的主因與關鍵要素，再理解其餘。但「本質化」的將關鍵點固化的思維則是認知扭曲（思維跟不上變化等）的根源之一，而認知扭曲由形式邏輯的線性推理推至極端就是謬誤，認知扭曲或荒謬則必致判斷失誤，使人犯錯。所以，「本質化」的固化思維的出發點在靠得住，得到的卻是最終靠不住。近代以來淡化本體論的哲學思維則相反，「空」義與它們不無暗合。

推求「本質」的固化思維不僅在哲學中普遍存在，受自然科學成就鼓舞而力圖建構成為社會科學（與經驗性的人文學科不同）的多個學科也受其影響。如美國帕森斯社會學中的「社會行為」等「基本概念」之釐定頗類似，為了追求觀察或調研的廣延性，該定義將佛學三業中的難以確定的意（主觀意願）業、口（言論文字）業也擴展進所謂「行為」（即身業），體現為對行為動機與口頭宣稱的追究，但後兩點的主觀性與難以確定，又使其研究結論與「科學」要求的「客觀性」、確定性相比而言大打折扣。當然，由對「基本概念」

〔註11〕呂大吉：《西方宗教學說史》，北京：中國社會科學出版社1993年，頁725。

下定義的方法確能建構成體系，也對許多社會現象確實加強了解釋力，從該學派自圓其說與學術多樣化發展看來，這完全有必要。又如法國的「利益法學」學派，該派同樣通過下擴展性定義的方法，把精神收益也納入「利益」概念，這又讓高於物質之上的精神墜入功利主義的算計中。〔註12〕因而這些學派影響力未能持久。經濟學依維生本能加上人特有的理性算計能力建構的「理性人」基本概念較此好些，但也受到越來越多質疑。受哲學或科學成就的影響，各社會學科從某一個或一類現象的確定性出發，釐定「概念」，形成體系，對社會或經濟現象作出了較前更有力的說明，有時也能據此作預測，有所證明，人們的認知確有了進步。但如排斥「空」，排斥變化，把有時空範圍限定的相對的確定性作為根本的出發點貫徹到底，這一邏輯卻可能扭曲人們認知，導致誤判。好在絕大多數嚴謹的哲學與社會學科著作、教科書在導論或前言中都預設了時空範圍，作了有前提的界定，可是讀者或某種學說的極力主張者都往往輕忽了對這些範圍、前提的提示，其運用結果就導向了錯誤。就哲學、社會學科而言，「空」其實就是提示對其作為前提的由人為觀測設立的確定性的警覺，因為不確定性比確定更為廣延、連續。就科學而言，「空」則提示了其學科分割思維不能把握「一切」的警覺，因為一門科學與其他科學間的界限被人為劃定得愈嚴，從事該科學研究的專業人士就愈易沉浸其中，劃地為牢，無視或忽略了同一「事相」還可從其他科學層面進行觀察研究實驗，「事相」的各層面還存在著相互影響。當然，許多科學家也越來越重視不同分支學科的理論內容，學科間的相互關係和矛盾之處，並且頗關注自己所研究的理論的應用範圍和侷限。

與「常見」相反的見解被大乘佛學稱為「斷見」。早在佛陀時代，就有以富蘭那迦葉為代表的「空見外道」與眾多執有「斷見」外道及他們與佛陀的爭論。前者否定因果，認為人死即一切斷滅，意識不再，陷於虛無主義。後者唯我見或其所執之「神」為真，無非為獨斷論或婆羅門教。同時，庸眾中也廣泛存在對佛學空義的曲解。如佛教的「四大皆空」指「四大和合士夫。身命終時。地歸地‧水歸水‧火歸火‧風歸風。」這雖也出於《雜阿含》，但佛陀的解說一方面沿襲著古印度一般知識，另一方面歸結為空是讓人從對死亡的恐懼中解脫出來。更重要的是，地、水、火、風僅是古印度人概括

〔註12〕鄧子美主編：《論中國法的精神：中西法文化比較新視角》，西寧：青海人民出版社2000年，頁274。

的宇宙四大元素而已，佛陀以此舉例講人體的物質因緣也是這四大元素和合構成，不如此講，佛法就難以被侷限於當時普遍認知的古印度人所理解。〔註 13〕可這在當時也被斷見外道與世俗曲解為虛無主義，至今影響仍在。真正的虛無主義或表現為對世間價值的絕望（而佛法肯定世諦），或表現為一味追求肉身享樂，而佛法恰否定這點。因此，這類標籤打不著佛教一竿子。如果確要堅持對佛教的所謂「批判」，應對準「緣起論」與因果律。佛陀也早已將「聲明」、「因明」、「工巧明」、「醫方明」作為自性「空」的緣起解說，並且對這些外明都充分肯定，而產生於印度古代的外明也是現代科學認知源頭之一。所以，佛學絕非與科學等同，但現代科學知識也完全可作為佛學的緣起解說。

三、修行就是化煩惱為菩提

佛陀以幫助眾生離煩惱得解脫為出發點，而以了悟「空」義為導引。「空」義體現在人生方面就是佛陀在概括眾生普遍經驗基礎上提出的「苦」。

首先，顯然，了知人生之苦較之一味追求樂，更易從煩惱中得解脫。依「空」義，樂在漫漫人生長途中，都是短暫的，最終靠不住的。例如父母在養育子女中獲得的安慰是人生最大樂趣之一，「空」義卻提示在因果關係上，父母愈寵愛，子女在長大了乃至雙親晚年不孝（養）順（聽話）的可能愈大。對此明瞭的父母，當在常見的現代病即兒女經常「逆反」的情形中可少起煩惱，在起了煩惱後，轉念這樣想也很易得解脫。然而因此而不求樂而反求苦，及以為應放棄父母在養育子女上的責任，否定情感的安慰作用等等，卻是「斷滅空」的誤解。星雲認為，「個人的享樂，其樂是有限的。……把快樂分享給別人，又可從別人的快樂中增添自己的快樂。這種歡喜不是世間污染的俗樂之喜，而是以法樂為樂，以空為樂，法喜、空樂，才是真正的喜樂。」〔註 14〕從諸法看，既熟練把握了任一專業知識的內涵，又懂得其效用的邊際（了知其侷限──空），就能在運用知識解決問題中獲得預期結果，而伴隨這種成就感的是內心的明亮，它會帶來很大的愉悅，也就是法樂。更不用說修行佛法帶來的成就之最大法樂。

〔註 13〕以「四大」喻人的色身在現代佛教信眾中仍普遍，也並非不可，但悉其因緣才更重要。

〔註 14〕佛光山宗務委員會編：《佛光山開山 30 週年紀念特刊》，高雄：佛光出版社 1997 年，頁 359。

　　進而，依大乘般若智，修行就是化煩惱為菩提。人生不可能無煩惱，「空」義導引不僅在瞭知美好的短暫，從而珍惜每一瞬間與善緣；而且體現為視煩惱也如流水，如泡沫必會消逝。煩惱固然不斷生起，但如對此明瞭，就不宜與之對抗，例如或謹小慎微以防沾染煩惱，或煩惱已起而逼著自己去「剿滅」，這執於兩端的「斷滅空」做法都無效，前者是防不勝防，後者則越剿越熾。有智慧的修行是順其自然而「觀」每一種煩惱的緣起，從哪生，至哪滅，從哪來，至哪去，每把握了一種因果，從其排解其因著手也就消除了其煩惱果，通過每一種煩惱的排解都增長了相應的智慧。所以說，煩惱可以作為轉化為菩提（覺知）的因緣。當然，佛陀也依根器不同，提示了其他獲解脫的法門。這裡且舉「參禪」法門中著名的僧俗對答為例，揭破其內含的「因」明：高僧總是先肯定問者所講「自性」之合理性──「是山是水」；然後又揚棄之──「不是山也不是水」，即否定「自性」，指出其暫時性與片面性，而不具普遍性（即有限），這就排除了絕對，杜絕了導向獨斷論的通路；再後又肯定「山還是山，水還是水」，體現出認知的深化與了悟，認知深化指這是事相的特質所在，是龍樹所說的「一」中之「異」，整體中的側面或局部，是相對……了悟既指其非常可貴，飽含著對痛苦、引發煩惱的原因反思，教訓的總結，也指學佛者各有不同的心得等。在此筆者應反省，舉此例詳加說明違背了對正在「參」的過程中「不揭破」原則，換言之，必須讓參者經過艱苦、甚至很痛苦的磨煉自修自證，才能珍惜了悟所得，才不易「退轉」。「善知識」就是觀察到其「心病」所在，也只能啟發，萬不可說破。否則即有所悟，也會因挑明而覺得平常、平淡無奇，不懂得應珍惜而感恩，不知平常心即道。幸而「成也蕭何，敗也蕭何」，成在自身特殊偏好者也多敗於此偏好，但凡從這一執迷中悟出了因果；且能舉一返三者，其體驗將極豐富，遠不限於所揭破。

　　然而，覺知不等於了悟，而菩提綜合了兩者。在事相中的修行要「觀」，在事相流逝後還可進一步反思。前者僅不至於重起同類煩惱，但排除不了前所未遇的煩惱生起。只有經過理性反思，觸類旁通，並能自在運用於解決前所未遇的問題，方可稱為了悟。菩薩就是自覺覺他者，因為自身已不起煩惱了，所以更須不離眾生，因為凡自身的體驗總有限，所以菩薩通過去善體他人的煩惱，了悟不同的因果聯繫，可以獲得更具普遍意義的「通」解。這一通解，套用漢傳佛教祖師常用的「理、事」範疇說，也就是從多種事相內部聯繫中所抽象出的「理」，也是前引星雲所說「了知一切諸法無我，本然

不生的空理」，菩薩將「真智安住於理」而運用，才能幫助更多眾生從煩惱束縛中得解脫。

四、依有明空，轉識成智

其實，把佛學宇宙觀與人生觀分別解讀也是對「空」義不得已的文字詮說，兩方面合起來也不是「一切」，「一切」還有更多側面。許多人以所謂「是非成敗轉頭空」之「空」，去否定世間任何價值更是誤解，而欲真實了悟「空義」非得「依有明空」不可。

筆者認為，科學的探索精神與「空」義暗合，但科學的思維方式與方法論與佛學不同，依科學認知的一切，相當於佛學的「分別識」之一翼。「分別識」之另一翼即人文知識，「分別識」就是分門別類的識——知識。所有依學科劃界的這種知識的分別，猶如「全景」的一個個「截圖」，年輕人對智慧手機所照的截圖很熟悉，截圖有清晰之長，有認知、證明等用，但非全景，也不能操作。全景的背後還有更大的全景，但要把握全景不得不從截圖開始，就個體要解決的特定問題或面臨的簡單應用而言，這一截圖也夠用了。但如要解決更大更複雜的問題，就需把握全景。所以，掌握分別識是不夠的，還需轉識成智。如果把分別識昇華成般若智，那就能把握很複雜的「一切」。「一切」不但包括每一個「相」的特質，還包括其間的相互聯繫與影響。個體的認知能力有限，其實也不需萬能，但必需紮實的通識作底，如有一、二門專長最好，而把其他專業知識儲存在「雲端」或圖書館或在專家腦中，需時才取出或諮詢運用。正如煩惱在「空」義導引下在修行中可化為菩提，學到的知識在分析面臨的大勢、解決具體問題的運用中可轉為智慧。大智慧者與常人的不同在於面臨大、小問題時，他知道所需相對應的知識儲存在何處，其各面向各有何侷限，能夠經思考而恰當地運用；而般若智就是在「空」義導引下，具有超越性的中道智慧。科學知識及其抽象科技哲學都有清晰之長，都依「有」作為前提。佛學不但不否認，而且高度肯定這些「世諦」，「空」即「真諦」，它依賴於「有」才能明瞭。凡「有」必同時有限定的適用界限，佛學也認可各學科間的界限，諸法法界實存，其間各自界限不妨分明。〔註15〕

〔註15〕就簡要而不完整的解說而言，法是色中因有序流轉顯其特質的事相，界指各類事相既區別又聯繫。法又分為無為法（各部派與大乘詮解不同，大致為斷除我、法兩執之後所顯，以其所繫諸緣而異）與有為（造作）法（人認知了色中含有的法則，因而能利用之並對萬象施加影響），統括無為、有為的諸法即法界。

然而界與界之間，也往往存在已有認知尚模糊的「灰色地帶」，「灰色地帶」還構成了其此界與彼界間的聯繫。故而諸法間的界限並非絕對不可逾越，且隨著認知深化，各狀態間的界限可轉化。以水為例，其物理界限之可轉化性特別明顯，水是水、水蒸氣是水蒸氣，界限分明。但在給予熱能的因緣作用下，水的液態就轉化為氣態。就保持水的穩定狀態為人類造福而言，與其追問水的本質，不如去探求使水力為人所掌控的因緣，就是使之維繫穩定的主因與條件。

佛學肯定相對而言的「萬象」各自的「特質」，但這一特質並不單純是從分析個別事相的「本質」中抽象出來，更重要的是也從各事相的綜合比較、聯繫中呈現。由特質而非由本質構成了該事相的存在，特質消散，該事相即泯沒。這就是黃懺華所詮釋的空之泯義。而「自性」則不同，佛學雖不否定其存在，即自性不是沒有，但從更大的範疇「諸法」去考察，「自性」也處在變化之中：不但從多維空間的任一維看，同一事相的自性不一樣；從立體的任一層面看，其自性也不同。從時間軸看，不但構成自性的主因剎那間在變（如電子圍繞原子核運轉，細胞的新陳代謝等），而且自性本身也隨因緣聚散存在著由形成（生）、穩定至敗壞、消散（滅）的變化過程。所以，佛學否定單純地力圖從事相內部抽象而出「本質」的固化思維。

自然現象的「自性」空，較簡明易解說，因為人對這類現象較易「客觀」看待，但看待世間即人類社會，因有主觀認知滲入客觀要素就顯得更複雜。哲學與人文社會學科都曾試圖從把握人性著手，而佛學認為，人性不是不存在，但古今人性都在變，非但人人個性不一，同一個體在平時與面臨災難時的人性表現也多截然不同；試圖從人類各群體（如種族、民族、階級等）內部抽取共有「本質」的主張，如提出種族主義、民族性、階級性等，[註16]反而更加劇了價值觀衝突，甚至擴展為人類自相殘殺。同時，社會學、法學、經濟學各自認知的人性都不一樣，歷史學、文學等人文學科的經驗概括中的人性也各各不同。因此人也「自性」空，正如前引星雲所言「宇宙萬象沒有固定性的自我、本體，一切現象只不過因緣和合而成。因緣條件不具

────────────────

〔註16〕種姓制正是將古印度人把此類對種族與階層的「本質」認知固化的典型，並構建了將此固化認知與不同種姓必須從事不同職業聯繫起來的社會制度使之成為「社會現實」，因而形成了社會牢籠。佛教因此本著空觀，早就指明了眾生平等「實相」。

備了，就消滅分散。」作為諸法之一的人類活動也同樣「自性」空，而依賴
著緣起。

以「有」明「空」，人的緣起即「有」可分為兩層，先從人體的物質層
面看，佛學認同現代科學所認知的人存在之物理基礎，即肉身與「萬象」一
樣，無疑由原子構成；佛學也認同人的存在之化學基礎，即肉身與「萬象」
一樣，無疑由化學元素構成；佛學認同人的存在之生物化學基礎，即肉身與
其他有機體一樣，主要由蛋白質構成；佛學認同人的存在之生物學基礎，即
肉身與眾生一樣，無疑主要由細胞構成；佛學認同人的存在也有其生物遺傳
學基礎，即肉身與個體素質的傳承與其他高級動物一樣依賴於基因；佛學認
同人的存在之神經科學基礎，即人的行為機制與實驗用的小鼠一樣，無疑由
神經元觸發。這些從不同學科出發的對人的研究，都說明人的一個側面，有
的還能對治療人的身、心疾病起很重要的作用。但是，能說人的本質歸結於
與上述學科相應的原子、化學元素、蛋白質、細胞、基因、神經元嗎？隨著
科學進步與對人體構造的認知深化，關於人的肉身之本質化思維該揚棄了，
同時有關人體的緣起解說也可以由古印度簡單的地、火、水、風「四大」，
轉為由原子、化學元素、蛋白質、細胞、基因、神經元這些最主要「因素」
代替。

次從人的精神（心）層面看，〔註17〕佛學將其因緣析為相互間有聯繫、
交互影響著的動態的綜合的「五蘊」、「八識」〔註18〕，其中色蘊為精神的觸
發蘊，也是物質轉化為精神的聯結處。如果擱置人性善惡的爭論，那麼，人
的精神亦非在其中某一要素的特性上固定不變，而只是在一定場景條件下，
該要素才能起著支配作用，各要素又各有其因緣。一般而言，人性的追究者
亦並非否定人性的複雜，而是試圖在眾因素中確定存在著某一起著支配作用
的「本質」。對此，雖然哲學家們各自說法不一，有的說是「意識」，有的說是
「理性」，有的說是「直覺」，有的說是「意志」……可是當代人工智慧的發展
卻把這些「本質化」的每個認定全顛覆了。

人工智慧更具有比人類更強數倍、數百倍的邏輯「理性」推算能力。看來

〔註17〕在此，佛學承認人的身與心之間的相對「界別」，但追問肉身與靈魂之那一個
才構成人的本質，對大多數宗教很重要，對佛學之「空」而言則是無意義的
問題。

〔註18〕即色蘊、受蘊、想蘊、行蘊、識蘊，眼、耳、鼻、舌、身、意、末那、阿賴
耶識。

不久後，常見病治療、銀行等金融機構的統計、支付等簡單功能等等，都可用機器人代替人工作；由於人的情感好惡常常造成判決不公，所以大量常見案件似乎也可由人工智慧依據數據庫中的歐洲「大陸法」的「形式理性」條文，一面輸入「事實」，一面機器會自動打印出預判，法官只須作再審核就行，不須管得英美法與中國法都顧及的人情曲折，德國 19 世紀「概念法學派」法學家的夢已接近成為現實。總之，似乎「理性」不再為人所獨具，當然非人類的本質。

有人因此認為，人與 AI 機器人的差別只在人具有情感。但這種見解罔顧情感乃人與有情眾生所同具，非人之特質；況且，情感的興奮或沮喪也可由電極觸發人的某一神經元「製造」出來。有的人工智慧專家還認為自我意識亦非人的特徵，他們說：「通過目前的計算技術我們完全可以構造出一個自我模擬的自指機器（Self-referential Machine），它也具備兩套體系，一個負責執行算法，另一個則專門負責對自我進行模擬（描述），這種機器會表現得就『像』一個具有自我意識的系統，以至於我們可以用這樣的系統來定義所謂的『自我意識』。」可見「意識」也不再為人類所獨具，且不說除高級機器人外，靈長類動物也同樣有較弱的自我意識。他們還認為，甚至擁有「直覺」也不再是人的特徵。「諾貝爾經濟學獎得主司馬賀（Herbert Simon）說，從行為系統角度看，人很簡單，從記憶中抽取信息，信息帶來答案。直覺就是（基於回憶的經驗）辯識，一點不多，一點不少。」而 AI 機器人根據海量數據庫的記憶與統計以及隨之作出直覺推斷的能力比人強得多。〔註 19〕人工智慧的音樂作曲也證明機器人經多聽、反覆聽之後，能擁有「基於回憶的經驗辯識」。人工智慧的圍棋機器人阿爾法狗的求勝意志也遠比不免受自身心理素質影響的圍棋高手強，簡直就是理想的「超人」。由此看來，以往被哲學家所認為構成人的本質、本性的理性、自我意識、直覺、意志等精神要素也一個接一個地被人工智慧推翻。

空義肯定從瞭解個性特質入手把握法則。那麼，人之為人，其所以為人而區別於其他眾生，區別於人工智慧之特質是什麼？可以說，人通過綜合比較，識別某事相或某類事相區別於其他事相的認知能力特強，同時唯人，才具有把這種分別識（在古印度表現為前述「四明」）轉化為因反思而來的

〔註 19〕集智俱樂部（Swarm Agents Club）：《意識機器？──AI 視野（六）》，swarma. blog.caixin.com 2018-03-03，10：29。

具有超越性的「內明」智慧的能力。人的特質尤其必須通過與人類最相近的有情眾生比較才能獲知。〔註20〕而 AI 機器人雖能運用人工輸入的某一方面分別識及其內含的一貫邏輯理性，且比人類更強，但其擁有的所謂理性也至此為限。儘管 AI 機器人存在許多潛能，但單臺機器人不會反思，因此不可能否定其「自我意識」，否則必致系統崩潰；更不可能無「我執」，在此「執」指執有、固執、逞能，AI 正因執有強大的線性邏輯計算能力才足以傲視人腦。這點與足以傲視人之鷹的飛翔能力發展是同向的，〔註21〕鷹若無此能力，必不能保存自身種群，AI 若不執「算法」，其智慧也就廢了。

因此，AI 機器人的邏輯理性再強也有限，人的不斷追求超越之理性才是無限的，這點才構成人的特質。〔註22〕不錯，AI 機器人也有自動糾錯功能，但這還是由人已先設置好程序。換言之，其能力皆由人賦予。就目前這代 AI 機器人而言，非但其推理係徑直向前，與人能轉身反思的向度迥異，且其單維線性邏輯與人的思考之交互多維度完全不同，而關鍵仍在於人的超越性〔註23〕特質幾乎不可能全面賦能予 AI 機器人。

如依「本質化」思路進而追問，AI 機器人的本性是什麼？是機器嗎？但它又逐漸具備了很多以往唯人才有的能力。那麼它是人嗎？顯然錯。它是智慧的化身嗎？當下尚有智無慧，未來難以估量，所以它也「自性」空。

〔註20〕就空義導引而論，人性善惡還含與本文已討論的煩惱化菩提、轉識成智緊密相連的轉染成淨問題，本文對憑藉智慧（包含跨學科研究）使人工智慧為人類造福作了初步探討，對轉染成淨，以向善的價值觀引導科學技術為人類眾生造福見本書第9篇，關於人的特質何在？可參見本書第5篇。

〔註21〕這裡捨棄了佛學以生命存在為特質而區分的「器界」與眾生之不同，而僅作能力比較。

〔註22〕見本書首篇第2頁及注1、注4（其中指出了海德格爾、雅思貝爾斯等哲學家也把超越性視為人之特質所在）。當然，人的理性亦具侷限，這雖與 AI 機器人的侷限不同，但也不可誇大其能力。在科學思維中，理性固然起支配作用，但在精神生活中則未必，隨場合、時段不同，非理性的各因素同樣會支配人，這是非理性哲學的提出依據之一。更不用說個體的心性各不同且變化著，因而人的理性仍不外「自性」空。

〔註23〕關於反思，佛學有時也稱為「反省」、「轉念」去想，而在不同場合有不同表述。關於佛學特有的「超越性」及其與西方哲學、宗教中「超越」概念的差異，參見本書第6篇，還有本文涉及的「理性」、「意志」、「自我意識」等諸如其類概念也同樣，各派哲學都有不同定義。由於個體認知不免受意向性引導，要達成學術界共識極其困難。「空」的思維方向就是不糾纏於「名相」，臨境反而不難意會，即所謂得魚忘筌，得意忘象，面臨著人類的共同問題，才能加深對各自主旨的相互理解。

當然，人特有的追求超越之理性包括著推理（推求法則）所需的邏輯理性，但並不被 AI 機器人也同樣有的邏輯理性所限——人不但能推理，更重要的是由追求超越出發，並從失誤、災難中反思、覺悟，再超越以至無窮……絕大多數科學發現都是從反覆實驗，反覆自我糾錯中獲得的。許多動物上天入海等等能力曾經遠比人強，但正因構成人特徵的追求超越（包含由否定自我而超越自我）之理性及其驅動因緣，人能在這些能力上超越動物，AI 機器人也由人不斷地追求超越而發明。筆者相信，就系列而言，AI 機器人之性能也能由 G1-Gn 地一代一代不斷超越，但這也出自其所以能被創造出來的主要因緣，就是其設計者即人能夠不斷反思比較總結。與在哲學界「本體論」逐漸被淡化同樣，對「本質」「本性」的推究也不妨淡化，胡塞爾（1859～1938）創立「現象學」、薩特（1905～1980）提出「存在先於本質」之意向也不外乎此；而人之所以為人的特質所在已被越來越多的哲學家、思想家關注，當代偉大的物理學家霍金（1942～2018）也加入了這一行列，他說：「什麼是讓人類獨一無二的質量？在我看來，超越極限是我們獨有的質量。」〔註 24〕

現代物理學、化學、生物化學、生物學、生物遺傳學、精神科學乃至人工智慧等等的進展都很偉大，然而從「一切」看，它們依然只是一個截圖。學術研究的維度、向度、層面，特別是主觀的視角，都乃截圖，瞭解全景不得不從截圖始。但光看截圖仍不知截圖間的相互聯繫、影響，其實「緣」就是相互聯繫、影響。任何截圖僅能描述整體的一部分，「本質化」思維之所以錯，就在於片面地把局部的確定性推展為整體〔註 25〕，其意在「發明」以不變應萬變的「原理」，不能不說是以偏概全，所以才形成了對人類認知的誤導。相反，依有明空則絕不輕視各個事相之特質，而恰是從其流變中了知其法則，以此明其「自性」空。空義在此場合，是超乎於確定性、不確定性之上的應變思維，不是某種不變的基本原理。了悟空義才能恰當對待不可避免來臨的變化，並預防不測，因而能幫助人減少犯錯，以及釀成災難的機率。

「空」義也不是很難領悟，通過深入任一截圖，舉一反三皆可有所得。

〔註24〕〔英〕霍金：《讓人工智慧造福人類及其賴以生存的家園》，GMIC 北京 2017
　　　　大會主題演講，zhishifenzi.blog.caixin.com 2017-05-10，17：05
〔註25〕佛學用諸法概括依據「有」思維中的整體，而諸法皆「自性」空。

人工智慧是人類迄今為止最偉大的創造，但如缺乏在西方也不乏的中道智慧把控，也有可能造成毀滅人類的災難。因此霍金認為：應該把「研究重點從提升人工智慧的能力轉移到最大化人工智慧的社會效益上面。但我們的人工智慧系統的原則依然需要按照我們的意志工作。跨學科研究可能是一條可能的前進道路：從經濟、法律、哲學延伸至計算機安全、形式化方法，當然還有人工智慧本身的各個分支。」〔註26〕跨學科研究，實質上也以「空」為先導，即以打破各分別識構成的學科界限為先導。「空」包含著未來無限的可能，了悟空義可啟迪人們對宇宙與人的精神世界無窮的探索。

原載《2018 星雲大師人間佛教理論與實踐研究》，高雄：佛光文化事業有限公司，2019。

〔註26〕〔英〕霍金：《讓人工智慧造福人類及其賴以生存的家園》。

以清淨智慧促進文明交流互鑒

一、清淨智慧不受「兩障」束縛，乃得以趨向高遠圓成

太虛認為大智慧就是「具斷二障（之）淨智」，所謂「二障」，便是「我執」（煩惱障）、「法執」（所知障）——兩大束縛本有智慧的障礙。他說「清淨智慧」即由「二障俱斷所成」。〔註1〕星雲指出：須「明白我、法俱空，卻不滯於空」。進而他說：「我執四相是墜入『我見』，法執四相是墜入『有見』，空執四相又不免又執取有個『空』可得。」〔註2〕因此，「具斷二障」，為清淨智慧打開了趨向高遠廣大的圓成通道。

然而何謂「淨」？宗教都講究潔淨，但各宗教所講的潔淨意向不同。

在穆斯林中，潔淨既指衛生習慣也指宗教禁忌，穆斯林不但把清潔視為信仰的一部分，且將這些衛生要求賦予宗教意義，並同人們的日常生活融為一體，而觸犯禁忌的「不潔」比不衛生更嚴重。基督徒的「潔淨」主要有兩類，就是內在的潔淨和外在的潔淨。其內在表現為心靈、思想和意念的「不潔」，如崇拜偶像是污穢自己的身體、仇恨、嫉妒、驕傲等等。其外在表現為皮膚與疾病、偷竊、淫亂、同性戀等等。而且「不潔」屬於「罪」，需要通過信仰洗滌。基督徒認為耶穌的寶血象徵著最潔淨，水則象徵著內心的聖靈，如「洗禮」意味著由外在的水洗，使人內在起變化。而佛教以染、淨相對，

〔註1〕太虛：《真現實論・宗體論》，《太虛大師全書》第 39 冊第 114 頁，臺北：善導寺，1980。

〔註2〕星云：《金剛經講話》第 88 頁，臺北：佛光文化有限公司，1998 年。其中，「四相」指常人心中多不自覺地滯於我、人、眾生、壽者四種現象間的執見，有悖眾生平等。「空執」即虛無的「斷滅空」。

染並不一定意味「惡」，更不構成「罪」，無寧說，染更像是影響作出公允或客觀判斷的任何「先入為主」的思維障礙，集中地體現為「我執」、「法執」。染雖因內在不覺的無明而起，其主體卻為外在之影響。染大體可分為習染、薰染、雜染三大類。

首為習染，習染又包括習俗、習慣與學習之染。分別說來，習俗之染多為耳濡目染，個體生活在群體之中，群體習俗對個體一生往往有最大影響，如不追隨，個體即被孤立。所以隨大流者眾，能喚起自覺，獨立思考者稀；而認定習俗不可變亦屬法執之一。習慣，不論良好與否，乃主體長期行為的固化，雖其形成還是不免受外界影響。所以，惡習之染宜早察，否則固化為我執、法執之結合，「轉化」就會很難。相反，有利於健康、生活、工作的良好習慣則為開慧之基。將習俗之染誤認為「真」，乃單純的人最大思維障礙。因此，必須閱歷擴大後，才能在認知社會真相基礎上鑒別善惡對錯。學習之染對個人成長有大助，但常人所學多為分別識（各學科知識），少年最善學，雖因尚難消化顯迷蒙，經練習運用與反思則可助其至成年時漸轉識成智。然而分別識也往往成法執所起之因。

次為薰染，近朱者赤，近墨者黑，可說明其作用。所以，父母薰染的影響最大，但因出生不能選擇而擇友求師尤顯重要。如常年薰習佛法，可幫助個體轉染為淨。

最後為雜染，包括惑染、業染、生染三類。〔註3〕惑即煩惱，惑染束縛智慧比較明顯，如僅眼前生計的煩惱就會迫使人不去考慮長遠，甚至明知故犯，貧苦纏身一輩子。其他如戀愛煩惱等也令人深感其愚蠢。業染中大部分為「無記業」，就是其善惡結果一時尚難分辨之業力。貪嗔癡造成的惡業影響也屬業染，當然善業也能助自身睜大慧眼，也就是打開以往不很瞭解的視角，擴大心胸。在幫別人想辦法時，更能激起自身智慧迸發。生染指老、病、死，簡言之即將老將死或在病中的恐懼。這種恐懼也是緊縛智慧的染。

由此可見形形色色之「染」中，唯雜染明顯存在著善惡，其中之惡業影響即為污染。而大部分「染」都只在不自覺中發生影響。

〔註3〕《大毗婆沙論》卷二十二，T27.110a。例如，雖然筆者十分推重科學，但科學只是認識宇宙與我們所在的世界的重要視角之一，科學智慧確能解答與解決很多問題，但若以為科技發展能解決陷眾生於困境的所有問題，那便是「科學萬能」的執見。

然而隨著知識、見聞的增長，污染也會擴大。唯識學認為，末那識是迷染的根本，阿賴耶識（藏識）依此而起。〔註4〕阿賴耶識蘊藏著的見分，即個體獨立見解乃開智所籍，依此才可能理解、品鑒別人的與眾多學說中的智慧，吸收其長，揚棄其短。但此時，乃個體成長、思想成熟過程中的第一階段，此見解大抵還觸境所感，攀外緣旁證，尚屬世智，非淨智。而此時的染，近似已感覺而未能內化的早年所學知識、所感情境等外在影響，即尚束縛著自覺的所緣。此染也會增成我執，如我見（唯我見識高明）、我慢（以我所擁有的東西包括知識才能等輕慢他人）、我癡（成為所崇拜偶像的狂熱粉絲等，若是其所崇拜的學說，即兼生法執）、我愛（自戀、偏愛等）。由此也可見，我執先於法執。

所以，佛法的「清淨」，包括身清淨、語清淨、意清淨，及三業清淨之果——命清淨。清淨源於寂淨，其核心是意清淨，指思維盡量不被客塵〔註5〕所染，得以突破執見、偏見的束縛，使原被捆著的智慧得以充分放開。只是染、淨乃相對而言。

二、轉染成淨

染淨相對，沿唯識學的「遍計所執性」，即能分辨自以為的以往所持善惡對錯觀念，原來不過乃「染」上之執，「識見」即個體獨立見解於是萌生，慧根乃起作用。在這一思想基礎之上方能擇善而從，吸取前人或他人智慧，達致「依他起性」。智慧漸漸積累，終達圓成境界，窺知「兩邊」之間的「實相」（就人生而言，了知世間之實，已極富智慧）「清淨」。此指智慧成長的過程而言。就究竟而言，「清淨」指不但「遍計所執」、「依他起」，而且「圓成實」的自「性」亦空，即依因緣而存。因緣條件消失，自性隨之而寂。

對唯識學的清淨說，由如來藏說吸取唯識（法相）學的法界圓覺（法性）學則以水為喻：濁水清水，波濕無殊。清濁雖即由緣，而濁本有；濁雖本有，而全體是清。〔註6〕也就是說，轉染為淨不是無中生有，而出於自性，其中末那識為濁之本，更深層的阿賴耶識之究竟為清。在此，空義解析不否認人

〔註4〕唯識學認為，眼、耳、鼻、舌、身（觸覺）、意（感性之綜合）構成的感覺是認知之根器，末那識則類似於心理學的自我意識。藏識則是慧根所在。
〔註5〕客塵，以塵為喻指代並非先天而是後天地進入主體意識的所有記憶顆粒，它們已沾染主體，但未必為主體所覺知。
〔註6〕釋湛然：《法華經玄義釋籤》卷十四，T33.919c。

各有個性，卻並不認為個性就好比一張簡單的易黏染顏色的白紙。相反，得自遺傳的個性多樣而自性空——易變。不但孩子的可塑性強，如果缺乏自覺自律，即使成人在驅使人作惡的環境下，也易因污染而墮落；如果在求菩提的意念驅動下，帶來染的眾緣同樣也可藉以排除開智的障礙——我執、法執，啟迪智慧，繼續向上，轉為全體是清。就究竟而言，他、我之別〔註7〕實為虛妄。所以從遍計所執、依他起乃至「圓成實」就是轉染為淨的過程，清淨智慧至究竟才圓成。

所謂「轉染成淨」，基於兩大理論前設，其一為由繼承早期佛教傳統而來的大乘空義：空指變化及揚棄，而非虛無——包括由佛陀首先揭示的較之肯定萬象變化有依軌運行之常（法則）更高而無限的「無常」以及否定存在著因緣聚散之外的「我」，由龍樹加以完善的超越有、無，生、滅等範疇的中道，由僧肇等萃取中華文化積極入世精神而豐富的「不真空」、「不遷」等義，圓熟清淨智慧立於這一理論演化基石之上。其二為人區別於其他眾生的特質在於擁有超越性的追求及潛能，人本身亦「自性」空，故能突破「兩障」，不斷向上超越。故可進而討論個體的這一潛能之運用，為便於理解，簡稱為「智慧」。

如習俗之染轉淨，就需瞭解其他民俗之長處與不足，不以自身所居在的民俗為當然、為最良而嗤笑其他民俗。如應依有利於健康、工作與生活，養成優良習慣，不沾壞習氣，有些戒律也為此而設。這是習慣的由染轉淨。再如學習之染，即便數學，也應去「我執」之縛，例如人們對數學運用中也存在盲點——其運用雖廣泛，但分配上若存你多我少的計算，數學也解決不了無盡人際糾紛。各門自然科學皆為觀察宇宙的多視角之一而已，不察此之有限即構成「法執」。反之，也並非不能把數學的高度展示——人工智慧作為幫助解決人際糾紛的工具使用，這是學習之染轉淨的例證。

薰染的轉淨也有標識，那就是在個體對父母、老師、親屬、好友等影響由不滿而更多地轉向感恩時，個性曾受師長壓抑者除外。至於以善消惡的業染及遠離污染，就不消多言了。因為這樣做至少帶來清明。

最後，惑染之轉為淨，即化煩惱為菩提，以及對老、病、死的恐懼之生染轉淨，即禪宗的了生脫死，都靠修行或修養。南傳佛教論師覺音在《清淨

〔註7〕在此，歐美存在主義哲學的「他者」概括與《金剛經》描述的我之外的別人、眾生、壽者之他也可謂暗合。佛學將他更擴為眾緣。

道論》中，也早就作了詳盡論述。太虛曾說：「由於心靈修養上所得的智識，很容易被看作一種宗教。如中國的儒教、道教，印度的瑜伽派、耆那派，以及西洋的一部分哲學家。他們都是特別注重心靈上的修養，把身心加以一番修練改造，與凡人便確有不同。這心靈上的修養，（對佛教而言）也就是禪定的工夫。……由這非通常人類所有的通智所知的境界，依以發生超妙的理論，是心學者的理智。」太虛還把這類「智識」作為與科學知識、由學術研究推理所獲的理論知識、受不同傳統影響形成的經驗知識並列的第四類知識。〔註8〕太虛對基督教與西方哲學等都有一定瞭解，如果把基督教神學中懺悔修道等內容也概括納入其中，第四類是否可歸屬於知識？這確實極富爭議性。因為西方哲學從啟蒙時代就開始與神學切割，人的「自我」完善已被劃入哲學的子學科倫理學，「超我」、「直覺」等概念範疇都已被放逐到心理學研究中去，或被劃入宗教哲學中去，心理學內部學科劃分也越來越多越細，其中也似乎只有人格心理學才肯定向上超越；更因為自然科學所要求的客觀性對人文社會學科的影響，人類學、社會學也不以這類認知為研究對象，而且這類現象純屬個體經驗，無法像科學那樣以重複實驗來驗證。是的，可以不承認這類主觀反思的「知識」成為其知識，因其並不「客觀」。然而修行、修養所獲乃是引導人們向上的智慧，即使「通智」〔註9〕也需要經磨練才能成就，則無人可以否定。就這方面的研究而言，儘管描述不同，難道修行所獲智識與醫學、生物學、生理學乃至生命科學等各學科不都是因為環繞同一現實、同一對象去觀察理解的角度不同嗎？筆者肯定學者各自專注於本學科的努力，初學者更有以一科目入門的必要。然而，不當劃地為牢，人為設置某一學科與其他學科聯繫的研究「禁忌」，如果劃定禁區，那不就是法執嗎？太虛說這類智識「很容易被看作一種宗教」，也就是說它們其實並非為宗教所特有的現象，只是為「通智」所不易瞭解而已。為明瞭該問題，不得不涉及更複雜的知識與智慧的聯繫、區別，及通智與淨智的相互關係之討論，以期促進「文明互鑒」。

〔註8〕太虛：《真現實論‧宗體論》，《太虛大師全書》第39冊，頁113、114。太虛
　　　對知識的分類與亞里斯多德的體系近似，但排序不同，並增加了第四類，該
　　　類或略相當於蘇格拉底的「認識自己」之內省反觀知識，而與受西方商業與
　　　殖民需要影響發展起來的民俗學、宗教學以及受科學思維影響發展起來的人
　　　類學、社會學類知識迥異。
〔註9〕太虛所謂通智，與淨智相對而言，又被稱為「俗智」，但這又涉及把世俗與宗
　　　教的對立，且帶有宗教輕視世俗的傲慢，本文以較通用的世智取代，也適用
　　　太虛的解釋「非通常人類所有的境界」以資區分。

三、豐富靈動的智慧增長

知識與智慧的共同點在於都不脫離腦力勞動，在於它們同樣需要積累，也能夠積累，傳承。知識就是力量自然不容否定，然當知識以千篇一律的考試形式呈現時則討人厭，而智慧有生命，有溫度且靈動。智慧是發現與創造知識的不竭源泉，知識是智慧運用的珍貴結晶。知識經過內在的理解，經過反覆練習與運用能夠轉化為智慧，智慧乃個體「智能」（潛能、慧根）經學習領會知識或領悟前人慧見的呈現。其間的區別則表現為：1. 知識當下即可充分驗證，智慧則需歷史的驗證。2. 知識能被存錄，而個體智慧只存於記憶中，個體歿而智慧泯。3. 人類積累的共享知識雖也在不斷增長，但相對而言的具有確定性的知識是靜態的，個體智慧則為動態的，還往往被遮蔽而顯出愚蠢。〔註10〕4. 通常人類共享的知識是客觀的，智慧則是內在的、主觀的，佛學正是為盡可能擺脫主觀性帶來的偏差，所以才需強調清淨。5. 知識基於確定性，智慧則在把握確定性因素之外，還要盡量估計到尚不確定的因緣。

就個體而言，智慧是學習、理解、運用、發現（自然科學類）與創造（自然與眾生、社會、文化互動類）知識，辨析判斷，解決複雜問題的靈動的高級綜合能力的體現，其綜合性、高級性、靈動性超越於智力。智力能解決具體的「相」層面上問題，由於層次不高，通常稱之為聰明。智力與特定方面能力，例如數學計算等相聯繫；或與圍繞單一特定目標，例如獲勝、成功而調動的多種能力相聯繫，迄今為止的人工智慧（AI）所能做到的其實只代表著智力，它在由開發者決定的某方面或目標實現上比智慧更強，其綜合的靈動則遠遜於智慧，即能對複雜變化作出響應，也也基於人輸入的數據作出的機器反應，它的產生與不斷發展都體現著開發者的智慧，雖說更高級別的人工智慧也會自主學習。但只有智慧才能深入緣起，也能昇華至究竟。在這一意義上，太虛稱通智為較高層「境界」，淨智為更高層「境界」。

通智經被動的教學而獲，淨智則多靠啟發自覺。因為智慧又是儲備著的知識、經驗在靜觀或思考中被啟動，以便應用的狀態，其源頭在慧根，即藏識。人皆有慧根，然其慧根往往被我執、法執蒙蔽或束縛。平時所學所練而熟的知識、所閱歷的經驗積累也大都含蘊在藏識中，當面對問題、相互關係或

〔註10〕在此，著重於個體智慧討論。所謂古老的智慧，實指古人智慧的遺存、智慧的結晶而言。至於群體智慧，當然也存在，但涉及更複雜的問題，擬另文闡發。

追索因果線索、困境（對應點、線、面、全景）時，經思考才能激發出智慧。智慧的激發則是大腦在理性控制下由應急思維或凝焦思維或潛入思維呈現的活躍狀態。平和、衣食無憂等等往往導致慵懶，於是即使受過良好教育的人如無所事事，其藏識也會大部分時間處於待激狀態。久而久之會退化，所以佛法強調精進。由所學知識轉化而來的智慧亦無止境。〔註11〕但個體智慧無論考慮多周密，也難免有缺失；個體記憶能力會隨身體的成長而加強，也會隨機體的衰老而衰退。於是個體智慧的留存與流變成為古今難題。佛法因之而強調淨智的「無漏」、圓滿。個體已知總有限，而未知無限。所以，淨智並非不學而知，不慮而能，而恰是具有無盡超越可能性（即禪之「向上一著」）的排除任何偏見、執見的思維，繼而將思維成果運用於實踐並校正思維的狀態，並趨向於萬象之究竟。淨智高瞻遠矚，局部與近境為之見小。般若智即為究竟智、整體智，是淨智的不斷生發、增長的境界，無有底止。這也是淨智與世智的區別。

　　個體智慧的增益取向大致有三，：承繼光大（外）、修養反思（內）、實踐交流（旁）。當然，作區分只為能明瞭，在不同的個體腦海中，這三方面雖各有側重，但都難免交織。如對三方面各作二度分析，其緯度則為六。

　　承繼光大是個體擁有豐富智慧的首要取向，無論如何冥思苦想，個體能力總歸有限，也許當下自以為妙想，前人卻早已想到。所以才須承繼前人先輩；也許師長僅傳授一點點智慧，但接力者靠自己得摸索一輩子。只是個體智慧既隨著年齡與閱歷、思考深入的增長而增，晚年思維或更明白，但因記憶不復往常能調動，智慧也不得不隨衰老由昏而滅（涅槃）。〔註12〕單純的智慧承傳方式分為兩方面：直接與間接。直接就是面傳身教，它更易明白。面對場景，有時只要一個手勢，無需更多語言，所謂拈花微笑即指此。但承接者所依賴的如天資等緣份也更多，時機倏忽而逝。傳授者的智慧為逗機應對激發的整體，承接者其實大多只能繼承其一方面。佛陀與其十大弟子況且如此，余自不遑。間接承傳如通過記錄言語的經典學習等，自然途徑廣大、流傳恒久得多。可惜因理解詮釋問題，因翻譯問題，因法執問題，因場景不再等易致誤解岐出或歪打正著，傳承異變。這就有了部派佛教分裂及其遺存——

〔註11〕龍樹：《大智度論》卷四三：「般若者，一切諸智慧中最為第一，無上無比無　　　　等，更無勝者，窮盡到邊。」臺北：新文豐出版公司，2006。
〔註12〕涅槃，在此專指被喻為薪盡火傳的再生——淨智的可繼承性。

南傳上座部與北傳大乘佛教。因複雜而最難，然而最有效的承繼方式是依據可靠的經典，逐一追究傳授者在什麼場景下，對不同的提問者或致疑者為什麼這樣講而不那樣講，從而內在地從整體上理解了傳授者的思維方式、主要思路與思考點等，能夠據此創造性地響應已完全不同的時代與場景下的問題，這就是光大承傳方式。就淨智而言，遙接佛陀的典範就是龍樹，這一方式才能不拘泥於言語詞句，是真正的傳心，所以活躍於公元 150～250 年的龍樹才被譽為第二佛陀。

修養反思是第二取向。修行、修養方式極其多樣，苦行為其一，儘管在印度依然流行，在其他地域也有其推崇者，但這一方式僅在對治貪——即利令智昏這一束縛智慧的欲望上有效。而在增益智慧方面，各主要修行修養方式的共同點在於通過反覆訓練，屏除雜念，使思維專注而不至於被打斷，至於靠致疑（禪定）或致信（其他法門、宗教或學說），則隨個性之所近。經過常年這樣的思維鍛練者，其因思維專注而獲致的智慧自然與常人不同。而為達智慧增長的目的，在各種方式中，結合著反省反思的步驟都必不可少。就反思增長世智而言，吃一塹，長一智已被說濫了；從失敗中比成功學到的更多，很對，只是不夠警醒；而只要誠懇檢討一點不足，所獲智慧卻往往不可估量。可惜常人多不願放棄我執。就常人多執的自我而言，其實也只要以今日之我的智慧反思若干年前愚鈍的我所錯失的善緣、勝緣，以及在場景牽制下，錯估了什麼在當時對自己最重要及其導致的嚴重後果，就足以有憑智慧指引的開始。可惜因忙因遷延，真能這樣去做的人也不多。何況就人生而言，反思常因痛苦而不易，吸取教訓改弦換轍更難，往往不知不覺又走上了習染老路，依舊故我，所以改掉習氣的修行、修養才重要，「故我」也可以說就是我執之障。

四、以清淨智慧，促進文明互鑒

實踐與交流是增益智慧的第三取向，這一取向著重於個體智慧的啟發、激發。實踐既測量著智慧的成色，也是轉識成智的途徑。每個人在孩提時都是不同程度的井蛙，隨著邊學邊做的實踐，特別是交往、閱歷範圍的擴大，智慧才得以增長。相反，閉塞孤單使人變蠢。在交往中，如果弱者遇強者，其間的較勁憑腦力還是憑體力也很不一樣，如弱者的體力不支只能對強者認輸或挨欺負，可弱者若遇思想強者，則反增智慧。雖然在熟人圈子裏感覺舒適，

但與陌生人的交往比泡在熟人中更能獲新知。那怕在同一領域中的不同部門的人之間的交流，也會獲益非淺。至於智慧的啟迪，那更是不同的想法交往碰撞，更能擦出燦爛火花。當代社交媒體的集聚效應反而把小圈子的同一聲音放大，人多愛聽自己喜歡的聲音，可惜，那會使人變蠢。各種交流間的障礙，也主要是我執（煩惱障）、法執（所知障），特別是法執，因周圍同人同樣堅持，更為頑固。由此可見，智慧增長與烏合之眾的狂熱或愚蠢在在相反，與交往閱歷、與陌生人、與不同的想法之間則存在著親緣性，而天然地排斥我執、法執。

這些都說明清淨智慧增長與文化交流，文明共鑒具有異乎尋常的內在聯繫。

知識是中性的，駕馭知識則靠智慧。世智可以為善，也可以為惡。為惡的世智或許最強，因為既為惡又欲脫罪，就不得不窮極思慮。為善則坦蕩，無須多費心機。可如前所述，淨智卻不但最高且最大。其最大恰因淨智絕不允許為惡，否則不為其淨。其思慮不在個體也不在圈定的群體，而落實在為最廣大眾生之解脫道。但淨智並不離世智，正因廣泛吸取世智，故不但立足最大，且能成就最大。淨智之吸取世智，當然也離不開文化交流，文明互鑒。

不但如此，淨智的誕生就出於文明互鑒的推動。簡言之，佛教乃古印度雅利安文明與本土文明交涉的智慧結晶。眾所周知，古印度雅利安人的祭司即婆羅門階層曾經控制了當時的話語權，婆羅門也是當時唯一知識階層，《吠陀》、《奧義書》等典籍既是他們的智慧結晶，也由此留傳了有關古印度的知識。由於其他階層的人多為文盲，佛陀早年所學知識也來自這些典籍，在佛經中這也仍有體現。然而正如生活智慧不一定依賴於文字傳承一樣，古印度非雅利安文明及其智慧在其他階層中有更多存留，剎帝利階層之所以能維護其世俗統治地位與此分不開。剎帝利這一稱謂也表達了雅利安婆羅門對各城邦、部落的首領地位不得不加以承認，其中當然包括未被雅利安人完全征服的土著城邦、部落長老及其生活智慧。由於缺乏有文字的可靠記載，對此的研究非常不足，但隨著古印度考古的深入，這一研究終將加強。無論如何，自公元前八百年到前兩百年，在這約 600 年間，儘管生活在南印度的委得人文明，以及生活在北印度、中印度的達羅維荼人〔註 13〕諸文明曾被統治古印度的主流文化壓抑湮滅，但由於部分剎帝利加以支持，

〔註13〕釋聖嚴：《印度佛教史》第 4 頁，莆田：廣化寺，1987。

通過「沙門」思潮，〔註14〕對婆羅門及其主導的種姓制統治的不滿依然在全印度爆發。佛陀則領導著「沙門」思潮中最強勁的一支，佛陀既熟悉《吠陀》、《奧義書》，吸取了其中所含智慧，也承繼著釋迦族人的生活智慧，悲憫著各族民眾的苦難，更鑒於種姓制之弊，心中的清淨智慧從而誕生。清淨智慧乃獨特的觀察與思考角度，它覺悟到所有現象及反映著其運行有序的自然法則，以及更帶有時代性的社會法則背後，都不存在任何「自我」或造物主的主宰，一切緣起即存，緣滅隨之滅，無窮無盡。

淨智的擴散承傳也同樣獲益於文明互鑒的啟發。約自公元前二百年至公元三百年，在這 500 年間，犍陀羅地區又如同當代中東，是世界地理的十字路口，是全球文明和宗教文化的「交匯點」，〔註15〕印度與希臘文明、以及與中華、波斯諸文明都在此相遇，「菩薩觀念的興起，作為非常重要的佛教理念是在犍陀羅地區得到弘揚的。同時，還有救世主觀念的加入，包括佛經，很多早期的佛經是用佉盧文（犍陀羅當地語言）寫成的，之後才出現了梵語化的情況。」〔註16〕菩薩觀念雖鑒於阿羅漢智慧的不夠圓滿，但其成長為佛教界之共仰則確在古印度北部。馬鳴、法救等尊者都活動於此。至於救世主觀念之輸入無疑也在犍陀羅，其被部分佛教信眾接受則與阿育王去世後，古印度陷於空前動亂與普遍苦難分不開。總之，大乘佛法成為北傳佛教主流與法門多樣化都託庇於匯聚於犍陀羅地區的眾多文明與多民族的孕育。

文明交流互鑒催生了淨智及其增長，淨智歷來也在促進國際佛教交流，各文明和平交往方面發揮著力量，尤其是東南亞與東亞地區。近代以來，淨智更傳播歐美，直接間接啟發了部分歐美學者，促成了存在主義、現象學、詮釋學等哲學思潮的生成，在思想界形成一股具有國際共識的力量。

自「地理大發現」以來，因著各文明相交涉，致使文明交往之深度為以往所未有。然而，各文明間依然相互不瞭解，甚至存在很多誤解，致使「文明衝突」論一度甚囂塵上。2020 年 Covid-19 疫情大規模爆發迫使人類文明轉而面對共同的冠狀病毒之敵，但封鎖性的防疫措施也阻斷了國際交往，且有毀

〔註14〕沙門即出家人，其最初動機乃出於對婆羅門強加的世俗種性等級秩序的不滿，採取非暴力不合作策略。在當時條件下，唯出家才能泯沒個體原屬種性家庭、性別等對平等的解脫追求的限制。

〔註15〕邵學成、戴怡添：《犍陀羅考古新發現的壁畫：飛翔在絲綢之路上的天使影像》，https://www.thepaper.cn/newsDetail_forward_11081805，2021-02-04。

〔註16〕孫英剛、何平：《犍陀羅文明史》，北京：生活・讀書・新知三聯書店，2018。

第二次世界大戰以後漸次取得的國際交流成果於一旦之虞。雖說在線國際交往、交流未曾縮減，更有加強，但百聞不如一見，即使視頻傳播也代替不了面對面的信息把握，在線更不能代替互訪，更不用說代替對其他文明的深入考察。雖然在線強於沒有，但居家令下的宅家，更使個體退回了井蛙狀態。

以淨智為內心指引的佛法認為，這些防疫措施是必要的，也是理當遵守的。例如東亞民眾普遍自覺戴口罩，不但有效遏制了新冠病毒的擴散，更降低了通常冬春季普通流感的發病率。但「無明」仍為眾生苦因之首。不是嗎？若非此次教訓，人類對冠狀病毒其實知之甚少，因之無明。多國政要之自以為是與輕視疫情的嚴重性，更是貽誤了防疫時機，這些都證明了我執、法執對智慧的錮蔽。各文明都不乏超越性智慧（佛法稱為內明，世法稱為超越自我等等），然而唯清淨智慧增長才能從實質上撥除無明的遮蔽。隨著新冠疫苗接種普遍推廣，疫情終會消滅，就智慧增長而言，恢復國際通航，促進人員間的文明交流成為當務之急。疫情多次大爆發期間，各文明體都未停止自身演化，如果說以前相互尚不甚瞭解彼此長處與短處，經疫情及其引發的交通中斷，經濟蕭條，文化教育陷入虛擬，政治兩極分化加劇的連鎖反應衝擊之後，各國都忙於解決自身問題，各文明間的隔閡、誤解、猜疑又加深了，恢復、擴大國際交流更有必要。文明互鑒，歸根到底建立在彼此取長補短及借鑒歷史與現實的教訓基礎之上，以使解決眾生面臨的共同問題的智慧增長。當然，恢復國際交流、全面通航都必須在疫情得到控制的基礎上。

清淨智慧源於文明互鑒，其光大更離不開文明互鑒。至 20 世紀，率先在亞洲發端的清淨智慧，由於太虛、星雲法師及諸佛教長老大德、法師、上師的推動，已經開始在五大洲傳播，架起了溝通各文明的橋樑。展望未來，清淨智慧亦當以其獨特的遠見、和平、包容、共生理念推動各文明攜手面對尚未消散的疫情及其政治、經濟、文化後遺症；珍惜開放交流成果，推動國際交往盡快恢復正常，促進文明互鑒。

原載《第五屆世界佛教論壇「中美歐佛教分論壇」論文匯編》，莆田：中國佛教協會、中華宗教文化交流協會，21018-10，有較多修改。

讓善知識引導高科技
——基於佛學「空」義的思考

引言

　　當今科學技術之突飛猛進尤超以往，無論東、西方政府，無論左、右翼，都把推動高科技發展納入解救自身面臨困境的謀略。雖然左翼強調福利，要求公平分配；右翼強調經濟發展，把蛋糕做大；應當承認各有其合理性，但各方在盲目發展高科技方面並無分歧。萬一公然使用 20 世紀最大科技成就——核能的巨大破壞力毀滅全球的狂魔出現，人類智慧有準備了嗎？不管如何，有人把發展高科技作為強權政治的工具卻已明明白白，而且試圖把高科技手段如機器人的廣泛使用已經與將要造成低技能勞動者大量失業後果轉嫁到移民或發展中的各國身上——已有研究顯示，自動化和機器人導致的美國工作崗位流失數量是全球化導致的流失數量的三倍之多。誠然，發展高科技能夠帶來經濟增長，但未必帶來文明同樣的增長，把高科技作為強權工具的話，更大可能是帶來文明的衝突與倒退。

　　機器人包括其高級形態人工智慧都是人類的工具而已，無論其正面作用——減輕人的勞動量及不良環境下的操作難度，或者其負面作用——如今是擠佔人的勞動職位，將來還難以評估，都該由人來負責。雖然就人工智慧本身而言，兩者是一體的。因此，不論把盲目發展高科技當作萬應良藥，還是只見到由於人類價值鏈斷裂、失控〔註 1〕所導致的人工智慧應用方面的負面

〔註 1〕例如企業家從其商業利益考慮，為不至於在競爭中被淘汰，不得不廣泛使用機器人。政治家從政治利益考慮，似乎通過推動高科技從而推動經濟發

作用，現在就主張限制人工智慧發展，這兩者都是片面的。為糾正這些片面性，當務之急是從全球高度，釐清科技發展與人文價值的相互關係。這一任務具有極大挑戰性，筆者無疑力不勝任，但或許能拋磚引玉——期待基於佛學「空」義的思考能給人們帶來更多啟發。清華大學教授吳國盛近年重申：「在根本意義上，人文比科學更重要。」〔註2〕筆者對此認同，這點或可作為討論深入的共同平臺，就不至於雞對鴨講。因而本文之「善知識」概念，並非僅指佛學指導修行上的老師，而指更廣泛意義上，具有善巧運用科學知識之智慧的良善價值觀。

一、科技與人文重迭互動互補論

作為歷史學者，筆者認為在討論前，簡要回顧近代以來在東、西方都曾展開的多次相關討論，以及價值觀與科技發展曾有過的衝突不無益處，因為既沒有必要多次重複前人所知，更可將這一議題立足於前人經驗積纍之上。

早在 19 世紀之英國，曾有過科學與人文間的兩次辯論，當時阿諾德（M.Arnold）與赫胥黎（T H Huxley）之爭，主要就人文與科學的關係進行，而柯立芝（S.T.Coleridge）與邊沁（J Bentham）之辯，則涉及了吳教授批評的實用傾向、功利傾向。〔註3〕不難推斷，由於當時科技成就遠不如當代突出，兩場爭辯都是強調人文價值的學者佔了上風，推崇科學世界觀者只能勉強為之辯護。而在 20 世紀初的中國，形勢已倒了過來，當時在「科學與玄學」之爭中，提倡「科學人生觀」的主力為地質學家丁文江，反對者代表為張君勱、梁啟超。梁多年滯留日本，對日本當時全面引進的西方學說很瞭解，在清末對引介「新學」（即西學、包括科學）最為有功。張君勱先後留學日本、德國，獲柏林大學博士學位，深研柏格森哲學，極力提倡西方式「法治」。兩人思想與魏晉玄學毫無直接關聯，但由於胡適與丁文江的實證主義同調，因而支持丁，

展有利於爭取選民。科技人員或從專業開拓與發展考慮，或從技術開發及應用的獲利考慮等，都有各自的充分理由。然而這些各自的「價值」之間似已斷裂，但這些「鏈結」即相互影響無疑存在，可能負面居多。當代哲學家與人文學者應為全人類的長遠考慮，承當分析與重建正面鏈結重任，才能避免繼續失控。

〔註2〕吳國盛：《中國人對科學的三大誤解》，http://zizhongyun.blog.caixin.com/archives/181846，2018-6-6。

〔註3〕筆者贊同吳教授所批評的中國人過於講實用、過於功利的基本觀點，然其論據不無片面。

加上如吳教授所言，在中國實用主義一向為主導傾向，張、梁遂被視為「玄學鬼」，「科學人生觀」主張大勝。釋太虛也代表對西學有所瞭解的佛學界參與了這場討論，並批評了東、西方哲學、神學的「本體論」，與西方正在興起的存在主義──現象學思潮異曲同工。這場討論對他本人提倡的人生──人間佛教思想也頗有啟發。無獨有偶，首都師範大學陳嘉映教授在其力作《哲學・科學・常識》〔註4〕中，也著重介紹了西方自20世紀60年代以來的「人文文化與科學文化」之爭，大體上為，此前各大學中尚為人文學科佔優勢，「今天的局面已經完全顛倒過來了。電子學、生物學、理論物理學，這些學科在大學裏是最重要的學科，在社會上得到了廣泛的尊重。人文知識分子反過來叫苦了，你出去說你是教哲學的或者你是教現代文學的，人們心想，瞎混混的，沒什麼真才實學。」陳教授還指出，在西方提倡人文價值的建構主義者反而在回應科學主義挑戰時，不得不「曲為自辯」，這跟19世紀在英國的爭論確已異勢，確實值得人文學者反思。

吳教授在談到科學思維首先在古希臘誕生時指出：「科學是高度依賴於文化，沒有文化依賴，科學是不存在的。」他以古希臘人對自由的追求為其論據，也就是說，科學自其誕生起就沒有脫離文化價值觀引導激發（當然有鼓勵也必然有壓制）。〔註5〕陳教授則轉述了西方為人文價值辯護的建構主義者「強綱領」，「強綱領主張，科學並不是客觀真理，科學的身份和希臘神話、《聖經》、陰陽五行、幾內亞的傳說的身份相仿」。他轉述的就是哲學或宗教上的價值觀與「客觀」的知識之間的對立並行論，這一提法本身就有問題，而其中的對立，主要映射了西方思想兩大源頭即希臘文化崇智與希伯來文化反智的對立或曰張力，較得當的提法應是科技與人文、知識與價值間的既相對

〔註4〕陳嘉映：《哲學・科學・常識》，北京：中信出版社2017年再版，下引不再重複作注。

〔註5〕吳國盛說：「動物的胎兒生下來，很快就擁有了成體所擁有的幾乎所有秉性和能力。人類在生物學意義上，有先天的不足，也就是本能的缺失！」這是現代生物學的研究結論，但筆者認為吳先生的引用有以今律古之嫌，也就是並非本能的缺失，而是本能的退化，即不用的器官退化，或除了大腦以外不像動物那樣依賴特定器官的能力退化，這是文明增長的結果，就是文化因素影響強化也伴隨著人與眾生共有的本能因素退化，類人猿與原始人的這類本能比現代人強得多。他又說：「希臘人給出了一個完整的回答，就是通過科學獲得自由。」（《中國人對科學的三大誤解》）筆者認為完整不完整不必苛求，但自由係古希臘人的核心價值可以認同。

又重迭的互動互補論。重迭指兩者間不是並行的，而是時不時交叉，並相互滲透著。互動既有價值觀對科技的影響，也有科技高度發展對原有價值觀念的突破與挑戰。互補意為上述人文學者在爭論中由占優到「落敗」，正說明人類亟需精神文明的向上提升與引導，以彌補科技本身的工具性、盲目性。就價值觀對科技的影響而言，也既有正面的，表現為開放向上多元包容的價值觀激發科學誕生發展，因為它賦於人最廣大的自由，也能引導運用知識為人類眾生造福；當然不免有負面的，表現為封閉自足，強求思想統一的價值觀曾經束縛自由，阻礙科學發展。另外，正如吳教授所批評，科學與技術混同論是有偏頗的，但如果割裂科學與技術，基礎理論及其應用之間的緊密聯繫，同樣也存在偏頗。

在軸心時代，儘管各文明區域各文化傳統不同，但都出現了文化多元，開放繁榮局面，這就為科學在各區域萌芽創造了條件，它賦於人以空前的自由，是科學誕生發展的充分必要條件，而經先賢總結得當的知識分類系統存在則是其必要條件之一。筆者反對對立並行論，但也不贊成例如陰陽五行說對古代科學思維毫無貢獻的見解。科學之所以在古希臘率先誕生，只是雅典一批知識分子已「自覺」意識到自由的核心價值，並將之納入了主流價值觀，輔之以由亞里斯多德總結的知識分類系統，於是由個體分散的探求所得的科學知識方得以積累、匯聚，終於聚沙成塔，綻放出照亮愚昧的萬丈光芒。而在當時，古華夏人以早期陰陽五行說（政治比附是後來的事）與古印度人以「四大（地風水火）說」致思自然的層次未必就比古希臘人泰勒斯的「水」低。至於柏拉圖對數學特別是幾何的抽想思維的推崇及其先驗論——知識乃「回憶說」，〔註6〕早就在西方哲學史上聚訟紛紜，對之讚美的既有擅長科技史的吳教授等素為筆者尊重的學者，也有走向與科學相反之神秘主義者，

〔註6〕吳國盛：「希臘科學的第二大特徵：它是一種內在性科學，一種自我推演、自我演繹的科學，它是論證的，證明的。」「無用的知識，是通過推理和演繹得來的。所以希臘的知識是一種關於永恆不變的真理推演的知識。」「希臘的科學始終強調，知識是為自己所擁有，是人內在固有的。學習不過就是把內在固有的東西回憶起來而已。」（《中國人對科學的三大誤解》）。這些論述都大有問題，但筆者深悉如今中國學生中普遍的不問為什麼，只問有什麼用的實用主義傾向，因此肯定吳先生之宏論矯枉過正的必要。至於科學為什麼未能在古代中國興起的問題，還是李約瑟的回答更中肯，即科學思維「受到積極的抑制，以免它們干擾國家的統一管理。」（《李約瑟文集》，瀋陽：遼寧科技出版社1986年，頁279。）

即所謂柏拉圖主義者。如果數學及「內在演繹推理」真象吳教授所強調的在科學初始時已成其第二大特徵（他認為希臘科學的第一特徵是「無用」，即非功利性），那麼現有人工智慧的數理能力已比人類強大數萬倍，人類在未來科學發展中豈非將成廢物？當然筆者並無否定數學作為科學的基礎學科之意。

然而軸心時代也是各主要文明區域「舊秩序」「敗壞」時代，原有各共同體價值觀崩潰的時代，因此獨立知識分子（士）才能成批湧現（這也是科學發展的必要條件之一），能夠追求吳教授讚揚的「無用的知識」。那時在中國則是「禮崩樂壞」，孟子為之強調義利之辯，又稱「無恆產而有恒心者，惟士為能」，〔註7〕表明在這一時代，相對獨立的知識追求在華夏還能不被實利綁架。儒家之義雖同樣具有反功利性，但僅為百家之一。至中古時代，儒家居於主流，進而追求思想一統，才抑制了科學發展。而且在中國，秦代的法家一統，漢代文、景之治以道家為主的黃老刑名之學的一統，都同樣抑制了科學。西方中世紀企圖控制思想靈魂的天主教神學也抑制了科學，還恰恰也反功利。在印度，則不論是婆羅門教思想統制或伊斯蘭教的一度席捲及控制思想都抑制了科學。至近現代，邊沁的功利主義價值觀既受到科學發展的影響，也轉而推動了科學發現與技術應用。反之，納粹與前蘇聯極權主義價值觀在束縛科學發展的同時，也極力推動國家主義所需要的技術應用，這與其控制獨立思想，但煽動反智的民粹（蘇維埃即工農兵代表大會之音譯），並利用民粹粉飾其暴政之間，是否存在必然的關聯？

根據這些史實已可確定，功利與否跟科學發展並無直接關聯，而任何不容異己、異端、異見的價值觀都既束縛自由，也阻礙科學發展。「真理只有一條」的線性邏輯也同樣束縛自由，阻礙科學發展。

二、好奇心、求知欲與科學精神

那麼，吳教授推崇的人類以科學自身發展為目標的追求動力從那裡來？依據簡化了的《思維簡史》作者美國理論物理學家蒙洛迪諾的見解，主要是人的好奇心與求知欲。既然好奇心、求知欲那麼重要，是否需要價值觀節制呢？當然肯定，例如個體第一次喝酒、吸毒，多半與好奇有關，在以後遇困境時如不以「學壞樣」的批評加以節制，就轉為酗酒與毒癮，以致再「醒悟」時已積習難返。又如人的喜新厭舊也來自這一本能，科技創新也受其推動，

─────────

〔註7〕《孟子‧梁惠王上》，《四書集注》，巴蜀書社1985年影印清怡府藏版，頁15。

但在處理兩性關係上就需要價值觀對此制約。然而好奇心為不少有情眾生共有，特別是哺乳類動物的幼年特別明顯。因而好奇心、求知欲必須得到人的特質所在之超越性的引導，才有科學。因此蒙洛迪諾也對追求超越有所肯定。其好友、《時間簡史》的合作者、科學家霍金更是高度肯定人的超越性在科學發展中的作用，他說。因而可以說，求知欲，特別是人的追求超越特質是推動科學發展的基本動因。〔註8〕說「基本」，是因為如果進而把由反思推動超越向上（科學史上亦不乏其例，當然霍金對「反思」與「超越」的解釋與「空」義有所不同），以及想像力、理性的歸納與演繹能力等也納入其中，特別是超越性，因為它也是創造力的源泉，那才較完整。

　　吳教授還提出：如非得簡要概括的話，那麼「所謂科學的精神就是自由的精神」，如果自由意味著束縛的解脫，包括被自然力束縛的解脫，這就與「空慧」的解脫追求高度一致了。充分的最廣泛的自由，包括犯錯的自由，是科學探索的前提。在這方面，從事科學探索的智慧與「空慧」存在著多重重迭、交集，包括：1. 空義意味著揚棄，即以否定為確定開拓空間，猶如指月非月。同樣，重大科學理論都以反思、揚棄舊的科學範式為其突破口，如今的科學就是這個不斷發生的過程的結果。托馬斯‧庫恩在《科學革命的結構》（1962）作了詳論。龍樹之「八不」、禪宗的「遮詮」之義亦不外此「道」。在無限的不確定（無常）面前，人類已確定的真理性認識以否定形式表達更為確切，不會引起誤導，正如科學以「證偽」開拓「存真」的道路，尤其是在涉及了人的場合。例如可以說，當今芬蘭人是世界上不幸福程度最低的國民，因為依靠著高效的人文關懷和對人權的高度尊重。但不能說芬蘭人最幸福，那會招致自稱幸福者的反對，引起關於「幸福」定義永無結論的爭議。

　　2. 空就是變化、轉化，空義並不否認在少量場合，對立思維有其合理性，但既然一切都在變化中，那麼凡能夠確定的也大多是相對的，即有著時空限制的，最可靠的科學原理、定律也不例外。絕對並非不存在，但只有變化本身是絕對的，科學原理的絕對性也包含在人認識的不斷深化中，例如在相對論的更大範疇中，人們對以前被認為是體現出固定規律的牛頓力學之認知也獲得了深化，深化本身即為變化之一。就現象而言，萬象都是相對的，那麼也就意味著相對的雙方可以轉化。

〔註8〕〔英〕霍金：《讓人工智慧造福人類及其賴以生存的家園》，GMIC 北京 2017 大會主題演講，zhishifenzi.blog.caixin.com 2017 年 05 月 10 日 17：05。

3. 空義如實坦認，變化無始終無窮盡，時空無限，探索無限——人對宇宙與自身的認知都無窮無盡，因此對根本性的真理認識亦無開端，無終極。但因認知主體——個體生命有限，設置時空限定很有必要，在人為劃定的範圍內，是有開端，有結局的，但在時間上，每一開端正是前一過程的結束，每一結局又是後一過程的開始；在空間上，相關領域其實也對該領域有影響，這就是所謂外部影響。這些就是佛學的因果鏈結。這些鏈結伸向無限，未來多樣化的可能性也就無限，科學探求的潛力同樣無限。另外，科學指向的目標與空義的指向都是擺脫盲目性的束縛。

空慧與從事科學探索的內在智慧有著同一趨向，但空慧從更廣大的確切地說是無限廣闊的時空考察，所以對科學研究得出的如定理、定律一類的結論評估則始終持著有限的保留態度，這不僅指其覆蓋面有限，同時也指人的認知有待深化，例如「萬有定律」的發現確是力學的重大進展，但這其實並不能覆蓋「萬有」，而很易陷入執一律萬、固步自封正是人類的弱點。

儘管佛學崇智，[註9] 然其價值觀也必須建立在可靠的知識基礎之上。現代科學對人類價值觀的變化有著巨大影響，不但表現於科技之輝煌成就，更在於其「客觀」之研究結論的可信。然而，佛學的整體思維之重心在於價值觀，而且其依據堅實，即生命脆弱、生態脆弱，這是無論未來科學技術擁有如何強大的力量也無法改變的。價值觀指向善及美，認知指向真，兩者向度並不一致，其間的悖論不但在於真相往往對人是殘酷的（自然運行中的包括各生物物種間的此長彼消則無所謂殘忍與否，即「天地以萬物為芻狗」），還在於認知成果即知識既然「客觀」，則既意味著其真理性不隨任何「自由意志」而變，也意味著任何有智慧的生命體（無論其是否存在於地球，無論善惡）都能利用，這就體現了科學知識的工具性與盲目性，知識的力量無論為福為禍皆巨大。佛學站在宇宙眾生一如的整體思維高度而努力把握中道，認為在具體性的問題上，如真與善發生衝突，善從真，否則難免失敗，助眾生得解脫的悲願也無從實現；在有關人類眾生存亡禍福的根本問題上，則真必須從善，否則導致核科學家奧本海默後悔莫極的悲劇必將重演。

〔註9〕其古代就推重「五明」，近代如釋太虛所論：「以生物情識，為世間常識，人類理智，即為超俗真智，科學等皆有之，且唯科學為其特色。故吾人轉識成智之進化，以科學為基礎。」《真現實論‧宗依論》，《太虛大師全書》第36冊，臺北：善導寺1980年，頁122。）

三、處理科學與人文關係方面的中道智慧

自古希臘以來，科學的研究對象一向重在外部世界，而佛學被稱為「內明」，主旨在人的內在超越。但事實上，柏拉圖的老師蘇格拉底早就提出了「認識自己」的命題，這不但指向認識個體內心世界，也指向了認識人類精神的內部問題。這一指向與自然科學旨在探求相對於人的外部世界不同，也與受自然科學影響形成的當代社會科學重在研究人的外部行為反應、甚至病態反應並不全然一致。儘管在西方視角看來，東方思想存在龜縮於人的內心之偏向，但在當代科技愈加高速發展，人文學科存在著如前文所回顧愈來愈被輕視，進展相對遲滯的趨勢下，東方思想的強項應獲更多重視。否則，這一趨勢將推至人的物質追求或近瘋狂，或偏於東亞式的「低欲望」，而人的精神向度不僅缺乏提升，而且已經在滑落中。

鑒於此，在處理科學與人文關係方面，應有「中道」智慧的分寸把握：

1. 在當代語境下，由於認識自己的步伐已經跟不上認識世界的步伐，西方也有必要更重視蘇格拉底以來的自身人文傳統，東方則應更向外開放。

2. 因為研究對象的不同，研究自然科學的有些思維方式不宜簡單搬用於人文學科，例如線性思維。

3. 科學探索無邊界，轉化為技術應用則當有邊界。其中最重要的邊界就在不能危害人類眾生。

4. 描述自然的客觀的話語系統不一定適用於人文價值領域。

最後這點事關吳教授之「根本意義」，很必要深入闡述。如前所述，納粹價值觀以其思想控制壓抑了科學發展，但恰恰在將某些科學理論轉化為技術應用，特別在軍事技術應用方面不遺餘力，因而為惡也特別深重。但此際把握好分寸並非易事。例如有學者依據康德哲學，特別是馬克斯·韋伯式的社會科學家的價值中立理論企圖在實然世界和應然世界之間劃出一條涇渭分明的分界線，指責《極權主義的起源》的作者阿倫特在處理納粹題材時的「情感主導」歷史方法論及其人文關懷。而阿倫特在答覆他時說，我們不能平靜地討論集中營，因為這意味著縱容邪惡，而理論家應該為此負責。〔註10〕的確，在此場合就事論事「客觀」的方法論就是縱容大惡。同樣，有學者對人間

〔註10〕駱斯航：《「採集歷史的珍珠」：漢納·阿倫特的歷史方法論》，來源：城與邦｜「城與邦（Polis2016）」是成員遍布世界各地的政治哲學寫作小組公號，澎湃新聞／2018-06-10，11：29。

佛教可貴實踐也往往吹毛求疵。殊不知當下做人難，做好人更難。而受自然科學研究影響而追求客觀的輿論對此非但不加鼓勵，還要「雞蛋裏面挑骨頭」。這的確等於縱容惡而壓抑善，人類就更難以向上。當然，就「諸神之爭」而言，韋伯告誡學者秉持中立沒錯；應警覺的倒是所謂「黃金法則」的另一面，即己之所欲也同樣不能施於人——不能把自己認為「好」的價值觀強加於人，否則必然束縛思想、束縛自由、束縛科學發展。

前引陳嘉映教授所述的科學認識的真理與《聖經》啟示的真理不在同一層面上，映像出西方源自希伯來傳統的價值觀與當代科學認知的衝突。其實佛陀在反思婆羅門教的種姓制度給印度人民帶來的苦難時，早就站到了較之固執梵天神本論、固執以有或無為本體的價值觀更為寬廣的視野之上。人文主義的儒學價值觀也並不依賴於神。自古人類思維大體如不是基於從確定、可靠的知識推理而來的「常」，就是基於從成敗經驗歸納而來的「常」，不同的人不同行為也無非遵從運用著這些已知，或被盲目的自身欲望推動，或由分散的較明確的目的推動（但整體上依舊相互衝突）。如果其行為與預期效果不一致，古往多被歸結為「神意」使然。事實上人的預期從來在多半破滅的同時，又伴之小概率的意外驚喜。這只能歸結為由自然與社會的不確定性所造成。儘管當代科技高度發達，但相對於未知無限而言的人類已知也總有限。既然人們有許多不知道，也就難以有較多的確定性。空義的無常即就此而言。

結語

雖說誰也保證不了科學技術知識能被人善用，但價值觀的向上追求與科學的不斷探索精神皆基於人特有的超越性。包容開放向上的價值觀能夠引導科技發展為人類造福，因為它賦於人最大限度的自由，推動科學發展，又能夠限制可能危害人類眾生生命的技術開發與應用。

歷史經驗表明：崇尚自由的價值觀確實與科學發展存在密切的聯繫，因為有充分的自由才能充分發揮而不是壓抑、限制人的求知欲、創造力、想像力。技術是科學的應用，但個體即使處於被奴役的狀態下，也不得不發揮自身一定技術應用的力量以生存下去，而往往無意識地無形中為虎作倀。由此看來，強權政治對高科技的利用有可能極大危害人類。雖然其最終仍難免陷於困境。

　　科技與人文價值之間的張力，其要可歸結為自由與秩序兩大價值間的張力。維護或重建秩序，難免會限制一些個體自由，壓抑科學創造。星雲法師提出自覺遵守戒律即最大自由，這是人間佛教理論的重要命題，也是空慧的體現，能夠化解自由與秩序間的張力。同樣，發展科學、教育，提高人的素質，乃較前現代更為文明的社會秩序之基石。相應，在因現代性發展遭受損失而對之不滿的人群中，更應加強科學與人文知識普及。

　　說到底，人間佛教其實就是已融入了現代性的佛教。人間佛教既高度肯定當代社會籍助高科技而成就的一切，盡量運用高科技作為弘法手段，也站在超越社會的高度，關注著現代性帶來的弊端，包括科技高速發展而人文價值的引導遠遠不夠等問題。

　　讓善知識引導高科技，也就是關注科學新進展，力求以中道智慧駕馭技術運用。如此，人文價值就有很大可能與科技發展形成良性互動。

　　原載《2018 人間佛教高峰論壇：社會思想》，高雄：佛光文化事業有限公司，2019。

命運論（上、下）

摘要：

　　《上篇》主要論證共業與群體命運的關聯，以及共業與別業之關係，闡明「惡必有惡報」。文中首依大乘佛學基本原理，以現代語言詮釋了人類所在的世界成因，即世界為人類眾生的共業所創造，論證了人類眾生及自然一如，乃整體上的命運共同體。次依空觀，簡要點明了所謂「命運」何指何來何往，指出命運並非不可改變，以澄清認為佛教是宿命論或虛無主義的誤解，強調行善止惡才能改變共同體或個體的命運趨向，解答了為何「好人不一定得好報」等疑難。再而，闡明了大乘佛法行善止惡，可依個體不同根器選擇的三條主要途徑：即「信增上」、「智增上」、「悲增上」，及其可操作性——方法論：「恒順眾生」，以欲導欲。最後指出，改善人類命運當以行大善——助人類眾生得解脫，止大惡——暴力殺戮為入手處。《下篇》則重在論證別業與個體命運的關聯，並把個體意、口、身「三業」與社會行為分析把人的行為區分成由本能、習俗習慣、情感、理智驅動的四大類緊密聯繫起來，旨在論證「善有善報」，及其與悲智雙修的密切關係。這一分析與業報緣起論相結合，充分揭示了其中除了悲心造善業、淨智成就善果之外，個人的日常行為之大部皆為果報難以確定的無記業，常人一生還至少失誤了一次人生轉捩窗口，難怪命運多舛。而運用智慧去改善個體命運，應在當下緊緊把握少年求學、青年求偶、中年成就事業、老年安祥捨離的窗口期，參與「三好」（存好心、說好話，做好事）的過程也就是站在了善人、善知識及貴人聚集的路口，這些窗口路口看似平平無奇，卻關乎命運轉折，最宜珍惜。命運的「吉」，正是「三好」的好，行為恰好，即中道智慧體現。「凶」，即「無記」難預知的災、病、禍等，其中由自然力造成之天災憑藉科學技術知識亦能消減，而要消減由人類眾生宿業造成的病、禍，且轉禍為福，只能靠悲智雙運，這就是好命所在。

關鍵詞：業報緣起論、共業與群體命運、別業與個體命運、三業、社會行為分析

創造人類眾生命運共同體
——業報緣起論的觀照

一、眾緣互動成世界

　　構成佛法基礎的緣起論認為，世界由眾緣互動而成。與因果律緊密聯繫著的業報論則認為，世界也由人類眾生共業所造。所以，我們所在的世界由生命體（眾生界）與無生命的物體（器界）相互作用產生，器界中的某些元素（碳、氮等）在特殊因緣下會轉化為有機質，有機質若遇適宜的自然條件則轉化為生命體，即眾生。因而眾生既非神的「被造物」，也非純自然的「被造物」。生命自誕生後，更以主動的力量（自力）造業，而人乃眾生之中最有智慧、最有主動性的一類。

　　與現代相比，人類在意識到自身與其他眾生的不同的幼年（即遠古）時，還更多地被自然力所束縛，所以那時人首要的意向之一便是從自然力束縛中得解脫，這就催生了認知自然（器界），催生了科學。這在早期佛教中則表現為「四大」（地火水風）緣生說，表現為外明，其中因明學、聲明學都是認知的工具。然而早期人類在利用自然力造福自身的同時，並未意識到毀壞宜於生命存在的自然條件也就是毀壞互成的共同體，而各種原始宗教對自然力的敬畏，都有或多或少往往不自覺地維護自然環境的積極功能，佛教主張的善業則包含著維護自然環境的自覺意識，例如保護山林。儘管在現代，人類控制利用自然力的能力已大增，但不可避免仍受自然力的束縛，如果因技術上濫用與資源開發與利用上的不節制等，仍會受其「報應」。這當然並非出於大自然的主宰，而或出於無意、急功近利等人為導致或誘發的與器界因素交叉

在一起的業果。雖然這也往往非人所能預料，但事後可明瞭其乃因果鏈上的必然，這一必然或因世界的無限與認知的無盡，暫且不能明瞭，但未來終能明瞭。人作為最有智慧的唯一有可能徹明因果的生命體，也因此比其他眾生對惡果應負更大責任。此乃用現代語言解釋的「報應」含義，因此，在排除人與眾生同樣可能造「無記業」（其善惡性質難以確定，因而屬不定業）的前提下，自然也屬於人類眾生命運共同體的組成部分，這已為科學已證明的主要由人類活動（活動即業）所造的氣候劇變，化肥農藥濫用，環境污染等惡業導致的魚、鳥、蟲類數量銳減，有的物種絕滅等業果所彰顯。

　　眾生之造業或出於無明、無意識，也出於個體「小我」及群體「大我」生存所需，於是各種類相爭相鬥，故其業果終難免受弱肉強食的「叢林法則」所支配，因而似乎「叢林法則」決定著它們的命運。不但弱小老病的眾生悲苦無依，強中也還有更強者。因為有情眾生或多或少能感受到這一無止境地相爭相鬥必至毀滅的「命運」，所以不但人類，有情眾生也要求解脫。這是佛教的大慈悲心、「無我」所由來。大慈悲所確立的「善」及與其對立之「惡」的依歸處，即利樂眾生，〔註1〕這也使佛教與其他宗教、哲學或以有利於凡同一信仰者、或以有利於「全體公民」、〔註2〕或以有利於「王道」、〔註3〕或有利於民〔註4〕等為最大的善等，顯現出差別。然而依緣起論，佛教否認這種種「大我」的實存，由此佛教顯現出其獨特的最大的包容性，包括在「不究竟」的意義上認可這種種以「大我」為依歸的「善」。這種種之善，可統稱為社會善。社會善不盡為人類社會所獨有，在眾生之中，例如蟻類、蜂類及所有依賴於群體行為（共業）維護生存的動物都靠它，而且都不自覺地以「大我」，例如以蟻王、蜂王為依歸。因而以「社會屬性」為人性根本的各種哲學指引皆為誤導，這是產生「烏托邦」的認知根源之一。殊不知工蟻、工蜂雖以犧牲小我為大我，而有其所謂「凝聚力」，對其他族類以及本類間為爭奪資源之鬥卻並不慈悲。這也不能怪罪它們，因為它們對此並無意識。故而以業報緣起論

〔註1〕在這一大善的前提下，眾多佛教經論中也有種種不同善業之定義，限於篇幅與「命運共同體」主題，在此不擬列舉。

〔註2〕古希臘亞里斯多德謂：「城邦整個利益以及全體公民的共同善業」，目的在於實現全邦人民的整體的幸福。（亞里斯多德：《政治學》，北京：商務印書館1965，頁153、138。）

〔註3〕〔西漢〕董仲舒謂：「善者，王教之化也。」（董仲舒：《春秋繁露‧實性》。）

〔註4〕〔戰國〕孟子謂：民「可欲之為善」。（孟子：《孟子‧盡心下》。）

觀照，人類與其他眾生的不同之一在於人能「明」善惡，從而有意識地造業而不再僅憑生命的本能造業；人分辨了種種以「大我」為依歸的「善」，才有不同於被野蠻的「叢林法則」統治的種種文明被創造出來，例如前現代的部落社會、城邦社會、種姓社會、封建社會、宗法社會乃至現代社會等。當然，佛教也認可有利於各種人類社會的善業乃大善。然而，與各種執著於「大我」之善業之形相伴的仍是惡業之影，人類仍免不了各部落之間、城邦之間、宗教之間、民族之間、國家之間、社會階層之間的相爭相殘相殺，這就是所謂「文明的衝突」。現代意義上造成數千萬個體傷亡的厄運，主要是人類中已有高度凝聚力、組織力的「共同體」（所謂列強）之間的相爭相鬥帶來的，例如兩次世界大戰，而且其發源地與中心戰場都在相對富裕地區，可見其性質與前現代的「小共同體」之間的戰爭不同，這既非因人利用自然的能力太弱（相反，自然力被利用來進行大規模的自相殘殺），更非因窮困而被迫的「生存鬥爭」（相反，窮困而缺乏凝聚力、組織力的殖民地、半殖民地民眾多被迫捲入）。換言之，即有納粹所謂「優秀種族」之「生存鬥爭」，那也出於超出基本生活需要之「貪欲」，即實為追求霸權。故而，人類需要在「明善惡」之上的更高的覺悟，需要創造後現代、後殖民時代的超越於國家、民族之上的人類眾生命運共同體。

　　不過，人的責任也有其限度，不能過度干預自然，也不宜將自己認定的善惡標準強加於其他眾生。因為其他眾生因無明或僅有很少智慧所造之業，多屬「無記業」，「無記業」也產生「苦果」，但其苦果自會由自然生態的因果鏈作出「報應」。例如狼群處於寒帶食物鏈頂端，為了保護草食動物之「善」沒必要去殺害狼。人因自身的善惡觀念去殘殺肉食動物的結果往往是草食動物繁殖過度，危害了草原森林植被，於是草食、肉食動物兩敗俱傷。總之，人的價值觀及其善惡判斷都是相對的，即便被經驗與邏輯證明正確，其正確性也僅有其範圍。如超出有限範圍，即「執」於絕對，其效果適得其反。所以，佛教也反對「法執」。或有人因此指責佛學為相對主義，並由相對主義滑入虛無主義。筆者認為，不成熟的觀察往往有依自身體驗，把原是從個性中抽象出來的普遍性本質化的傾向，這種傾向導致誤把普遍性看做實體，而不是存在的維度之一。淪為虛無的相對主義者拒絕普遍，佛學則用共相（共有現象）表述普遍，肯定普遍，但認為個體才是從學理上可概括共相的基本單元，而每個生命體都有其不可替代性，且個體層次與內涵極其豐富，以不同學科視角

分析個體不同層面（例如原子、分子、高分子、細胞以及更高層次結構），都可概括出個體與個體的相類而不同的共相，推導出不同的原理，這些都是世間法。佛法肯定共相及其原理，譬如象鼻、象牙等都是大象真實的一面，故不離世間法，但因能認知一如整體而超越於世間法。

這一最大的整體就是自然與人類眾生共同構成了相互連結的命運共同體，毀此即毀彼。改善人類命運，當從由此體認大善，防止大惡做起，「諸惡莫作，眾善奉行」。〔註5〕因為唯有人類眾生的行為具有主動性，唯人的行為具有創造性，而創造之源頭來自人的意念。意念即大乘唯識學所稱的「識」，真常唯心論所稱的「心」。〔註6〕所以說世界由人類眾生的共業創造。與共業相對的乃別業，即個體所造之業。共業由不定業、定業構成，其中不定業尤難把握，較易把握的是別業及其定業，所以改善人類眾生的命運當由別業止惡向善做起，漸趨共業向善。

二、業報緣起論的命運觀

業報緣起論不否定命運的存在。簡化地（所有的簡化論都是不周全的，但因篇幅與語言文字本身都有限，暫且這麼不完全地復述、描述覺者觀照）說，命即生命，「運」既指生命體的運轉，也指自然或社會對生命的多出於意外的反饋。眾生個體一生的趨向變化即其命運，其出生時的處境（包括自然環境、家庭、家族環境等）固然有影響，但隨著生命成長，其自身追求、欲求的善、惡走向，會起著越來越重要作用。同樣，人類的命運也主要取決於其所創造的世界之趨向變化。那麼，生壞住滅的方向何指？我們所在的世界（地球）的命運由人類已認知的自然演化（確定性）與尚未認知的因素（不確定性）共同決定。確實，幸運或厄運（正、負反饋）的降臨總是難以預知，但隨著科學發展，可能帶來厄運的自然力因素正在削弱，但社會因素卻在增強，這正說明了無論幸運或厄運，多由前人（眾生）的善業或惡業帶來。可以說，善業之福報帶來幸運、好運，惡業之禍報必致厄運。同樣，儘管科技已高度發達，但因宇宙無限而未知永遠大於已知，所以命運的不確定性總是遠超確定性。

〔註 5〕《增一阿含》第一、四十四。

〔註 6〕《華嚴經》：心具有創造力，「猶如工畫師」，「一切世界中，無法而不造」。東晉佛陀跋陀羅譯六十卷本，常熟刻經處光緒七年刻印，卷十一《夜摩天宮菩薩說偈品》，頁10。

例如以微生物學觀察，由於欲界的主動性與器界的被動性交互影響，由於微生物生住壞滅的「輪迴」週期極短暫，就可以觀察到病毒、細菌能很迅速地對抗生體（或抗生素）作出反應，演化出新的能力或種類，所以儘管醫學發達，難治的病仍然層出不窮，確定的命運只是既有生，必有滅。再如從經濟學看，雖然號稱已有以探索人的經濟生活行為規律為目標的經濟科學，但由於人在經濟行為方面更有創造性，因而與自然科學相比，經濟學的規律其實更難把握。常言人心難測，就是說意業難測，而身業取決於意業，創造性更來自意業。古典經濟學家們經過艱苦探索，自以為已明白了某些經濟規律，從而概括出理論，這些理論也曾其指導意義與作用。然由於人有創造性，以致經濟生活改變如此之快，古典經濟學的某些理論在現代已不適用。著名經濟學家熊彼特（Joseph Schumpeter）曾概括出五種經濟創新，即產品創新、工藝創新、市場創新、資源配置創新、組織創新，而「組織創新」也須有相應的制度創新才能穩固。這些在我們生活中已都可直接感受到。但創新不一定意味著「善」，〔註7〕他還同時還警告這有可能意味著「創造性毀滅」，〔註8〕而觀念創造乃種種創新之源，觀念創造應以「無漏」善念為指針，才能防止毀滅厄運。

當代人的厄運已不僅來自大規模的饑荒及流行性疾病，還來自人自身創造出的經濟危機與社會危機。由於人的創造性既加速了經濟生活的變化，也使之更加莫測。經濟學的對策雖能緩解經濟危機給人們帶來的厄運，但尚不能從根除經濟危機一再發生的原因，由於人為作用，其原因也越來越複雜多變。所以既然世界由人類眾生的共業創造，那麼如要人類眾生不再遭受厄運，也只有推動共業止惡向善。

那麼，人類眾生的命運是否有誰主宰著，由誰（哪些因素）主宰？可以說，在究竟的意義上，緣起論認為一切都由因緣構成，它不承認任何主宰，即無我、無他，只有無始以來交織著的因果鏈在綿延無盡。然而與其他宗教不同，**佛教之特質在於強調依自力**，不是嗎？知識的領會靠自己，這是由外明到內明的轉化；根本的覺悟（內明）更靠自己，沒有任何「他」可代替。

〔註7〕參見本書第9篇。筆者也肯定創新，只是強調創新須在良善價值觀引導下才能造就善業。

〔註8〕上善若水：《熊彼特的「創造性毀滅」》，http://blog.sina.com.cn/s/blog_4b7e586a0100eztu.html，2019-2-27。

正如要有一定的閱歷、磨練才能善於領會、運用知識，把所把握到的知識轉化為運用自如的智慧；覺悟也建立在自身修為基礎上，專修固好，在各項弘法利生事業中修為則更趨上乘，雖然對常人而言有點難；將修為理解成道家所謂「無為」乃錯解，雖然道家自然主義也有不可強為（應待時順緣）妄為的合理性，但籍此為由的懶惰與浪費資源恰為造惡業，相反，精進與惜福才是善業。因此，人類眾生的共同命運，主要取決於過去、當下「自造」業的性質而結未來之果。當然，就人類個體行為（即「自作業」）而論，往往招感「異熟果」，即相互嫌棄甚至敵對，至使怨怨相報，敵對雙方的命運都會由此改變。眾生行為則多依其本能，不大會招感「異熟」，屬「無記業」；與善、惡兩類因果命運相連結的「定業」相比之下，則屬「不定業」。例如江南俗諺「救了青蛙餓了蛇」，難以確定其為善為惡，因而「無記業」造成的命運也是不確定的，可以確定的僅一點，即樂少苦多，這由眾生不辨因果的「無明」行為所造成。而善業、惡業則與命運禍福緊密聯繫著，故稱「定業」。但佛法反對宿命論，認為向上向善的努力遲早能改變命運。淨業修持更強調那怕個體過去造惡多，只要當下能改惡從善，也有可能「立地成佛」。自然，不宜誤認「立地成佛」為當下轉運，因為儘管當下開始造善業，其善果卻既有當下覺悟帶來的心安，也有待未來才能有的福報。只要過去惡業所造禍果未消，那福報必定延遲。例如人為毀林造成之禍，往往需要幾代人去作造林的善業才能消除。何況業力並非一定就直接作用，其中也包含著諸因緣的交互影響力。因而，有權力、有聲望者更應善用其影響力，否則作惡之業力也更難消。在此強調一下，佛法肯認人類眾生行為的主動性，也並不否認外在偶然因素對命運也起著作用，此即善緣、惡緣，但佛法主張主動方應負主要責任，亦即常言之「自作業不可綰（通挽）」。人類眾生同屬於欲界，欲界苦命多是因為很多人的行為與眾生一樣不假思索，甚至不辨善惡，由其欲望本能驅動。正如華嚴經云：「一切眾生，不能思察，故不究竟色身。」〔註9〕

作為定業的善惡終有報，但有些人之所以抱怨好人沒好報，乃係自以為作了善業，實際上只是無記業，即不定業，例如對子女的溺愛似為善業，實則由與哺乳類動物同樣的本能驅動。當然，不定業並不能擺脫因果律支配，

〔註9〕《華嚴經·入法界品》，東晉佛陀跋陀羅譯六十卷本，常熟刻經處光緒七年刻印，卷五十七，頁26。

只是因果律在此的表現形式不同，例如不孝的子女往往受自己子女的「一報還一報」，這也包括了儒家所謂代際報（子孫報）。又如嗜殺者終被殺，是由「常在河邊走，那有不濕鞋」的概率所決定。相反，動機純善，業果隨緣且能長期堅持，福報不來也難。所以，概率論正體現出由不定業向定業轉換的法則。

可是，自力分散且有限，在他力的映襯下更顯脆弱。因此，自力在他力加被下才能凝聚起來，在他力加持激勵下共襄善業的力量才強大且無限，才有可能造就人間淨土──享有福報的人類眾生命運共同體，他方淨土的意義也由此顯現。

總之，「命運」中享有福報之可能性大小，由有智慧察善惡的人類眾生之覺悟與行善程度而定；作為共同體的命運，則由人類眾生之造善作惡之業力對比而定。改善命運，須提升個體品質的別業向善，以及有越來越多的善知識引導人類眾生的共業向善相輔而行。

三、佛法之「大善」及其實行途徑

佛法當然也認可其他善業，但以人類眾生之解脫為最大的善，其他都由此統攝。大乘佛法別無追求，但覺者從部派佛教之爭中已更深體認到對人類眾生之欲，應先順從，〔註10〕唯有依其不同根器以不同方式引導，才能共創善業，若簡單地否認欲望中存在的合理性，或不能依人類眾生之求解脫之「大欲」，運用大智慧去疏導引導，同樣不能止惡向善。

早在軸心時代，東西方不少哲人與先知已認識到無止境的貪欲為人類所特有（眾生生存雖也艱難，與人相較，其欲略易滿足，無非食物與繁衍而已）的惡業，亦為各部落、城邦、家國、種姓間相爭相殺之源。

至中古時代，哲人、先知所倡的學說、宗教開始普及，由於大眾對這些理論教義總是存在簡單化理解，哲人、先知為了爭取追隨者，也往往過於強調某一面，這就導致了矯枉過正。於是禁慾主義空前盛行，以致佛陀所創的佛教也被誤認為其同類，至今也難免其影響。例如所謂古佛青燈，其實只是民間對失寵的帝王嬪妃被擯入冷宮之類的臆想誤解。當然，由於禁慾為民間所難行，因而才高度對之崇敬。〔註11〕歐洲中世紀修道院林立出於同樣原因。

〔註10〕即《華嚴經》所強調之「恒順眾生」。唐三藏般若譯，佛陀教育基金會《淨土五經》合刊本，《普賢行願品》，頁60。
〔註11〕為何大眾要麼「開心就好」，要麼崇拜虐待肉體的苦行禁慾，對平常的節欲美德如節儉、謙遜等反而視而不見？這倒是值得研究的社會心理學問題。

但禁慾不但終難持久，還會導致心理變態，即被強壓的欲望轉而從其他渠道發洩出來。而佛教從來就提倡節制欲望，也就是縱慾與禁慾之間的中道。在印度提倡禁慾主義的耆那教，佛教則視之為外道，而反對佛陀的提婆達多也主張禁慾主義。同樣在中古時代，佛教由北印度傳播至中亞，其核心區轉至已受到古希臘文明影響的犍陀羅地區，其原主體為沙門精英也已轉為菩薩眾，這就是旨在普及大眾的大乘佛法誕生。大乘佛法既受到各地民俗影響，其引導眾生的法門也走向了多樣化。

依個體根器之不同，大乘佛法之多樣化大致可歸為三個維度展開：其一為依信增上。根器怯弱者多傾向於依怙他力，其面向有駁雜多神到純他力之不等，前者以雜糅的民俗佛教為代表，後者以日本淨土真宗為代表；他力之象徵也有從儀軌、圖像到念誦、咒語之不等，真言密法與藏傳密法多重此道。佛教之依怙他力係神、人並重，如北傳的漢地佛教兼依怙祖師、密法兼依怙上師、連淨土真宗亦兼奉親鸞。這與不屬於大乘之南傳佛教保持著怙依長老的傳統顯然有相承之處也有區別，而與神人懸殊的排他性（與包容性相對）的唯一神教則有著根本不同。其二為依智增上，如利根強毅者多傾向之，於是有空、有、性、相之分，有漢傳禪、淨、臺、賢義理及日、韓各宗學之興起，有佛教教育、文化事業之舉辦。其三為依悲增上，如悲心重而善感者多傾向之，於是有從植樹造林到修橋鋪路，從育幼養老治病殯葬到賑災濟貧等慈善公益事業之興起。悲增上的大眾化（廣被）更為明顯，在僧團引導的前提下，保持其原有不同信仰者皆可參與。〔註12〕當然，三維度皆可兼修，即悲智雙運亦有信之指引，惟各有其重心所在而已。由於人的認知會變，體力、精力都會由強轉衰，在個體一生中，其選擇的重心往往也前後會變。從群體向善的途徑而言，不論個體選擇哪一維度，建設適合本土與時代的戒規制度都非常重要，因為優良合宜的規制能養成非個別的而是一撥撥的人材，正如百丈清規的創立推動了唐宋禪門人材輩出。反之，良善的人也易被污染。〔註13〕

大乘佛法強調佛（覺悟者）、菩薩（發大願求覺悟者）恒順眾生，其出發點是不忍眾生苦。苦，既是俗欲所造的共相〔註14〕之果。如依盲目的本能，

〔註12〕佛教中依他力的「廣被」，則主要對根器不限的同信仰者而言。
〔註13〕鄧子美：《佛教中國化新論：宗教社會學的審視》，《三觀映月度恒沙：近作自選集》，頁338～377，北京：宗教文化出版社，2016。
〔註14〕佛學的「相」即現象，但認為相併無固定不變之實體可依，而藉因緣而起。

在無明支配下造業，欲也是苦因。但求解脫乃人類眾生之大欲，求善法欲亦為人所特擅，故由覺者或有初步覺悟者（善知識）引導溺於「小欲」的迷者方有可能。因而恒順眾生作為方法論，是順應人類眾生之欲，而不像禁慾主義那樣一概否定，當然以求善法欲滿足所得的法樂，取代眾生出於本能卻必引出苦果的俗樂，也是萬千法門之一。對治著眾生不同欲望，佛法法門也隨之不同，但目的是由此引導其上求解脫的正道相同，其中借助他力尤係恒順怯弱眾生根器的重要手段。

大乘之特質更在菩薩道，上述「三增上」也歸結為菩薩道。「增上」即不讓欲望向下「墮落」於惡趣（主要為貪、瞋、癡），「道」的淺義便是「途徑」。佛教主張的節欲所走的途徑是一面依靠戒律節制及空觀疏導，另一面靠中道智慧，即眾菩薩各顯所能的超越性引導。〔註15〕從效果看，對待眾生的欲望及欲求不得的煩惱，正如對待水患，築堤式處處防範、硬壓、剿滅之「果」往往適得其反──引起堤高水漲的潰決。恒順眾生即通過引導、疏導眾生欲望才能變水患為水利。佛法究竟是為人類眾生得解脫，菩薩一方面利益眾生，引導眾生作善業，得解脫，另一方面也依靠眾生，依賴眾力成就自身佛果。菩薩與眾生的關係就是相互成就。〔註16〕

總之，共業既由人類眾生共同造成，那麼改變以往難免的苦命、厄運之途徑也就在於由善知識引導人類眾生共造善業，並輔之以禁惡業。

四、文明增長意味著暴力「大惡」愈益被約束

通常人們以為貪、瞋、癡乃佛教所認的大惡。這也沒錯，但其實佛法認定的最大惡業是暴力殺戮，因而以戒殺生為五戒之首。貪、瞋、癡之所以為大惡，也正因其亦能導向暴力殺戮。

暴力不但來自上述之貪欲造成之惡業，也來自瞋、癡兩大惡業；而受科學研究的客觀性影響而誕生的行為主義心理學意義上的「行為」，則被佛教稱為「身業」。人與人相處時，心中未嘗不存不要自相殘殺的善意，然而往往因一言不合或感到受欺而開始鬥嘴、罵詈，這就是口業中的惡業；言語相激之下口業也會轉化為身業中的暴力相鬥，從心理角度看，其內在原因即為「瞋」。

〔註15〕詳見本書第五篇。
〔註16〕《華嚴經》謂：菩薩以「一切眾生而為樹根，諸佛菩薩而為花果，以大悲水饒益眾生，則能成就諸佛菩薩智慧花果。」《華嚴經‧普賢行願品》，佛陀教育基金會《淨土五經》合刊本，頁67、68。

同樣，「癡」即無明與偏執、狂熱，其心理原因則為由於對支配器界的因果律之無知，故古人往往以自然為敵；由於對他人、其他部族的不瞭解，加上由相處中難免的嫌隙造成的偏執，甚至今人也不免以鄰里、鄰國、他國為敵，如當代左、右翼民粹及其代表其主張的政客仍在鼓吹各種以鄰為壑的政策。由此可見，貪、瞋、癡三惡業，都可歸結為意業之惡。因此，為人類眾生謀福祉的命運共同體之結成，當以轉變意業為先。所以，是否能多造善業，盡可能少造惡業的關鍵在人的內明，在於讓更多的人能明白統攝器界、欲界的法界「圓明」之義理。「圓」有和諧之意，但其意更在邏輯上的自洽、圓成，實踐中的包容。因而佛教乃包容性最大的宗教，佛法更是包容無限。

換一視角看，歷史上存在的人類文明首先與野蠻相對而言。人區別於野獸，人從動物界的分離，文明增長之標誌性尺度就看暴力殺戮「大惡」被約束的程度。因此，禁止血親間報復與仇殺，成為遠古普遍的家族、氏族共同體社會向部族邦國演化的標誌之一；封建王國（包括帝國）的產生及其曾被普遍認可的原因之一，也因王權可節制諸侯貴族間的相互殘殺；而處理現代民族國家關係中產生的國際法也旨在以和平手段解決國際紛爭，民主的要義並不一定在能選出賢明的國家元首，而在能以和平交接代替國家內部權力的暴力更迭（改朝換代）對民眾帶來的傷害。但從目前看來，當代仍有不少人並未吸取第一、二次世界大戰血腥教訓，歷史上逐步擴展的禁止在個體與個體之間、家族與家族之間、部落與部落之間、國內民眾之間使用暴力解決紛爭也尚未擴及國與國之間。聯合國、WTO等國際組織雖比一戰產生的「國聯」的事權擴大，但並不能阻止依仗暴力的霸權主義及其挑起的全球紛爭。因此建構人類命運共同體更顯迫切，因為唯有認識到人類眾生命運的共同一體，才能避免繼續在國與國層面自相殘殺。從人與自然的關係看，隨著人類利用自然力的能力增強，當作為人的厄運源頭的大規模的饑荒或流行性疾病略為消減時，來自人與人之間的暴力之最大厄運依然籠罩。

大乘佛法「恒順眾生」，有諸多方便，唯對使用暴力殺戮不可「方便」。儘管不可否認在特殊因緣下暴力止惡的必要，但絕不認可其正當。哪怕印度佛教曾遭受過暴力摧毀以至一度絕滅，佛教堅持和平主義的非暴力、反暴力仍一如既往。

佛法認為命運可改變，但深知決定命運的因緣十分複雜。就自力一側而言，眾生自性係其中之一，正所謂「習與性成」，通過嚴守殺生戒或長養慈悲，

殊途卻為同歸，都是通過修行，依靠自覺引導，養成良好習慣之後，止惡行善已不須思索與提醒，而轉化為類似本能的行為。這種「類本能」之「性」所造之業，足以與眾生欲望本能所造無記業、不定業抗衡，儘管好運之來，似仍受概率支配，但日積月累，可成大概率之勢，從而轉成終得福報的定業。文明國確立的《民法通則》普遍將「公序良俗」列為其首，也正因共同體的習俗功用就相當於個體的習慣，故福祚綿延的文明共同體多具良善風俗。

反之，養成惡習釀惡果也相仿。個體命運如此，無數家庭、家族、部落、邦國乃至現代企業等小共同體的命運，都由其掌權者一旦溺於惡習而傾刻覆滅。因此，無論何種文明共同體，都須擇善而從。尤其是作為人，應牢記苦痛教訓，不可重返於受野蠻的叢林法則支配。不過，民諺「馬善被人騎，人善被人欺」雖可警醒僅行善不止惡的「濫好人」，但「強凶霸道」得逞確也屢見不鮮，以至好人也被連帶，眾生苦厄連連。當今儘管交通方便，全球開放，個體無奈地為遠離暴力可以遷徙。但人類眾生作為整體，從「地球村」遷出並不現實，即令憑著科技力量可建造現代版的「諾亞方舟」逃避一時，但如不止惡向善，大家在你爭我奪的傾軋中都仍不免落水。

因此，唯有使更多的人們明瞭人類眾生的命運休戚與共，從而聯結成全球大共同體，才能化當前愈益增多的暴戾為祥和，乃至法界圓成。

賢愿法師對本文初稿提出了寶貴的修改建議，附此致謝！

原載《「佛教與人類命運共同體建設」：第二屆廬山論壇論文集》，九江：九江市佛教協會，2019-5。

「三業」與個體命運

　　星雲法師一向倡導做好事，說好話，存好心的「三好」。「三好」看似簡單，不就是身、口、意「三善業」的白話版嗎？其實卻蘊含著法師的甚深智慧——例如據說唐代白居易向道林禪師問道，師先引《阿含》作答：「諸惡莫作，眾善奉行，自淨其意，是謂佛法。」白居易嫌其太簡單，師又言，三歲童子皆知道，八十老叟行不得。這裡講的是善心、善業與善果的關係，範圍甚深廣。上文闡明了「惡有惡報」，也論證了共業與別業關係，就是說人類眾生的共業向善問題不解決，單靠個體的別業向善以圖改變個人命運也難。道林禪師則講個人一時起善心易、做一件善事易，一輩子則難，要得善果即改善自己命運因此更難。「難」就是說並非不可能，而是會受極大束縛與制約。我曾聽一位居士說自己做了一輩子好事，仍罹凶症，於是禁不住地問「為什麼？」這雖不很常見，對「善有善報」的疑問卻普遍存在，不妨藉此重點討論下善業與個人命運問題。其實，星雲倡導的「好」字中，已蘊含了最佳答案。

一、悲心、慧根與身業

　　對普通人而言，「三好」的推廣無疑以「善有善報」為前提，自然，止惡與向善之間也存在密切關聯。在熟知的「勤學戒定慧」中，戒、定皆以止惡為先，又是開慧之基，而唯慧能擇善導善。因而星雲拈一「好」字，有恰好之意，揉合了悲智，亦即把《阿含》的「自淨其意」作為「三好」的總綱去把握其他，因為真正的意業善，乃在起心作意中力圖撥除「我執」、「法執」，也就是由此開發清淨智慧，依機契理，以智慧省察身業、口業，引導保持其向善，才終得善果。在三業中，身業最顯著，不妨先討論。

　　就日常生活而言，個體每天的許多行為其實是不假思索，不以自身慧根去省察的。這些盲目行為主要有兩類，在社會學分析中，其一為本能驅動行為，在這點上人類與眾生本能並無二致。佛學把眾生基於無明的本能行為稱為「無記業」，無記業並非不生業果，即使善業之善果也有可能被該業果消減，例如你為別人做好事，儘管做得很好，但別人或不理解，你本能地表現出不耐煩，善果就大打折扣。所謂「無記業」，就是其業力之善惡結果一時尚難分辨，即有惡果也猶如孩子無意中闖禍，但他還不能為自己行為負責，應該由父母教育，或因此教訓轉為善也未可知，現前姑且不記。

　　其二在個體中被稱為習慣行為，在大大小小的文明體或社交「圈子」裏，被稱為依習俗的行為，不同的文明體的習俗行為不同，甚至他們中的善惡行為準則都有差異。習慣行為如依其後果當然也有善惡之分，不良習慣、不良習俗都會釀惡果。如罹凶症很可能就由不良習慣引發，所以不必抱怨枉為了一輩子善行，因為這裡因果錯置了。盲目追隨不良習俗的個體行為也相當於「無記業」，但因本有慧根的個體生活在群體中，如不遵循群體的不良習俗，往往被群體排斥；而此無奈被迫的遵從行為帶來的惡果自然由群體承當。例如近親婚姻習俗導致該部落、村落的衰亡。所以對習慣、習俗，也須有智慧去省察，特別是在早期教育方面最重要，因為習焉性成，而個體性格又影響著命運，所以佛法修行非常重視「習染」、「薰染」的止惡向善，引導不良習俗向善則更需要大智慧。

　　在社會學分析中，第三類被稱為由情緒、情感驅動的行為，此類行為非人所獨有，而與有情眾生所同。當然，這類行為更明確地由意業啟動，悲心啟動向善，嗔意啟動向惡。不論善惡，這類行為的業力都特別強大，且為「定業」，是以「三好」的推廣能改變許多人的命運，改變自然與社會大環境。而對行善者自身命運的改善而言，卻往往只起間接作用。不是嗎？這位居士之所以能一輩子行善，並非是僅為自己，也就是其意業出於悲心。善行之所以被稱為善，也在於惠及他人與眾生，否則即非善。所以，無論從動機，還是善果之落定來看，自身都不一定就是其主要受益者。因而「善有善報」雖沒錯，此報卻不一定直接落於自身。所以，有些人的想當然是否偏於狹隘？其實，投入「三好」，使自己遠離痛苦煩惱，已經是命運大改善；同時又結下了廣闊深厚的人緣，只要再加以善用智慧把握時空因緣，眾緣聚合，很可能就此間接地改變自身命運；更何況，悲心也可以幫自身睜大慧眼，也就是

打開以往不很瞭解的視角，擴大心胸。悲心助人幫別人想辦法，更能激起自身智慧迸發。

時下流行著「社會流動窒息」、「階層固化」之說，無非是「讀書無用」、「官 N 代」、「富 N 代」等等現象的概括，意思是生在這一時代已不如 20 世紀 60～90 年代，貧苦子弟靠自身努力要躋身中產或富裕階層難，改變自身命運就更難了。佛學承認此類宿業的存在。廣義宿業，指眾生業力與自然、社會環境間的相互作用之後果。狹義宿業包括父母基因碰撞孕育的孩童個性及父母彼此狀況、原生家庭條件等血緣所在，或魯莽或善巧、或不睦或恩愛；也包括由祖先選擇的居處導致個體降生的地緣所在，或貧瘠或富饒、或封蔽或開放……這些宿業並非由個體自己能選擇，卻似乎劃下了個人很難跳脫的「生命」運行軌道，但「難」不等於不可能。宿業在前現代，似乎決定了個體命運，但因此批判佛教，稱之為宿命論卻完全是瞎說。佛教恰恰認為，戒、定能消宿業，不再受其苦果；善業能造福祉，智慧能改善命運。而宿命論恰恰映像出過去的血緣身份世襲制度、依附於土地的經濟制度造成的普遍惡果，而族裔、國籍雖屬宿業，但也非定業，故不必由「身份」之不公去怨天尤人，在各裔各「籍」中，日子過得好好的人同樣不少，即為明證。關於開發自身智慧，即迷、悟之間，星雲法師已講了很多。〔註1〕那麼，如何運用智慧去改善個體命運呢？

二、珍惜窗口與路口

無論實踐三好去助人，還是憑自力與求助以改善自身命運，把握住人生窗口之時緣都十分重要，這考驗著捕捉契機的智慧。我們每一段人生路上，都存在著窗口，過了這段時緣，窗口就從開放轉向半閉或關上。在開放期，助人或求助都事半功倍，善果直接可達，甚至由此改變了今後命運走向，稱之為含有命運轉折點並不為過。過了此期，儘管同樣精進努力，其效果則差多了。

大略言之，人生窗口期有四，即少年求學期、青年求偶期、中年成就期、老年安詳期。先說少年求學期，包括學齡童在內。如今即使在非洲部落中，知道受良好教育對人生命運的重要性的人也越來越多，在華人中更不乏為套「學區房」一擲千金者，但人多漠視每個個體求知欲打開的窗口及求知方向

〔註1〕星云：《迷悟之間》第 1、第 2 冊，臺北：香海文化事業有限公司，2001 年。

皆有所不同，對此如缺智慧省察，往往錯失窗口及合宜方向，影響一生命運。當然也可終身學習，但以後再補，難免如經濟學所稱的「邊際效應遞減」。再說青年求偶期與中年成就期。常言「男怕幹錯行，女怕嫁錯郎」，因為配偶不淑與職業不合都會影響一生命運。在此也不必抱怨男女「身份」差別，因為如今男性擇偶不合與女性改行都越來越常見，倒是因經驗、智慧尚不足，錯過了擇偶或成就事業機會多多的窗口期更值得省察。若錯過，締良姻與成大業的「邊際效應」同樣遞減。對老年而言，安祥捨離是最大福報、善報，安祥地過著——直到時至捨離，但也不必刻意追求。刻意往往難為了來照顧的人，影響和睦，不再安祥。如不察老齡窗口已打開已不智，如逞能等等更自找煩惱。營養睡眠剛夠即好，人本簡單。入此窗口，能退則退，能減就減，多多隨緣，「青青翠竹，無非法身；鬱鬱黃花，無非般若」方為正道。或有人說，這太平常，然而「平常心皆道」。

參與三好，不在僅圖為自己的善報，而在參與過程中正是站到了善人、善知識及貴人聚集的路口，平時這些人可能覓也不一定覓得到，如走錯路，甚至很難遇，而站在這路口上即勝緣多多。當然縱在路口上，還需要感恩求助，虛心求教，發掘智慧會做會用，繼而就會改善命運。

在每個人生窗口與眾善雲集的路口，須善於向善知識請教，當下珍惜，不可遲疑，在做中去明白，如等全明白了再做已來不及。由於宿業難消緣故，人生很難重走一遭。自然，這也就日常生活而言。再說那位做了一輩子善事的長者吧，他之所以仍罹凶症，其緣由不僅是自身積習所致，應該也包含我們未知的某些「無記」宿業與「異熟果」。

三、好命在哪？

人們三大類身業，實際上已囊括了其大多數行為。雖然這些行為發生時多屬無記業，如其已過去，均為宿業；如從其行為後果看，則屬不定業。人生之所以無常，正因不定業居多。「不定」就是它暫時暫地之業果尚不確定，其業力影響所及的因果鏈太長、太複雜難以確定。由於宇宙世界無邊無際、無始無終，儘管人們把握的確定知識（包括醫學的）比以往多得多了，但主體已有認知永遠是不確定性大於確定性，即未知永遠大於已知。如果存在著永恆，那唯一的永恆就是不確定性大於確定性，不定業比定業多得多，一切存在都處於不斷變化之中。這就是超越有無的「空」。何況在本來就不多的定業

之中，「異熟果」又佔了很大一部分。對行善而言，所謂「異熟果」，就是行為的結果與起心作意時的期待大不相同，甚至相反，即異；就是業力成熟達成之果往往遠非如個體所想像。善業雖為定業，善果卻往往異熟。異熟果的存在既要求我們考慮周詳，才能達到所期望的善果，也意味著我們不經意的小善也可能結出甚至改變他人一生的善果，當然也提醒我們須預防好心辦壞事，有此跡象應盡快糾正。這一切，都要求我們發揮在智慧引導下的才幹。當然，「異熟果」也意味著同一業力在不同時緣可能結出不同果，不同因也可能導致其結果相似。

異熟果的存在還提示，行善長者罹凶症或厄運，很大程度上並非自作自受，而是異在的業力或不確定性造成的惡果，所以放寬了心，不必自怨自責。相對於宇宙無限，人生總有限，因而無論多聰明，個體能領會的確定的知識總有限。因此常人只能選擇感興趣的有限特定領域，去學習、專精一門，這就是科學技術為何總是分門別類。科學技術的發展已經解決對自然力的無知引發的種種問題，包括減少天災。但尤其是人類的業力，例如破壞環境，又會引發不斷的天災。眾生的無記業也會轉化成惡業，例如微生物冠狀病毒的傳播也只是為自身繁衍，但當它危及人類與其他眾生時就轉為惡業，況且它還在不斷變異，所以各種病變也將伴隨人類眾生。從長遠來說，新冠造成的流行病災禍雖必能消滅。但科學技術知識再多，憑此解決了老問題，又會產生新問題；憑此能減少天災，但對由人類眾生宿業引發的種種人禍也往往無能為力。要減少人禍，也只能靠智慧。

不是嗎？在已過去的 2020 年，不確定的凶相時不時就畢現，原本疫情並不很大，卻只因對他人些微的「非我族類」及「看不順眼」的嗔意存在、自恃逞強不會得病的「我執」、宿業造成的偏見等，使抗疫措施在很多地區形同虛設，終於激起了如多米諾骨牌倒塌的連鎖反應，使無數無辜的人們被捲入了大災難。個體對人禍雖無奈，好在能憑反思增長清淨智慧，也能吸取先賢「君子不立危牆之下」、「孟母三遷」智慧，遠離各種形式的暴力，以避凶趨吉。在此，吉乃吉祥、祥和。據《說文解字》，「吉」字的本義正是「三好」的好，更精到的闡釋應是恰好，也就是體現佛法的中道智慧。當然，更高的智慧是逢凶化吉，即化干戈為玉帛，化暴戾為祥和。可惜，大智慧極希，傳承須地緣人緣時緣會聚。智慧雖可改變命運，也得依因緣。因緣無常，所以命運無常。

但是總有人抱怨，自己沒作惡，也努力行善，為何命運仍對自己不公？對此，佛學與社會學結合的分析，也只能據因緣回答其可能的原因與結果。例如，行為者自己認定的善，其實只不過是家鄉習俗之善或與此相關的意識形態之善，佛學通常並不否定其善，但對改善自身命運而言，僅有此類善業是不夠的。因為這仍屬依習俗、習慣的行為，智慧被蔽而欠覺悟，即善而不智，當然不可能迎來命運轉折之果。

與現代性相關，對個體日常的第四大類行為即理智行為應著重分析。社會學分析又把人的理智行為分成兩類，即有目的的理智行為與有價值的理智行為。〔註2〕就改變以往命運而言，深造、換工作、創業、改行、遷徙（包括出國）都屬有目的的理智行為，為達目的須瞭解因緣、障礙，估算得失⋯⋯每一步失誤都可能不達預期，然而達致目標的難度越大，命運轉折的力度也越大。堅持不達目的而不懈，當可踏上更高的社會臺階。然而這不僅在個體

〔註2〕把社會行為劃分為目的合乎理性、價值合乎理性、情緒情感、習俗習慣四大類，這一「理想類型」（相對於日常多方面因素驅動行為的實際混合類型而言）乃韋伯社會學的基礎。韋伯還指出：「從目的合乎理性的立場出發，價值合乎理性總是非理性的，因為⋯⋯越是無條件地僅僅考慮行為的固有價值（純粹的思想意識、美、絕對的善、絕對的義務），它就越不顧行為的後果。（筆者注：即所謂義無反顧）」（韋伯：《經濟與社會》（上），頁56、57，北京：商務印書館，1997.）反之，從價值合乎理性出發，僅出於目的合理性（即工具理性）的考慮也不僅被認為為達目的而「不擇手段」而已。如考慮到目的正當，那已經屬於價值理性範疇。何況僅為達到目的而付諸行動的實際行為者也會下意識地知道自己不道德，因而想方設法使自身行為合理化（所謂羅生門即為典型）；因為宇宙無限而認知有限，許多行為乃從根本上是難以判斷其長期後果或道德後果的，所以佛學才設定「無記業」。然而，各領域「專家」思維的各自目的合乎理性，與全球秩序維護所需的共享價值合乎理性確實往往悖離，形成了在此討倫的現代性悖論。許多學者對韋伯提出的基本命題進而提出了修正或豐富，如德國著名哲學家哈貝馬斯提出了交往理性理論，大意為人類相爭相鬥是由於被地理環境、文化習俗相隔而造成的相互間不瞭解，通過更廣更深的相互交往，使彼此不同的價值觀之間有更多的溝通，現代性悖論有可能消解。（哈貝馬斯：《交往行動理論》第1、2卷，重慶出版社，1994.）筆者依佛學價值觀，解析個體命運問題也對在此所借助的韋伯分析框架作了修正，即依佛學生命層次劃分，增加了由生物本能驅動的行為、有自覺的理智行為兩大類型。前者因為不少人的行為都幾乎不動腦、不用心（情緒、情感），就像動物的條件反射一樣。後者則既揉和了工具與價值的綜合考慮，也是佛學智慧、慈悲的集中體現。此外，筆者以個體心智已成熟作為其理性行為的前提。因為尤其在涉及命運抉擇當口，除非心智未成熟者（例如大半輩都依賴父母的「巨嬰」），個體行為大多經深思熟慮。

之決心與堅持，也關乎因緣，一般在重大危機或戰亂後的社會重建期，轉運的機遇（可能）為多。可惜遇了也往往不識，或因未早作準備而錯過。所以俗稱的好命仍少，但較之前現代，如今改變個體命運的機遇畢竟更多了。這是因為前現代價值觀，無論是本土的君臣、父子、夫婦「三綱」及其天命論，還是印度的種姓說及其大梵天定論、歐洲中世紀天主教的神定論，都教人認命，並輔之以宗法制度、種性制，或只有進修道院、神學院，貧苦子弟才能擠身中上層的制度安排，這些都旨在迫使個體服從威權，使命運不可改變。印度之所以成為「非暴力」抗爭的發源地，也正因婆羅門種姓說與職業制度的結合特別緊密，形成習俗，對違俗者施以暴力，所以對個體的束縛也更牢固。最富針對性的佛教價值觀萌生於此，不為無故。

有價值的理智行為則包括掙脫受苦受難受災的努力、為不再受虐待受欺侮而解除婚約、改惡從善、戒除賭博、酗酒、吸毒惡習等，如堅持也當可改變命運。這一類型與有目的的理智行為之不同在於，所改變的乃生存狀態而不是社會地位，特別是能改變精神狀態，此正乃其價值所在。面對此類苦境，常人都有欲離的意願，但個體理智卻有限，求助「他力」有必要，然而佛教特色在重「自力」，首先要自己下定決心（發願），如一時難下決心，下了決心而不能堅持去做（行願），都可歸結為性格軟弱、不良習氣頑固，這就更需要修行。憑籍這兩類理智行為雖不一定就得「好命」，但也說明了智慧能改變命運。

最後，有自覺的理智行為才顯現佛家特色。這一類型要求意、口、身三善業協同，即動機與實行一致，才能結良善之果，而不是與認同其他價值觀的個體那樣，只問「對不對」，不問結果，只求個心安理得。因為自覺意識對盲目的兩類行為（本能、情緒情感）具有統帥作用，對依習俗習慣的行為、目的正當但不擇手段的理智行為等，都要問「對不對？」。也許因為個體理智總有限，現實世界又變得愈加複雜，很多問題暫時尚未能定論。然而儘量不犯錯、少犯錯〔註3〕，亦即儘量降低出於本能或情緒的衝動行為，力去惡習應能做到，因此自覺者的命運雖仍不免顛簸，其「向上」方向卻完全可把握。

〔註3〕不犯錯、少犯錯不是「無為」，而恰是選擇拿得准的事或領域先做，踏實地一步步做，在選定路徑上對非得克服不可的障礙，即很必要又沒把握的事也可虛心學好再做，如此，擺脫與生俱來的血緣對命運的束縛輕而易舉，隨著成就積累，衝破地緣對命運束縛的可能也越來越大。

自然，這類行為在常人整個一生所佔比例也往往很少，不少個體因無知又難免失誤了一次或兩次人生轉捩窗口，難怪命運多舛。所以，不必自怨自艾，更不可遷怒他人，肇生禍端。

三好的長遠目的乃在改善人類眾生的共業，也為個體創造有利於自身命運改善的環境與更多機緣。這些機緣，只有增長了智慧才能抓住，不會白白錯過。共業有所改善，包括人際關係改善，那麼即便不圖他人感恩，吉祥、福報降臨於積善的個體也往往超乎想像。反之，如人類眾生的共業不能改善，凶即不確定的無法預知的災、病、禍等，難免一再襲來。

所以，好命不在生於富貴人家，不在一輩子無病無災，更不在權勢薰天，萬人之上，不在僕傭成群，坐享鮮衣美食⋯⋯而在悲智雙修，眾緣和合。

原載《人間佛教：學報／藝文》第 36 期，2021 年 11 月，高雄：佛光山人間佛教研究院。

教育教化論（上、下）

摘要：

　　由於教化眾生者自己先須受教育，因而僧教育格外重要。《上篇》主要反思過往之僧教育得失，解析了現代性與人文教育的悖離十分突出地表現在僧教育方面，尤其由於智慧的傳承啟發更多地依賴身教心傳，而現代課堂教育顯現了其多方面不足。其一為佛典傳授中，普及與精英難以兼顧，限時限量與因材施教難兼顧，師生討論分享智慧環節極為不足。其二為課堂師生制教育與傳統師徒制僧教育各有其優長、弊端，現行課堂制尚難以彌補師徒制缺位後的空白。其三為由於現代社會的角色分化，教師、職能部門與主辦方分別承擔不同的功能，導致了培養目標並不一致，缺乏合力，辦學動力不充沛。因為現代教育向「陌生人社會」敞開大門後就不可能再關上，故其趨勢不可逆，只可自覺尋求各方共識，建設各方合力形成的多樣化機制。《下篇》則面向未來，依據中國大陸人口老齡化與少子化的統計資料，並與面臨類似趨勢的各國（地區）作了比較，強調少子老齡化時代已經到來，這一時代趨勢對佛學院吸引優質生源將是前所未有的嚴峻考驗。為此，佛教教育理當預備因應舉措，主要可概括為建成寬進嚴出的多層次授證體系與創造更與個體根器相應的多樣化培養模式兩條，歸結為以質取勝。前者著重篩優；後者意味著多方面地培養各種專業人才，並須具有可操作性。多樣化還包括繼續教育與終生教育的創辦或規模擴大與做得更好，如有餘力，應更重視社會教化。就應對老齡少子化時代而言，這幾方面幾乎不受優質生源緊缺的影響，而社會教化也是涵養優質生源的途徑。佛學院不但要培養人才，在吸引人才、留住人才、防止人才敗壞等方面也應負有責任，這與佛教教育的根本指向——解脫成佛密切相關，關鍵在落實「學修一體化」，其指導思想應為太虛提出的「直依人生，增進成佛」。

關鍵詞：現代性與人文教育、僧教育體制、少子老齡化、當代佛教教育、多樣化培養
　　　　模式

當代大陸漢傳佛教僧教育現代轉型問題探討

　　僧教育特殊的重要性在於佛教與西方主流宗教的性質在根本上不同。在西方,「宗教」一詞不可分割,其本義即 religion,意為信仰,所以實指信仰共同體。那麼,佛教之「宗」何指?早有北宋禪僧指出:「宗者乃其教之大統」,意為「宗」乃佛教教育教化具有根本性的統緒,〔註1〕此意脫胎於古漢語「宗」字多義之一的「本」義,衍為主旨、宗旨。太虛《真現實論》之宗體、宗依、宗用之篇名也採用此意。此處之「教」,則指對「學佛輩」的教育、教化甚明,所以「宗教」一詞在佛典古籍中意指對學佛者的教育教化之統緒、統括,原本就與基督教的信仰指向有異。清末日本學者因漢語中缺乏充分同義的詞,才藉此譯解西方的宗教概念。僧伽,尤其是高僧,則乃佛陀教育教化的施行者,即教師。僧伽與眾生的關係則是先覺啟發教育後覺,強調的是從被「無明」遮蔽中覺悟。〔註2〕這倒與歐洲啟蒙運動中的「先賢」意欲解除人的蒙昧狀態同調。由於教化眾生者自己先須受教育,因而僧教育更顯格外重要。

〔註1〕鄧子美:《景德傳燈錄》之當代價值〉,《江蘇佛教》2017 年第 4 期、2018 年第 5 期連載。此語出於北宋釋契嵩:《傳法正宗記·上皇帝書》。契嵩還進一步指出:「竊欲推其宗祖,與天下學佛輩息爭釋疑,使百世而知其學有所統也。」就是說,為使無所適從的學佛者避免爭議不休,必須有所統緒。他還說:「祖者乃教之大範」,即佛祖乃教育教化的人格典範。或還有更早的僧伽提出既受華夏傳統影響,但又有異的類似見解,待考證。

〔註2〕這也與基督教的神職人員乃司牧人員與信徒的關係不同,他們乃代理唯一神在地上牧養「羔羊」,為強調信仰,故不須動腦,順從上帝意志即可。所以新教神職人員稱「牧師」,天主教宗又稱為「牧首」,東正教也類似,此可作旁證。

一、大陸漢傳佛教僧教育模式轉型面臨的問題

教育模式轉型，實質上是從私塾、科舉模式到現代課堂模式的轉型。然而清末廢科舉，改學堂是在「救亡」的應急目標下展開的，只看到科舉制的弊端，根本未對中國傳統教育的優長進行全面的理性審視。佛教界也同樣照搬了從日本轉學來的西方教育模式，並未深究其中內含的具有現代性的專業化、社會化原理。現代課堂模式的長處在便於分門別類的專業知識教學，在因班級、學校規模可以迅速擴大而效率高。不過就僧教育而言，現代性與人文教育的悖離表現也十分突出。例如在作為佛學院核心課程的佛典之傳授教學中，其一為普及與精英教育難以兼顧。太虛創辦武昌佛學院時就深感所招學僧原有文化水準參差不齊，其中較差者簡直難以對佛典所蘊佛陀甚深智慧有所理解領會，儘管可分班補救，但畢竟眾口難調。太虛當時尚未意識到這是在從鄉土熟人社會轉為全球性的陌生人社會過程中，從鄉土教育到全國招生的轉型必然面臨的現象。對這一問題的解決，後來教育部門就採取了早期科舉制就有的全國統考，擇優錄取的辦法，即把精英教育放在首位。然而八股文考試模式弊端也重新顯現，尤其在文科，即人文教育方面，如今的應試教育往往只是把四書五經換成當代的種種八股罷了。當代僧教育則採取了分初級、中級、高級佛學院的辦法，也很難說已不再成問題。然而在師徒制下，這卻似乎並不是難題。其二為課堂教學有限時，也有限量，即按教學大綱與考試內容統一規定的量，這與人文教育要求的因材施教難以兼顧。然而本來，佛典學多學少、學深學淺，都可隨學僧的聰慧利鈍及其所需，各有所得即可。其三為由於上大課為主，師生討論分享佛陀智慧的環節極為不足，而這點早在古代譯經場，師生間已經做得相當不錯了。當然，現代西方的研究生教育反而對此有所彌補。

除此而外，大陸漢傳佛教僧教育模式之轉型問題多多，其中生源匱乏問題將在下篇討論。在此，先重新審視歷來師徒制僧教育的長處，以將其有利因素盡可能吸納入現代教育體制。

其實，與現代師生制比較，歷來的師徒制僧教育具有多方面的優點：

1. 師生制的課堂教學適宜於知識學習，而智慧的傳承啟發則是多方面的，更多地依賴身教心傳，包括在日常生活方面隨時隨地啟發。師徒制以師為主，師傅對初學的徒弟具有相當支配權，徒弟因對師傅高度敬重而虛心，既利於消化吸收知識，轉化為智慧，更利於領悟師傅智慧，使自身智慧增長。但在現代師生制模式下，傳統的師道尊嚴已難以恢復。這給教學秩序的維護與

教育的實效提高都帶來了困難。

2. 師傅對徒弟有非常明確的培養目標，即分燈傳法，繼承衣缽。但在現代師生制模式下，教師也不過是佛學院的雇傭者，雖然優秀教師有較強事業心，但學生畢竟不是自己能支配的，大多數難以指望他們能傳承自己宗門衣缽或擅長的專業。學生或出於原出家寺院推送，或僅為謀生上學，除實行導師制的研究生教育之外，根本談不上繼承教師之專長。在研究生中，能在某方面繼承其師學業的也極少。

3. 師傅與徒弟長年生活、學習、勞動在一起，建立了深厚的情感紐帶。在教育與學習的動力方面，如果加上情感力量，顯然比本能的求知欲與理性的選擇更強大。但在現代師生制模式下，師生只是在課堂見面，限於課時與必須完成的教學指標，課堂師生交流時間有限，課外則只有優秀教師與有緣學生之間才有。良好的交流話題須師生共同感興趣，而這麼多學生，又各自興趣多樣，專業教師實難把握。

4. 做到因材施教，這是師徒制最大優點。現代師生制模式下，教師以個人身份面對學生集體，即使佛學院的班級較小，教師也不可能瞭解所有學生的個人經歷愛好志向等，何況教師的報酬根本與此無關，所以因材施教雖好，卻難以做到。當然在研究生階段採用導師制也能因材施教，但這恰由吸取了傳統師徒制的優點之故。但要在中等及相當於大學的專科、本科階段有效推廣導師制，則受制於教師人數以及每個人只能精於一、兩個專業領域的能力。因而，因材施教在現代，基本上是可遇而不可求。

儘管傳統師徒制僧教育具有以上甚至更多優點，但與現代社會相應的專業化、社會化教育的大趨勢是不可逆轉的。專業化決定了師生最多也只能在幾個領域內謀求發展，全能型的師資與學員都已一去不復返。社會化既決定了院方不可能一切包辦，也改變了以往個人之間的相互關係，改變了每個人的社會角色，而且同樣具有不可逆性。

二、院方辦學、教師教學以及學僧學習的合力何在？

歷來的師徒制僧教育模式下，師傅既是主辦方，也是教職人員。因而如上所言，培養目標非常明確，辦學動力充沛。而由於現代社會的角色分化，教師、職能部門與主辦方分別承擔不同的功能，導致了培養目標並不一致，缺乏合力，辦學動力不充沛。

　　就主辦方而論，凡較好的佛學院，通常院方培養目標仍非常明確，即為本教團、本寺院培養接法人才，或教團發展急需的事業人才，辦學動力也很充沛。而近現代許多佛學院都難以持久，除了局勢動盪之外，與主辦方培養目標其實不明，大多數佛學院「章程」上寫的與實際做的是兩碼事有關。例如，鑒於僧人素質低，佛教人才緊缺而發心辦學，因受高僧大德的感召而發心辦學等等，其辦學動力並不充沛，最終遇難而退並非罕見。

　　就核心教學骨幹而論，如果與主辦方本來就關係密切，能夠充分理解院方內心意圖，而不是紙上寫得很好看的目標，那就是同心同德，那就是優秀的佛學院。教學骨幹承擔著院方與學僧之間的橋樑紐帶角色，他們是否能同心同德，決定著真正的辦學效果。但不少佛學院也存在與世俗教育同樣的跟風現象，院方不是依靠教師，與教學骨幹多溝通，恰恰相反，雖知教師的重要，但為圖方便，多半主要依靠職能機構辦學，把「管」教師放在第一位，把各項指標「壓」給教師去完成。當然，這就造成了教師對院方的不滿，也不會去努力理解院方培養目標；他們對教學的態度變為應付，教學動力衰退。

　　就學僧而論，大多為謀生，也有對某一佛教、佛學領域感興趣者，但如當年倓虛、慈航那樣發心為振興佛教的學生很少，即有，也大多早有較高佛學與專業學識，無須再進佛學院。寺院送學僧來需要學弘法、管理寺院的知識技能，國際佛教交流需要較高外語能力或巴利文、梵文佛典文獻學專業學識，但學僧本人不一定對此感興趣。學習動力不強。

　　總之，由於現代社會的角色分化及與此相應的教育功能分化，在很大程度上導致了辦學方以及師、生間形成不了教學的合力。

　　至於優秀師資力量缺乏、適用於僧教育的好教材缺乏等，更是從佛學院這一現代教育模式誕生就伴隨，也一直沒解決的老問題，加上由於計劃生育等社會歷史原因，相對於人口比例而言的沙彌僧人數越來越少，生源緊缺，而各地中級佛學院還在上馬，導致低質互比而缺乏相互間各有特色的良性錯位競爭，以致有佛學院辦學者感歎，現在的中級佛學院似乎「比誰死得慢」，即誰能維持得長些。

　　當然辦得較好的中級佛學院依然有，有的靠優秀教師的吸引，有的靠主持教育的高僧人格魅力感召，有的靠長期形成的較好學風薰陶。

三、切實從制度上解決溝通、激勵機制問題

現代教育的角色分化，教職人員的功能分化的趨向是不可逆轉的。在根本上，這由信息及知識的無限擴大與個人認知的有限性決定，但這一趨向在現代，由於互聯網技術的發展與普及，由於社會分工日益細化，專業化呈現了加速度。漢傳佛教僧教育模式轉型無疑也只能順應現代教育的角色分化，教職人員的功能分化的趨向。在現代社會，堪稱大師的通曉多領域的師資已經極為罕見，成為某一領域或相關領域的著名專家已很不錯。佛學院也不可能是與世隔絕的世外桃源，對這些專家，佛學院可以聘他們來開個講座或上一門課，然而聘他們為專任教師已不太容易。但是，佛學院已有教師則完全也可以成為某一學科或相關學科專家，成為對興趣在該學科的學生有吸引力的優秀教師。而優秀的佛學院的主持者，其實也應是佛教教育管理與領導方面的專家。這種專家辦學模式就是理想的現代教育模式，然而在實際上，內地絕大部分普通高校「延續了等級制的建構模式，依舊採用行政管理模式，普通教師處於無權無勢的懸空狀態；教師和學生之間的對話關係遠未建立，灌輸式教學法大行其道」。〔註3〕表面上似乎已經現代化，而其內涵向高效率的教育轉型還要走很長一段路。相反，在佛學院中被部分保留著的傳統師徒制的某些要素，倒與現代教育完全可能融合，進而有助成功轉型。

首先，必須充分發揮骨幹教師在教學方面的主導作用。以教師為主，而不是以教育行政機構為主，這恰恰是歷來師徒制的特點。為此，大多數佛學院雖然暫時還做不到成立教師委員會作為決策機構，院方為之服務，但建立院方與教師、教師與學生之間更密切的溝通機制，讓教師對培養目標等學院決策的確定有更多參與權、實行權是可以做到的。

第二，只有佛學院，特別是小型佛學院才有條件建立師生間情感上的緊密聯繫，這也是傳統師徒制的長處。

第三，為盡可能因材施教，應該給教師更多的授哪些課，運用哪些教學方法，教育資源（包括資金）的自主權；應該給學生更多機會，例如上自己感興趣或將來用得上的課程選擇權，跟自己敬佩的老師學的選擇權等。但這一理想狀況與現實之間存在很大矛盾，除需要加強教學行政部門、教師、學僧三方溝通機制外，還需要教學管理體制、財務管理體制等方面的配套改革。

〔註3〕王曉華：《香港大學比內地高校強在哪？》，http://blog.ifeng.com/article/2859 9497.html。

現行教學激勵機制更多地凸現了應當繼承的傳統師徒制教學模式的長處與現代專業化、社會化教育造成的角色分化之間的矛盾。對主導角色即教學行政部門而言，激勵表現在提升學院在同類型佛學院中的排名、代表學院參加佛教演講、論文比賽等獲得的獎勵、發表佛學研究成果的數量與刊物檔次等可以量化的指標方面。在此，有競爭比死水一潭好。但佛教教育的核心價值，比如學僧素質的提高、品行的提升、修行的精進等都是難以量化的。相應，對理論上應為核心角色的教師而言，凡完成與學院行政部門下達的上述內容有關的任務，都能獲得激勵，教師職稱的晉升也與此掛鉤。但教師的使命不但在於知識傳授與學僧訓練，更在於那些難以量化的價值，但對於這方面教師的大量心血付出，現行激勵機制除在年終考核時有表面的敷衍外，可以說根本沒有回報可言，客觀上造成了佛教界最不該有的追求狹隘功利現象。有的學僧對教師這方面的付出有所體會，但多數學僧恐怕要到後半生才懂得教師的苦心。這一體制缺陷將使教師越來越不負責任，可以要求教師有高度的道德自覺，但教師也是凡人。不能忘了，傳統師徒制對師德的高要求是與學徒的高度尊敬一致的。當然，這些現象也不符主辦方與教學行政部門的主觀意圖，佛學院主要是受到普通高校衙門化的影響，但佛學院不應學普通高校的衙門化。衙門化與現代專業化、社會化教育背道而馳，是中國官僚制傳統負面的迴光返照。對在理論上學習的主角學僧而言，獎勵、獎學金一般都由代表教學行政部門的主管學僧的副院長與代表教師的班主任決定，由於缺乏制度規定的他們與其他教師間的溝通機制，教師所瞭解的學僧品行與學習態度評價的一般表達途徑不暢，特殊的只能通過專業學習成績的打分來表達。班主任等也大多依專業成績總分來作為獎勵依據。可見，由於這三方面的角色分化，佛教教育的核心價值在激勵體制上已全被架空。其實，優良的品行、紮實的修行並非教科書所能教出來，也不是考核所能考出來，是由優良的道風、學風所薰陶出來，而對好風氣的形成，優秀的學院領導與教師、學生骨幹的合力起著決定性的作用。這一「合」也是歷來師徒制的本色，但在角色分化的現代，尤其需要激勵機制對優秀者不是徒有形式的表彰促成。

因此，應該根據現代專業化、社會化教育的需要，繼承的傳統師徒制教學模式的長處，將教書育人的「育人」一面納入教學激勵機制。或許，這一時難以做到，但建議小型佛學院先行探索，也只有佛學院才保留著進行探索的若干有利條件。

　　當然，要真正解決這些問題，面臨著多方面的困難。但世界一流的高校與宗教院校又有那一個不是既繼承自身優良傳統，又切實解決面臨的一個個問題，一步一步地建設起來的呢？在教學上如何形成多方合力？更應著力探索。經驗證明，凡主辦方、師、生間存在共識，利和均得的教學改革措施就易推行。相反，儘管主觀動機不壞，但出於單方面的舉措就不是在這一環節，就是在那一環節遭受阻力。探討大陸漢傳佛教僧教育模式之轉型，既要明確認識到現代社會角色分化與教育功能分化的不可避免，更要自覺地尋求各方共識，建設各方合力形成的多種機制。

　　原載《福建佛學院成立三十週年佛教教育研討會論文集》，莆田：廣化寺2013-10。

少子老齡化時代來臨
——佛教教育之因應

一、少子老齡化時代來臨的趨勢嚴峻

根據智研諮詢網發布的《2017～2022 年中國人口老齡化市場研究及發展趨勢研究報告》〔註1〕，2015 年，中國 60 歲以上的人口就已經超過了 2.22 億人，60 歲以上人口所佔總人口的比重達到了 16.15%，預計在 2020 年，老年人口將會突破 2.5 億人，屆時 60 歲以上人口所佔總人口的比重將會達到 17.17%。預計在 2025 年，60 歲以上的人口將會突破 3 億人，中國也將成為超老年型國家。可以看出中國人口老齡化的問題已經迫在眉睫，老年人口所佔總人口的比重，已經遠遠超過了國際通用的老齡化標準。〔註2〕中國在 2005 年達到了 7.6%。實際上在 2001 年就已開始進入了老齡化社會。從老齡化社會進入老齡社會，法國用了 115 年，英國用了 47 年，德國經過了 40 年，而日本只用了 24 年，速度之快非常驚人。中國將在 2024 年至 2026 年前後進入老齡社會，速度與日本大體相同。

據多種統計數據綜合，2015 年中國人口出生率為 1.207%，人口死亡率為 0.711%，自然增長率為 0.496%；2014 年中國人口出生率為 1.237%，人口

〔註1〕http://www.chyxx.com/industry/201805/641672.html，《「十三五」國家老齡事業發展和養老體系建設規劃》的預測與此相仿。

〔註2〕國際通用的老齡化標準指：如果一個國家或地區 60 歲以上的老年人口，占到了該國家和地區人口總數的 10%，或者是 65 歲以上的老年人口占到了該國家和地區人口總數的 7%，就意味著這個國家和地區的人口整體處在老齡化的階段。

死亡率為 0.716%，自然增長率為 0.521%。就是說，年自然增長率下降 0.025%，依此推算，十年就是 2.5%。雖然兩年之差不能代表平均數，但自然增長率下降的趨勢存在無疑。2013 年 12 月 28 日，《關於調整完善生育政策的決議》由十二屆全國人大常委會第六次會議表決通過，「單獨二孩」政策正式實施。2015 年，約 567 萬名 15 歲到 49 歲的育齡婦女接受了抽查，經過出生率的統計，最終計算出 2015 年育齡婦女的總和生育率為 1.047，這個數據遠低於官方預測，令很多專家意外。1.047 意味著什麼呢？意味著中國的出生率比日本還低，生育水平全球倒數第一，未來人口將面臨雪崩。要想人口穩定，出生率要達到 2.1 才可以，中國已經差了一倍。開放單獨二胎以後，實際的二胎出生數量不到官方預測的 10%，人們不願意生孩的意願遠大於官方的猜想。中國的人口下降速度也遠比官方預測的快，轉眼之間，中國就成多子多福的國家變成了嚴重低出生率的國家。2015 年 10 月 29 日後又接著緊急開放了全面二胎，結果依然是全國遇冷。〔註 3〕

　　這些數據對佛教教育而言，意味著什麼？意味著優質生源將越來越緊缺的趨勢嚴峻，意味著有可能到後年（2020），在中國臺灣的最大僧團所辦的佛學院在 2017 年所遇的招收新生中的男眾人數降至個位數的情況，在大陸也會降臨。且該僧團尚可在海外（例如馬來西亞等國華人出生率未下降地區）擴大招生，大陸的漢傳佛教佛學院呢？筆者今年 9 月在湖南也與青年僧人談到這一問題，據他們反映，在當地則是民國以來就有的問題，但當前更突出而嚴峻，即學僧文化水準參差不齊，其間年齡差距也越來越大，因此教師教起來愈益困難等等。儘管由於大陸漢族人口基數大，中國佛學院作為漢傳佛教的最高學府，面臨這一局面之可能會推遲，但對這些很快就會遇到的現實問題，中國佛教教育界亟需作出預案，拿出因應這一時代的措施。雖然日本老齡少子化時代來臨比中國早，但對日本佛教界而言，「出家人」問題與漢傳佛教不同，他們佛教教育所面臨的問題以及佛教信眾減少問題也與中國異中有同。〔註 4〕

〔註 3〕《中國出生率比日本還低，將出現人口斷崖，鼓勵生育刻不容緩》，https://item. btime.com/m_2s21pgqixde/2018-10/23。

〔註 4〕據筆者在 2018 年 10 月訪談所瞭解日本曹洞宗寺院傳承所面臨的問題依然是中國大陸也曾有的「喪葬佛教」、「老人佛教」，該宗在許多地區再也吸引不了年輕人，乃至「檀越」都年齡老化，寺院供養乏人。因此亟需「人間化」。

二、因應這一時代亟需的佛教教育措施

就筆者所見有限，大中華佛教包括海外華人佛教教育當下即可著手因應的措施或有以下諸項，不足之處盡可批評討論補充。

1. 建成寬進嚴出的多層次授證體系。因生源減少與其原有文化程度參差，招生面放寬似難以避免。為保證佛學院的聲譽與畢業生質量，嚴出（准予畢業從嚴）也屬必要。為鼓勵所有願學且盡個人努力學習的學僧，對他們學習到一定階段，分別授以結業、肄業、專科畢業、本科畢業、碩、博士生畢業證書等等，並拓寬出路，適當分流。國外社會對這點已普遍認同，大學畢業甚至拿到博士文憑後，依然做點小事也很正常。當然，在大陸寺院越來越多而能管理好寺院的「僧寶」特缺的情形下，也許不至於這樣，但在僧格培養不夠，管理、弘法及處理政教關係的經驗、技能不足的狀況下，在商業社會、享樂社會氛圍愈來愈濃的趨勢下，能否管好寺院，不至於敗壞佛教的社會形象也成問題，這也不是簡單的能否守戒問題，而是關係到個人意願與綜合素質、能力的問題。當然，這並不說戒律的學習、研究，戒律教育不重要。

2. 更加重視沙彌尼教育及其改革。少子老齡化時代來臨，沙彌學僧也存在越來越稀缺的趨勢，且往往不是慢慢來，而是一下生源突降，難以應對，雖然誰也說不准這一現象在哪年會爆出來。依中國臺灣的經驗，佛學院的女性學僧終將成為多數。雖然由於大陸各地經濟社會發展水平差距大，不至於很快就會這樣，但未雨綢繆不會錯。高層次的女眾佛學院籌建及原有的要改革，對培養具有良好僧格，高素質的管理、弘法及處理政教關係的經驗、技能的女眾的模式應當進一步深入考慮。

3. 創造更與個體根器相應的多樣化培養模式。總體來說相對來說（不僅看絕對數量），僧才少了就更應有針對性地依其根器去愛護培養：

（1）肯定個體解脫追求與針對有些個體追求的狹隘性在適當機緣去引導。應當承認，至今大陸很多學佛者都緣於對世事的失望與求得個人煩惱的解脫，在學僧中也如此。現代性帶來的全球個體「原子化」加劇了這一現象，通過互聯網（包括智慧手機）結成小圈子也不會有很大改善。而且，對待他們，較之於以往僅因當地貧窮而出家尋求出路者更應肯定、鼓勵。但當他們有單純修行（多半情形是盲修）並不能獲真正有效的解脫時，抓住機緣以大乘教法引導，

幫助他們勘破自身的狹隘性則十分重要。這在佛學院中，需要導師制或學兄一對一幫助以實施。

（2）未發心與已發心的學僧要區別對待。在中級佛學院或許懵懂求學者（即未發心，還不知道自己未來真正想要的是什麼）居多。在高級佛學院中，應該啟發尚未發心者好好想想。對已發心者，則就容易明白學習相關知識的重要，也就是說，只有把握了知識點的相互關聯，依其內在「規律」去做，才有較大可能取得成就，好心才能得好報。如果學習或把握知識有疏忽，不但好心搞砸事常有，還可能會「害人」。對他們而言，如果真正理解了這點，輔之以科目的針對性，其學習的自覺性將大幅提高。學到用時方恨少，也就是所學知識、技能在運用時才會深感不夠，才能更珍惜佛學院生活。

（3）依其原有的不同的知識結構區別對待，例如在研究生階段，大學本科畢業的原「理工男」的知識結構與思維方式就與佛學院畢業生不一樣，設法與其原知識結構對接以教授佛學，（只要不執於某一教條，佛學本身足以涵蓋各種知識結構），而糾正其往往一不小心就會陷入的線性思維，則培養效果會較大提高。

（4）要請有聲望的教師講自己心得的精品特色課程以吸引人才。在民國，如太虛法師、虛雲禪師等都有一大批學生追隨，慈舟法師也有一批學生在顛沛流離中跟隨他。大陸地廣人眾，其實人才濟濟，關鍵在有沒有特色精品能吸引。如果每個佛學院都有這麼一門課程足以吸引他們，聽後能改變一些學僧與旁聽生的人生軌跡，何愁佛門缺人才。

（5）在教育中提示預防敗壞人才的警覺。優秀教師的講課，不僅是按教學大綱講，還應結合社會熱議，學僧關心的事，闡明佛法觀點；結合自己人生經驗，教學生將來在佛教界與社會上與人相處的經驗，特別是要給學僧以未來必然如大浪淘沙一樣，一旦忘乎所以走錯路，會被淘汰的警覺提示。例如在與信眾相處、與自己的在家弟子長久相處中，由於能切中並療治他們心病的僧伽稀少，這樣的僧伽會被如眾星拱月。此時如修行根基不夠，警鐘不能長鳴，天長日久會被「捧殺」。只有待信眾需求的提升與僧伽人品形成良性互動才能改觀。又如處理政教關係時也需警覺，缺乏把握底線的

大智慧，也很易掉進坑裏。人才培養不容易，在「富貴」、「權力」與自身「驕慢」面前敗壞卻容易。因此，佛學院對畢業生尤其要給以警覺教育。

上述五點，並不全面，其中前三點都屬於個別指導，後兩點則屬課堂教育，這些都意味著教師更大的付出，因此，留住人才顯得格外重要。

4. 有基本的福利保障與創造發揮才能的廣闊空間，營造溫暖的小環境。一支優秀的師資是佛學院的核心。如何留住人才，對佛學院與寺院都很重要。當然，基本的福利保障完全必要，但對留住人才而言，更重要的是給他們的才能發揮創造廣闊的空間與營造一個彼此關心暖心的小環境，難度在於留住不同類型的人才所需要的自由空間不同。

總之，在培養人才、吸引人才、留住人才、防止人才敗壞四方面都做好了，這樣的佛學院必將創造出佛教教育的大成就。

三、直依人生，增進成佛

多樣化的培養模式歸結起來就是依個性根器與社會需要去做，此外，多樣化還包括繼續教育與終生教育的創辦或規模擴大與做得更好。就應對老齡少子化時代而言，這兩方面幾乎不受優質生源緊缺的影響，而與佛教教育的根本指向──解脫、成佛及一步步的覺悟密切相關。

佛學肯定個人根器及個性發展各各不同，因而個性化教育非常重要。禪宗的長處尤其在個別化的「小參」與針對不同個性的啟發式教學，即「直指人心，見性成佛」。但現代化的課堂教育以傳授知識為主，因而只能普遍化，這是由於客觀的知識具有普遍性。然而人卻不可能不帶有主觀性，這是西方化的現代教育（中小學乃至大學，研究生除外）之所以與人格教育脫節的重要原因。按理，如果從個性抽象出的普遍人性也存在的話，那麼現代義務教育體系（在歐洲多國，公立大學也不收學費）採用針對性的教育也應有較大成效。可惜，就善惡（人格教育的核心）而言，正如太虛大師所說：「人性可以善，可以惡，也可以善混惡」。也就是說，個體的善惡觀念一向在變，隨著環境很易變，向下容易向上難。各種性善論、性惡論都有其片面性、暫時性，筆者在 2017 年中國佛學院舉辦的佛教教育研討會上已經論證過。如果一定說存在著普遍人性的話，那就是人的易變性，亦即「無常」。在「無常」之下，

只有兩條人性存有，即它「是無善無惡的，且是超善惡的。」〔註5〕無善無惡指人與眾生同樣的生物本能，其驅動的行為被佛學稱之為「無記」業。但當一定因緣具備，「無記」就會轉化為惡業或善業；而超善惡才是人的特性，即人之為人的由來，亦即慧覺，這點又包括兩方面：

首先，智力非人所獨有，不少眾生亦皆有，因而未被淘汰的眾生，就證明其有生命力，有對環境的一定適應能力，AI 甚至有超過任何人類個體的智慧.因此，人的特質在於有把握知識、善用知識的智慧，這一智慧當然具有高度的適應性，所以人為萬物之靈。

其二，也是人最突出的最重要的，是人有超越性的追求與不斷超越內外各種限制的能力。佛學將此能力的實現稱為覺悟，其最高境界就是成佛。對佛學院而言，依人的特性實施教學是「學修一體化」的落實。

太虛還說：「中華之佛教如能復興也，必不在於真言密咒與法相唯識，而仍在乎禪，禪興則元氣復而骨力充，中華各宗之佛法，皆藉之煥發精彩而提高格度矣。」〔註6〕這並不是說各宗教義的學修不重要（太虛當年在雪竇寺辦學時亦曾擬設與禪觀林相應的「律儀林」、「密咒林」、「淨土林」，也曾大力弘揚法相唯識與運用唯識學），而是說禪的活潑帶動了中華各宗的宗風弘揚，廣義禪修（包括止觀）的定力也能帶動對各宗的瞭解與學習。就個體而言，可依根器與興趣擇一宗作為重點。當然，對形成民間一時風潮的那些鼓動也要關注，但對學僧來說，卻不可被它們所迷惑；對教師而言，須分析其種種格度不高的表現，幫助學僧提高認識，使他們在寺院任職以後，也能恰當對待、引導。所以，佛學院辦繼續教育與終身教育當然包括辦禪修、念佛班等等，本部學僧也須「學修一體化」。因為「定」不僅有助開慧，也有助於心不隨境而變。

太虛還進一步為比較適合精英根器（慧根充足）的「禪」擴展為使更多的現代人也能受益指明了方向。他說「應易『直指人心，見性成佛』為『直依人生，增進成佛』」。〔註7〕在此，「易」指創造性轉換。為何要「易」？因為作為禪宗的「見性」前提之「人性論」受到了儒家性善論影響，難免把「可以善，也可以惡」視為「善」是固定不變的，這就違背了佛教根本義理「空」。

〔註5〕釋太虛：《人性可善可惡》，《太虛大師全書》第 42 冊，頁 731，臺北：善導寺1980。

〔註6〕釋太虛：《評寶明君〈中國佛教之現勢〉》，《太虛大師全書》第 49 冊，頁 103。

〔註7〕釋太虛：《即人成佛的真現實論》，《太虛大師全書》第 47 冊，頁 461。

儒家的積極入世精神融入漢傳佛教，活潑潑地催生了印度文明與中華文明交融的多方面的偉大成就。性善論的影響在已成為過去的宗法社會，也曾有助於禪宗的廣大傳佈，但性善論與依佛學義理之「性覺論」並不完全吻合，參禪得悟的慧根亦不是人人充足的。因而個體就可據自身根器、經歷的種種不同，在「萬行」中選擇一、二而發心專修或兼修，從中都可有所覺悟。不但如此，直依「無常」的人生，領悟人之所以為人，由圓成人格而成佛，道路則更為廣闊無垠。若追究「少子老齡化」的形成因緣，則無疑與由現代性展開激發的城鎮化有著密切關聯，因為正是在現代性展開最充分的發達國家中，大量人口集聚在少數大城市，又正是在這些大城市市民中，「少生娃」現象最為普遍。與鄉土社會轉為市民社會相應，原為鄉民「神佛不分」的信奉已大為衰落，這亦為現代性帶來的「祛魅」表現。由於以往很多神祕現象在現代都已可依科學原理清晰說明，隨著科學普及，應該是「直依人生，增進成佛」才對廣大市民以及文化素質較高的新一代學僧有更多的說服力與吸引力。

佛學院亦當依據學僧發心（在現代稱之為志願）的不同，盡量設置更多專業或方向。教師，特別是研究生導師更應據此同時依社會需求，為學僧的「人生」前途考慮，由人格進至僧格培養，在智慧傳承與知識傳授兩方面都力求有的放矢。

少子老齡化時代已來臨，佛學院當通過多樣化培養模式與多層次授證體系去因應，變現實的嚴峻壓力為教學改進的動力，打通在知識傳授與僧格培養之間尚存的隔膜〔註8〕——知識就是力量，知識如能被學僧所把握也能增強其信心；而由佛陀智慧傳承所啟發的僧伽自身智慧增長養成的僧格，則保障了知識能被善用於為人類眾生造福。在人格—僧格教育方面，佛學院具有優勢，畢業生不但善於弘法講經，如能輔之於適合僧伽從事的文化、藝術、教育、慈善、管理等專業知識傳授與運用，那麼僧伽人數雖然也許不可避免減少，但吸引、培養的僧才素質將大為提高，因而完全可以發揮出更大更多的效用。

有了充足的高素質僧才，才能鋪展更廣泛的社會教化。由佛學院師生舉辦適當的社會教化活動，也會給佛學院涵養出優質生源——自幼薰陶佛法的少年。

自現代性在西方率先在「不意」中被觸發以來，它就猶如鏡映萬象的萬

〔註8〕切莫被源於西方宗教背景的宗教學「知識」所迷惑——把信仰與知識對立起來。因為佛教從來就是內、外明並重的崇智而非反智的宗教。

花筒，且運轉得愈來愈快，奔向天際，抑或懸崖？沒人能預知，沒人能不被裹卷，學術界卻至今也難對它作出凝聚共識的定性，儘管現代性理論仍不失其對數百年來的歷史巨變及其包羅萬象的強大解釋力。英國歷史學家艾倫‧麥克法蘭指出：「現代性還有另一個更深層次的含義，從孟德斯鳩、托克維爾到福澤諭吉、馬克斯‧韋伯，許多偉大的思想家都對它有過深刻探尋。他們將真正的現代性定義為，將人類生活中的四個領域——權力（政治）、財富（經濟）、個人關係（社會）和信仰（意識形態）——盡可能地分離開來。」〔註9〕麥克法蘭的這四個領域劃分確實提供了觀察、研究現代性理論的更清晰架構，只是與「分離」相反的四領域「交集」也不容低估。不是嗎？政治對意識形態的操弄結果，引發了經濟利益分配格局的改變，經濟上的改變又總會引起某些個人的不滿甚至憤怒，這些情緒又被敏感的思想家捕捉鼓吹，從而改變意識形態。再如此往復「輪迴」。因此，現代勝於前現代的關鍵恐怕不在於分離，而在於相對前現代的所謂黑暗、野蠻、停滯而言，個人關係領域的活力釋放，即社會活力從被種種教人在世「安分」的前現代意識形態束縛中釋放出來，引發了政治、經濟、文化各領域急劇改變。〔註10〕然而演化至當代，活力強的人焦慮感也強，這不但由於有些領域的過度競爭，也由於人不再安分而前景莫測。

隨著現代性的展開，佛教在承繼其特有的內在超越的同時，也不得不順應此變局。對由現代性引發的關係人類眾生禍福的重大衝突，佛教既然最堅決反對以暴力手段解決，那麼在其他可選途徑中當以教育教化為優。不論南傳佛教，還是北傳的大乘佛教，歷來皆由僧伽引導信眾與民眾，實施教育教化，而高素質的僧伽缺乏，所以本書以僧教育為當務之急，並以之為收束。此外，由於現代性引發世局改變過於急劇，平和包容的佛教可提供緩衝，佛學智慧亦可提供其獨特的解析視角。

原載《新時期佛教教育體系建設學術研討會論文集》，北京：中國佛學院，2018。

〔註9〕〔英〕艾倫‧麥克法蘭：《談日本現代化的成敗得失》，https://www.thepaper.cn/newsDetail_forward_16189028/2022-1-11。

〔註10〕儘管經濟學界已有共識，即市場經濟勝於前現代的自給經濟，這不可否認，但市場優勢並不顯著，僅因冠狀病毒大流行採取的封鎖措施，就可在一夜間讓自給經濟抗風險優勢重現。

附　錄

近現代華嚴傳燈錄：月霞學案 [註1]

摘要：

　　月霞法師乃中華近代華嚴宗公認的一代宗師，除歷述其開悟體驗、師承及傳遞的法脈源流 [註2] 之外，本文著重論述他為華嚴學傳承所作的開創性成就，即他艱難創辦的華嚴大學、法界學院之一脈相傳，完全可與太虛一系創辦的武昌佛學院、閩南佛學院、漢藏教理院一脈，與歐陽竟無創辦的支那內學院一脈並列；闡述月霞之華嚴學造詣、應世智慧，以及被曾經勢不兩立的辛亥革命派領袖章太炎、戊戌維新派領袖康有為共同欽敬的罕見高風亮節，而其緣源正是這兩位叱吒風雲人物都受過華嚴法界觀恢宏學養的不同程度薰陶。月霞法師典範性地體現了華嚴菩薩行及其超越性。

關鍵詞：華嚴宗、華嚴法界觀、佛教本土化、華嚴大學、中國近代佛教

　　在於今尚存的漢傳佛教獨立宗派中，華嚴宗首先真正實現了大乘佛教在中國的本土化。誠然，縱觀同南北朝隋唐時代之華夏，三論宗獨立建宗立派在其前，但就個人體悟而言，「三論」崇尚的典籍（《中論》、《百論》、《十二門論》）雖有啟發，但屬於「論」，尚欠佛經才有的廣泛向心力。此外其印度色彩濃，與華夏傳統衝突大，因而只能說還未能實現本土化，所以三論宗傳承未久。正因華嚴教理才係第一個由漢族人修學《華嚴經》闡發其所獲高度覺悟而形諸漢語而成的教義體系，所以對後世其他佛教宗派乃至中國甚至東亞社會都產生了廣泛影響。可惜也因其率先，本宗的制度化（包括修行方式、儀式、

〔註1〕該書體例參照拙著《當代人間佛教傳燈錄》，北京：宗教文化出版社2017。
〔註2〕參見鄧子美：《繼承光大華嚴祖師傳統：論尊月霞法師為華嚴宗祖之正當與必要》，《翠峰華嚴論壇文集》，北京：宗教文化出版社，2020。

組織制度等）水平在諸宗派中難免偏低。而在教義優勢已形成的條件下，制度化傳承對宗派的綿延具有決定意義，因為只有靠制度，才能較大規模地陶冶與培養後繼人才，從中篩選優秀接法人，而不是憑往往偶然的師生機遇。與具有「後發優勢」即可借鑒前人長處的其他宗派相對而言，最早興起的華嚴對帝王扶植的依賴性很強，其法脈延續體現了典型的中國「人治」特色。從初祖杜順、二祖智儼到三祖法藏尚靠師承關係維持。自法藏圓寂（公元712年）到四祖澄觀（公元738～839）長大，具有學習能力已相距三十多年，師承既不明，且澄觀早年以參禪為主；澄觀傳宗密，宗密倡禪教一致，自此華嚴宗統與禪宗法脈便糾纏在一起。前者時斷時續，漫無統緒；後者規制嚴密，不難把前者盡掩。不但如此，華嚴宗初興便依靠武后與唐中宗、睿宗扶植，中興也靠唐德宗、憲宗及文宗青睞。所謂「人治」在此即指宗統維繫依靠著諸位祖師的個人聲望，由此一旦失寵於帝王或宗師寂滅，便徒眾星散、典籍流失。極可惜華嚴宗統的一度墜落正是如此。

　　由於明末清初對抗滿族統治的強烈社會需求，當時華嚴也曾隨諸宗一起復興。但至清末，華嚴宗統又乏緒可追。恰於此時，楊文會託人於日本搜集到中國久已失傳的唐釋智儼《搜玄記》、法藏《探玄記》等數十種華嚴典籍，並整理刊行。楊文會也深入研究華嚴教理，並結合時代需要作了發揮，激起了強烈反響。華嚴之學把大乘思想推闡至極致，是佛教中國化的最早結晶。在中華文化危亡關頭，其博大的宇宙觀能夠替代已被西學擊敗的儒學僵硬天地觀，有助於激發民族自尊心、自信心。其菩薩行強烈救世精神與悲天憫人胸懷也喚起了救國志士的共鳴。因而康有為、譚嗣同主要是以華嚴的一些觀念為基礎，分別撰寫了《大同書》、《仁學》這兩部名著。章太炎也宣稱「自非法相之理，華嚴之行，必不能制惡見而清污濁。」〔註3〕月霞法師遂應邀在日本向中國的救國志士宣講華嚴，產生了深遠影響。宗仰法師、華山法師等在當時也結合華嚴精神鼓吹革命。在清廷頑固不化，革命思潮風行全國的形勢下，華嚴教義一度引領社會，滲透佛教諸宗。

一、生平與思想成長

　　近代深入闡發弘揚賢首教理之首倡，非月霞法師莫屬。月霞（1858～

〔註 3〕章太炎：《人無我論》，《中國佛教思想資料選編》（第三卷第四冊），北京：中華書局 1990，頁 199。

1917），俗姓胡，名顯珠，湖北黃崗人。幼受傳統私塾教育，曾應童子試。七歲時即被迫結婚，十餘歲時兼習醫，旋對佛學發生興趣，萌發出世之心，卻遭父母反對，只能留存於心。1875 年獲一子，翌年復得一女後，顯珠遂向父母表白：「古往今來常聞人言『不孝有三，無後為大』，今可告無罪矣！」隨即拜別父母來到南京，依觀音寺禪定長老出家（一說在南京大鐘寺出家），其年十九。次年於九華山受具足戒（一說在銅陵大通蓮花寺受具足戒）。他初學天台教觀，不契，便改參向上一著（即禪），自此遍參江浙一帶禪門名剎高僧。四方參禪閱藏。後至常州天寧寺謁冶開禪師，有悟，至 1906 年得嗣其法，為臨濟宗第四十二世。1882 年，至陝西終南山結茅靜修。同年冬，時駐西安之綠營統領蘇軍門因向月霞請益有獲，遂月饋齋米，月霞將之分贈鄰近諸茅蓬。後蘇軍門復至，月霞建議他布施軍田一二百畝交給僧人開墾，形同恒久供養。蘇軍門允之。月霞因而率領僧侶同參農禪並重，並鍛鍊了自身倡導能力與領袖氣質。

　　月霞精研賢首之學，蓋初得益於 1888 年於河南桐柏山太白山頂，聽了塵法師講《維摩經》，是經宣揚的大乘菩薩道深契他心，故月霞現存唯一完整著述即為《維摩經講義錄》。後得力 1890 年於在南京赤山真如寺任首座。在該寺，月霞白天搬石運柴，晚上則席地而坐，與同參各言其旨，互相發明。一日夜深人靜時，月霞正為同參燒茶，法忍老人突然問眾僧「無字怎麼講？」眾皆默不作聲。法忍大喝一聲，令燒茶的月霞作答。月霞隨即應以「無者，沒有也！」。法忍又厲聲問：「沒有，又是什麼？」月霞答：「水開了，我泡茶奉老人。」這一應機回覆，將對法界觀的領會思索與答案都埋首在當下行為之中，而實行恰能更深切地理解佛理，並為他開悟播下了種子。從此，法忍每遇眾皆不答之問，必請月霞代答，月霞也因此成為法忍老人最器重的後學。此後，湖北名剎歸元寺請法忍講《楞伽經》，月霞應命隨師前往，多代座講經，極一時之盛。正是從這次在家鄉湖北歸元寺的講經，月霞開始了其後講經弘法生涯，影響甚巨。法忍命其分座說法，既煉其口才，也策其鑽研以《華嚴經》為主的大乘經典。果然，一日夜讀《維摩詰經》，靜坐達旦，突得桶底脫落，身意泰然，「諦信依無住本，立一切法，成就眾生，莊嚴佛土，惟人生最要重任」。於是發願弘揚以華嚴為主的大乘於天下，「教宏賢首，禪繼南宗」。〔註 4〕

〔註 4〕何建明：《近代華嚴宗魁首和僧教育的開拓者月霞法師》，http://www.foyuan.netarticle-531167-1.html。

1901 年，他再次至終南山結茅修行。1903 年，他赴泰國、緬甸、錫蘭（今斯里蘭卡）、印度考察上座部佛教、瞻仰佛陀遺跡，頗受當時當地正在展開的亞洲佛教復興運動感染與影響，其弘揚華嚴之志更堅。不但開闊了眼界，而且成為近代高僧海外弘法之先驅。1917 年 11 月 17 日（農曆十月三日），月霞圓寂於杭州西湖玉泉寺，世壽六十，僧臘四十二。後建塔於常熟興福寺內的師子口。

二、首倡近代僧教育，身體力行

1894 年，他駐錫安徽九華山翠峰茅蓬，會同揚州高旻寺首座普照法師、北京印魁法師結伴打禪七。三年期滿，對華嚴法界觀深有領悟，從此《華嚴》八十卷本成為其講經中心內容，1898 年，為弘揚華嚴，他與普照、印魁、通曉、可安諸師在此創辦「翠峰華嚴道場」，此為其日後辦華嚴大學之前身，學制三年；聽講學僧達 32 人，後皆成法門龍象。師資皆一時首選，如普照主講《華嚴》，月霞主講《勝鬘》，虛雲先助講《華嚴》，後主講《金剛》，印蓮主講《阿含》。次年諦閑法師也來此恭與盛事，講「天台四教儀」。月霞由此開始積累辦佛教教育之經驗。一方面承繼了傳統叢林教育的精髓，另一方面「開始有了現代僧教育的雛形」。〔註 5〕同時，月霞除在該道場講經外，也應邀於武漢、北京、江蘇、浙江各地講經說法，受到南北緇素兩眾的稱道，聲譽日高。1899 年，月霞被聘為安慶迎江寺住持，並在該寺辦學。1904 年，敬安禪師（法號八指頭陀，乃太虛之師）於寧波天童寺籌備僧學堂，翌年在寧波創立僧教育會。約同時，月霞也以迎江寺住持之銜發起創立安徽省僧教育會（一說為安徽省佛教會，疑誤。其時全國尚無佛教會之稱），兩位全國僧教育首倡者遙相呼應。

1908 年，楊文會在南京創辦祇洹精舍，月霞與楊文會皆了知南亞佛教復興運動及相應的中華佛教應擔責任，故兩人一拍即合，月霞應邀在校任教。楊文會以佛學為主，兼習新法（指西學與維新之學），借鑒日本佛教教育和歐洲基督教教育的辦學主張與現代課堂教育方式對月霞也有深刻影響。1909年，月霞因其深厚佛學造詣，與兼具興辦傳統僧教育與新式佛教教育兩方面經驗，在兩江總督端方和楊文會等人的舉薦下，出任江蘇僧教育會副會長，並擔任江蘇僧立師範學校的監督（校長）。據多年追隨月霞法師的智光法師

〔註 5〕張珊珊：《月霞法師復興華嚴之研究》，中南民族大學碩士學位論文，2014。

後來回憶，當時該校學僧八十多人，後來與太虛一起大鬧金山寺的仁山法師時為學長。「當時諸同人見法師，行住坐臥，若講演，若訓話，處處具大乘菩薩之真精神」。

　　1912 年，月霞應上海佛教居士之請，前往講授《大乘起信論》，狄楚卿居士邀月霞為各報撰稿，宣揚佛法，並推薦他入住哈同花園，為哈同夫人羅迦陵講說《維摩》、《華嚴》，同時在上海參與編輯出版《佛學叢報》。當時康有為也在上海，建議哈同夫人弘揚佛法，開辦華嚴大學，哈同夫人便以創校一事委託月霞。1913 年，「華嚴大學」終於在哈同花園創立，園中為此新建了禪堂、講堂，首屆招收學生六十人，訂為預科三年、正科三年，以學習、弘揚華嚴教義為主。然而第一屆預科班尚未結業，即有人挑撥，後又因花園女主人羅迦陵自恃有功，在農曆正月初一日要求學僧全體向她磕頭拜年，並以不再提供辦學資費要挾。月霞歎道：「吾之培育僧才，豈為一日溫飽！」於是絕食抗議，直至奄奄一息，方被康有為接出救治，其後胃病益重，至僅年六十而寂，當與此有關。但羅迦陵仍嘖有煩詞，於是月霞憤而將華嚴大學遷至杭州海潮寺，利用舊有禪堂、法堂繼續上課。月霞除了為學生講《華嚴經》以外，尚有《楞嚴經》、《大乘起信論》等。華嚴大學在海潮寺又維繫了兩年未滿，但此地也有諸多困難。月霞本擬將華嚴大學遷九華山東崖寺，且已辦妥手續。〔註6〕但遷往該寺仍寄人籬下，有重蹈覆轍之可能。恰於 1917 年，他奉治開禪師之命任常熟興福寺住持，乃將華嚴大學遷至該寺繼續開辦，並改名為「法界學苑」。該校辦學三年三遷，因為沒有固定教學基地，學僧學習也不可能不受影響，月霞及其助手應慈等也為疏通與應付各種要求疲於奔命。幸而該校培養出一批人才，如持松、常惺、慈舟、了塵、戒塵、藹亭、智光等。這些弟子除了繼承弘揚華嚴教理外，有的兼弘真言，有的兼修律、淨，有的和月霞一樣兼參禪，有的一度主持中國佛教會具體工作，一代又一代僧伽相繼努力，遂使華嚴教理弘揚海內外。

　　月霞辦學思想，由《華嚴大學緣起》可見一斑：「世運之治亂繫乎人心，

〔註6〕1916 年，月霞呈文當時安徽省長倪嗣沖，稱「（中華佛教華嚴大學）開辦既已二年，教育亦臻逐漸發達。惟僧校性質素以清淨為主，奈海潮寺地近城市，過於喧囂，今擬遷移安徽青陽縣大九華山東崖寺為校址，已與該寺住持心堅接洽商妥。」懇請安徽省長諮報教育、內務兩部，並告示青陽縣當妥為保護。參見《安徽省長倪嗣沖致內務部諮》，中國第二歷史檔案館編：《中華民國史檔案資料彙編》第三輯，《文化》頁 741。

人心之善惡關亦教化，教化不興而欲人心同歸於善良，未之有也。」華嚴「教之深廣，巨周沙界，細入微塵也。」華嚴法界觀將當世所謂「宏觀」、「微觀」無不貫通，其「十玄門」更為人們敞開了多方面分析與看待萬物的視角，力圖消解絕對性與片面性等引起人們價值紛爭的思想根源。然而因其涉入甚深義理，非較長期間的薰習難以把握，故須培養學僧，使之「分布各地，倡導人民；期於世界同享和平，人心共臻良善，進趣佛道，克證圓乘。」這也是擺脫明清佛教被邊緣化的處境，重建佛教主體性，並從僧教育起步以緩解全球價值觀衝突（當時表現為第一次世界大戰的陰雲密布）造成的人類厄運的宣言。1915 年杭州海潮寺發布之華嚴「辦學簡章」宗旨更明確：「本校以昌明佛教，研究華嚴教義，兼授大乘經論，養成布教人才，挽回世運為宗旨。」這點也可從該校開設儒家典籍、佛教史、中外歷史、中外地理等課，幫助學僧瞭解世界大勢中證明。月霞論道：「天下事法久弊生，人所皆知。若不為之改變，未有能常住於世間者。泰西之舊教新變，故其勢力遍滿於環球。中國之道教無人（推動變革），故其末路衰微而近絕。」〔註7〕這既是他首倡僧教育，以期改變明清以來佛教的邊緣化處境的出發點，也表明了他對西方宗教改革有深切瞭解，對道教在現代之衰早有預見。無限的「變動不居」思維即動態思維是包括華嚴在內的佛學立於世界學術之林的特色之一。

月霞在辦華嚴大學期間，還先後至九華山東崖寺、湖北歸元寺講《楞嚴經》、《大乘起信論》，並且到江蘇宜興磬山寺講《華嚴一乘教義分齊章》。總之，月霞、敬安、楊文會三人才係中華近代僧教育當之無愧的開路前鋒。

三、大乘華嚴法界觀及其踐行之效

月霞對杜順的法界觀及法藏、澄觀的章疏均有深湛的研習，他著力闡發華嚴的無盡緣起學說與萬物相對論，認為：「須彌、大海之大，芥子、毛孔之小。非放芥子、毛孔令大，以容須彌、大海；亦非收須彌、大海令小，以入芥子、毛孔之中。不動本體，而相攝入，即一真法界之妙用，事事無礙法界也。」「真如性理，生、佛本同……眾生不守真如，即成妄想，故有分別，由是彼此各殊，大小各別，處處窒礙；菩薩不失真如，故能依正無礙，大小融容。」〔註8〕

〔註7〕釋月霞：《法源論》，《佛學月報》刊期待查，黃夏年主編：《民國佛教期刊文獻集成》正編，北京：全國圖書館文獻縮微複製中心、中國書店 2006。
〔註8〕釋月霞：《維摩經講義錄》卷二之上，民國刊本，頁40。

發揚大乘菩薩行精神，把緣起說推向無盡，破除世俗彼此、大小等兩極的各各對立，標樹不執一端的相對及其蘊含的中道，正是賢學的精髓。

　　中國信眾最廣泛的禪淨兩宗，皆程度不同地存在著太虛所謂名弘大乘，實行小乘（在此小乘指只顧自修不顧度人，非指南傳佛教）的偏向，但由於華嚴學的滲透，它們也存在著在理論上暗暗棄小改大（乘）的趨勢。近現代華嚴教理的闡揚與佛教革新運動、人間佛教思潮的推動，使諸宗至少在理論上不得不承認菩薩道乃為「正軌」，〔註9〕並把無盡緣起說與相對論作為前提而接受。然而即使單單弘揚華嚴教理也需要基地。月霞弘揚華嚴就備受漂泊無依，甚至受人排擠之苦。他曾多年隨緣在湖北、安徽、江蘇、浙江各地講《華嚴經》、《華嚴一乘教義分齊章》，結果卻未能培養出大批追隨者。

　　經過總結教訓，乃有華嚴大學，特別是法界學院在月霞任住持的常熟興福寺創辦。不但如此，華嚴教理本具實踐要求，只有運用教理指導實踐（包括修行），才能在實踐中進一步深刻體驗，將教理，特別是將其精神內化為個人各方面行動的指南。於是，宏大的法界緣起觀薰修引發了月霞對清末時局之所觀察具有遠超一般僧眾的大局觀，這也令他的講經能使各界人士折服。1906年，留學日本的佛學家桂伯華因曾聽過月霞講經，故在日本東京發起迎請月霞講經的活動。月霞甫抵東京，便為當地華僑講《楞伽經》、《維摩經》、《圓覺經》等，受到熱烈歡迎。聽講的人士中有章太炎、蘇曼殊、孫少侯、劉申叔夫婦、蒯若木伉儷等。講經的成功，特別是有感於當時僧人文化素質的普遍低下，難以領會華嚴大旨，也激勵了月霞在回國後致力於辦僧教育。於是同年，月霞與應慈、明鏡、惟寬三人，在同嗣天寧冶開老和尚之法，傳臨濟宗法脈之時已發心辦學，尤以月霞與應慈為堅。在修行體驗方面，他畢生修道，無一日不坐香，無一年不打七。他創辦華嚴大學，信守叢林教育之規範，每日升大座一次、小座抽籤復講一次，嚴遵佛制。在該校，他對師生宣講經典百餘遍，薰陶出大批弘揚華嚴的學僧，在太虛主辦的武昌佛學院、閩南佛學院與歐陽竟無主辦的支那內學院系統之外，重建了華嚴宗獨立的統緒而至今不墜。此蓋由月霞與師生朝夕相處，一言一行感人之深；也由師生銘記他臨終三次遺囑：「吾死後，勿念佛號，勿行齋事，勿學俗人齊衰（宗法禮儀），但七誦《華嚴》題號而已。唯吾弘三部《華嚴》之願，但畢其二，有志者當弘大經，勿興小志。」從該遺囑可見，這才是純正的佛弟子，其宏願足以垂世。

〔註9〕張澄基：《淨土今說》，《佛學今詮》，臺北：慧炬出版社1983，頁362。

他對狄楚青、高鶴年居士云：「死非吾所畏，縱牛胎馬腹，三途火聚，吾此弘法一念，不忘也！」此具見大乘菩薩精神。他彌留之際，執應慈法師之手言：「應弟，善弘華嚴，莫作方丈！」應慈等師生確未辜負他的期望，月霞的大願已歷跨世紀傳承，「法界學院」新一代師生更將之光大發揚。可惜，月霞講經雖多，著述也應不少，但迄今只有《維摩經講義錄》及《法源論》、《尚賢堂演說佛教之希望》得以留存，餘多散佚。

佛教的超越性即出世本懷，決不可解讀為離世、棄世、避世，相反的正是「不離世間覺」。月霞深體大乘此旨，辛亥革命後，月霞就充分利用自己早與革命黨人之間結下的善緣，前往武昌面見黎元洪都督，告以佛法真諦。他在上海也曾邀各報館主筆，為佛教輿論之護持。而世間即當時社會也能給予良性回饋，如月霞被迫將華嚴大學遷往杭州時，革命黨人陳演生、周仲良等，都給予了大力的支持和幫助，陳演生還成為月霞主持海潮寺華嚴大學的「副助教育之人」。但不離世間不等於隨順、迎合世間，相反的正是以佛法的高品位引導世間，包括反制世間的墮落。因而，在1915年袁世凱任總統時，日本向北洋政府提出「二十一條」，其中夾雜著別有用心的日僧來華傳佈贊同軍國主義的日本佛教的無理要求，孫毓筠等在京人士為抵制其陰謀，發起了北京講經會，邀請講經弘法頗具影響的月霞、諦閒入京講經。北京新舊政要人士群集聽講，法會堪稱民國之極盛。但月霞講經未完，即以其慧眼識破了袁世凱爭取日本支持以稱帝之野心，便託病南歸，示主持者以顏色。辛亥革命元老章太炎曾在1915年給月霞的一封信中，讚揚月霞「主講華嚴，想聽受正法者，當如竿蔗竹林也。佛法之衰，實由諂曲，今之口言正覺，行如修羅者多矣。師獨有大雄無畏風概，即此可昌吾宗」。月霞圓寂後，維新派領袖康有為也特撰詩云：「千載破山興福寺，六朝栝桂鬱去煙。老僧圓塔傷花落，潭影空人更愴然。」康有為佛學涵養頗深，維新志士亦多受華嚴薰陶，以譚嗣同最為顯明。

月霞推動近代僧教育之功不僅在其首倡而已，更在於他把法界觀內化為與生活、與觀照社會完全同一的待人處事，以及發表評論、教導學僧的出發點與歸宿，這與被章太炎批評的具有普遍性的「口言正覺，行如修羅」者們或人格分裂，或借佛營私形成了鮮明對照。這種菩薩現身的言傳身教，才能感人至深，深入心髓。所以內而學僧一代又一代追隨，至今不衰；外而政治主張各有不同的各界皆敬服，佛法超越時代、超越社會界限之特性由此淋漓盡致體現。

月霞：《維摩經講義錄》（節選）
　　　　《華嚴大學緣起》

　　該文雖以羅迦陵名義發表，然以文中對自古《華嚴》流傳及其內容之諳
熟而言，即非月霞親撰，亦當出於其授意並經其審定。因本文作為論文發表，
故僅節選之月霞大師之原文存目。原載《「紀念月霞大師百年誕辰」第三屆華
嚴論壇論文集》，常熟：江蘇省佛教協會、興福寺、法界學院，2017-11。

試論祖師祖庭傳統的人文價值

摘要：

　　本文以考察世界主要宗教之神、人關係轉換作為主要線索，論證了具有祖師傳統，乃漢傳佛教及受漢傳佛教影響的周邊佛教的特色之一。而祖師傳統之最值得繼承與發揚的方面在於其保存了源於早期佛教與儒家思想的人文價值，並使之融為一體。朝禮祖庭正是表達對祖師敬意與感恩的方式及具體的場地體現。作為這一研究的副產品，本文還提出了佛教本土化乃特定文化背景下的公共選擇過程的論點，認為祖師傳統既極具現代價值，對解決全球面臨的一些問題亦有啟發性。正如祖師傳統所體現的印度與中華文明之交匯一樣，唯有通過東西方文明的交匯互通，著眼全球的體現神、人關係進一步轉換的價值引導才有望形成。

關鍵詞：祖庭、祖師、漢傳佛教、人神關係、人文價值

　　本文僅為「試論」，緣由此題前人尚很少涉足，既有歷史意義亦富現實意義，然而難度極大，因為縱向「穿越」三千年，橫面「跳跨」五大洲的祖師傳統內涵極豐富，本文只作了粗線條的內在邏輯勾勒，病疵在所多有，尚祈方家有以教正。

一、漢傳佛教之傳統特色所在

　　在三大語系佛教中，巴利文系（南傳）佛教以長老傳統為其特色。上座部這一名稱已經清楚表示了它繼承了部派佛教傳統的淵源。除了崇拜佛陀這一佛教根本所在之外，被尊為上座的長老是維繫教團凝聚力的最高權威。南傳佛教依靠長老的傳承，既保存了較多早期佛教本義，也保存了較多的早期

人類部族社會遺風，並因後一關係顯得保守。這是與南傳佛教流行地區的相對較為原始的部落文化相適應的。在文化多元的現代社會，保守不一定就是貶義，與之相反的激進亦非褒義。

藏語系（藏傳）佛教以活佛、上師傳統為其特色。具有「形而上學的觀念理性化」與系統倫理〔註1〕的體現著高層次文化的佛教傳入藏地之後，引導與改造了藏地本土的苯教傳統，但與高原藏民生活方式相應的苯教依然有殘存，也不可避免地攙入個體對佛教的信仰之中。與印度、西域部派與大乘佛教借助絲綢之路較早傳入漢地不同，較晚由印度直接傳入藏地的主要是有回歸印度主流文化傾向的「密乘」佛教。苯教殘餘與密乘的結合，以及藏地高山大川的雄渾聖潔映照，使藏傳佛教更具神聖化、神秘化色彩。所以，藏傳佛教的活佛、上師傳統一方面以此為背景，另一方面則更緊密地與直接指導個人修行結合。

對應之下，漢語系（漢傳）佛教特色之一不妨也可歸結為祖師傳統。漢傳佛教與南傳、藏傳形成不同傳統之歷史原因至少有三點：

1. 佛教傳入漢地的路徑與時代之影響。就路徑而言，古印度北方佛教經西域傳入漢地，北印度與西域佛教較之南印度更豐富多彩，其希臘化的多神、人格神的偶像化色彩強烈。今巴基斯坦白沙瓦博物館還保存著明顯的犍陀羅佛像特色，具有強勁生動的藝術感染力。這些更便於佛教大眾化與被多樣化地理解與接受，並與廣袤漢地的不同民俗信仰相結合，給對佛陀與各宗派的不同祖師的人格崇拜創造了條件。就時代而言，至少從東漢初年開始至魏晉南北朝，在約五百餘年的時間裏，從大眾等各部派教義到初期、中期大乘體系紛紛傳入，豐富龐雜，供漢地僧俗依自身需要選擇的餘地也大。此兩者都是漢傳佛教各宗派的創立之背景之一。

2. 佛教經典眾多，教義龐雜，往往使初學者感到無所適從，不得不從自身對少量經典的深入理解入手去把握，從自身修行體驗中去把握，而無論是對經典的理解還是修行體驗都不可能擺脫其個人經歷的影響。如果說，各人對經典的不同理解之間因著文本具在，尚有更多的共通性，那麼修行體驗則帶有更多的個人性。這是宗派創立的創造性之源。當然，佛教宗派及其義理的創立也絕不可偏離經典指導，只能理解為祖師對其精選精讀的經典結合個人悟解的創造性闡發。

〔註1〕〔德〕馬克斯·韋伯：《經濟與社會》（上），北京：商務印書館，1998年，頁479～482。

　　3. 漢地高僧崇拜盛行之因緣。與印度種姓與職業分工結合的社會不同，與蒙藏地區的游牧社會也不同，漢地農耕社會的主體──農民世代的生活方式就是「臉朝黃土背朝天」，因此大多不自覺地陷入了偏重於具象的直觀思維方式。對他們以及熟悉他們的「士」而言，具象的佛陀更親近，印度式抽象的思辨未免陌生。這也是玄奘創立法相宗而其法脈至第二代就未能被續傳下去的原因之一。同樣，近在身邊的高僧更可親可敬，所以漢地佛教精英難免一改印度重思辨輕歷史記載之文化傳統。從〔梁〕慧皎撰《高僧傳》看，一方面是承繼著中華史學傳統，另一方面也由因應著宗法社會多子嗣的繁衍現實，因信眾人口基數大，也就需要更多高僧教化。人多僧少，在「尚德」的中土，品行高潔的高僧更可貴，由此就有了對高僧的崇拜。

　　迨隋唐完整意義上的中國佛教宗派創立後，以禪宗為典範，既然開山祖師就是有著眾多「法子法孫」的高僧，祖師崇拜也就自然而然地從高僧崇拜中脫胎而出。

　　祖庭是祖師開宗立派或擴大門庭設施時所在的寺院，或開山所建的寺院。漢傳佛教以及受漢傳佛教影響的國家與地區之所以重視祖庭，歸根到底是為了表達對祖師的敬意與感恩，朝禮祖庭正是表達敬意與感恩的方式及具體的場地體現。

　　但是，祖庭的意義卻不但在於它提供了紀念祖師的場地；不但在於這是不遠千里而來朝禮，緬懷祖師德業、感恩祖師遺澤的最宜處；更在於只要誰敢於擔當承繼使命，它就能在具象的親近中，賦予誰千載悠悠的神聖感。

　　從比較宗教學看，則不管是南傳、藏傳還是漢傳佛教，他們與唯一神教的重大區別就在於都共同地高度崇拜佛陀這一闡發自身修行體驗所獲超越性智慧的典範性人物，而不是與人有著不可逾越界限的唯一神，所以本來就相對地重視人文價值。三大佛教傳統都認為，人與佛之間不存在劃然界限，人有可能通過修行，獲得與佛陀一樣的超越現實世界、超凡脫俗的智慧。當然，由於感受、體驗到個人的邈小，肉身的有限，藏傳佛教崇拜的佛帶有神的色彩，漢傳佛教與日本佛教的某些宗派所崇拜的佛也具有人格神意味，但他們不約而同的是把依據自身宗教體驗對佛經作出獨特闡發的宗師也置於非常崇高的地位。

　　佛教與唯一神教的又一重大區別在於：唯一神教依託僅一本或兩本的單一經典，這一經典源於神對人的啟示，人只是神啟的宣告者，且絕不容人對此存疑。神全智全能，超越性智慧只屬於神，人要全心全意信靠神；而佛教

依託的佛經數量眾多，結集的時代不一，〔註2〕由作者根據修行體驗，把自身對超越性智慧的理解貫穿在對「經」的解釋之中的「論」，也在佛典中具有很重要地位。由於這一重大區別，佛教宗派的創立大多依據祖師在繁多經典中精心選擇的一部或多部而作出的詮釋，而印度論師之「論」書也可作為其後繼者判定本宗的教義優越性的依據之一。相對而言，在唯一神教中，創立教派者對經典依據的可選擇範圍就狹隘多了，他們只能依照對經文的不同解釋或選擇經文的不同重點，以構成本教派信奉的「信條」。儘管唯一神教也有眾多「聖人」，但神啟的話語權威遠高於「聖人」的榜樣力量。

　　如果將佛經與唯一神教經典的內容形式作大略性的比勘，則可看出，後者的教義雖僅一本就可囊括，但其中分為律法、歷史、詩歌、先知、福音、書信等類，每一類都講教義的不同方面，很少重複；而儘管佛經有「阿含」類、阿毗達摩類（南傳特有）、般若類、涅槃類等等之分，數量雖多，闡述的義理則大同小異，且多重複。以「般若」類為例，或以寓言為喻，或以神話傳說為喻，或編排人物故事為喻，或破斥謬見以顯真，或逗機啟發，形式多樣，文字可多可少，如《心經》僅260字，《大般若經》則長達600卷，但其義理核心無非是敘說不落兩邊（即「常見」與「斷滅空」）的中道，經與經之間往往語詞表達不同，但意義重複，所以，祖師往往只須集中全力精研一經或少數幾種經文，就亦可闡解佛教基本原理。這為祖師傳統的確立提供了既保有本土的獨特人文價值又不至於偏離佛教根本的可能，而祖師傳統確立後就成為漢傳佛教的特色之一。

〔註2〕唯一神教經典在古代雖經長期積累才成型，亦有後人作為數極少的精心增刪，有現代考古所發現的「羊皮書」的攙入企圖，有過某一教派把自己的「神聖文獻」與此並立（然而其他教派都認為這是對神啟的褻瀆，決不容忍）等等與佛經結集增補類似的意圖，但其成型後的「原典」卻保持大體不變，僅其神學解釋隨時代改變而層出不窮（然而各種解釋遠在經之下的地位與佛藏中的「論」、「疏」不可同日而語）。而佛經則除原始的「阿含」外，有部派的、大乘的、密乘的層迭累積，數量越來越多。兩者間之所以如此走向殊途，筆者認為，除了在佛教中，「經」的地位確認早已形成了由長老背誦佛陀遺言，信眾聚會無異議通過（哪怕僅在某部派內部）的民主傳統，佛教本有的寬容（與之成為對照的則是唯一神教的「嚴厲」）傳統等因之外，與其心理原因也有關，就妄自「攙入」而言，唯一神教信徒對神的末日「審判」可能因此爆發的憤怒報復十分恐懼，而佛教信徒只有對眾生的導師的敬仰與對自身「業力」導致的「報應」的畏懼，且「增補」者並不以為這是作惡的褻瀆，而是功德。顯然，各自心態並不在同一層面上。

二、華夏本土文化之人文價值與祖師傳統

　　在神、人關係上，遠古人類普遍把神置於最高地位，華夏民族也不例外。對此，甲骨文提供了充分證據，全部甲骨文都是人藉以窺知神意的占卜記錄，甲骨文記載中也早有了作為最高崇拜對象，能決定人與王朝命運的「上帝」或稱「天」。商王篤信「天命」，「率民以事神」。〔註3〕

　　可是至商周之際（公元前十一世紀），由於相信只要上帝的恩寵在，人就可以恣意妄為的帝辛（紂王）敗亡，商朝隨之而滅，西周依靠得民心而興。對至上神表示懷疑的人文思想因此興起，即所謂「天聽自我民聽」，〔註4〕以德配天。〔註5〕西周王朝因此強調「德」治，而與「德治」相對的是「法治」。不可否認，作為唯一神教之源的《舊約》所主張的由神裁決的上帝律法之治，強調人的「原罪」（從人性論看即人性中惡的一面），具有更強的約束人的行為的功能；也不可否認，唯一神信仰在猶太人遭受奴役，被迫流亡之際具有強大的民族凝聚力。但也應看到：雖然外力的約束對大多數人而言更有效（這點中國法家也早就認識到，法家也主張性惡論），但也有其侷限。而正是唯一神教絕對唯一，不容有二的性質，導致對其信仰愈虔誠，就具有愈強的內部凝聚力，同時也意味著其愈排外，愈殘忍地不惜以殺戮對付所謂異端與異教徒。

　　孔子最仰慕周公，嚮往西周初的德治與禮治（禮是早期宗法社會中貴族行為規範與調整民事關係的習慣法〔註6〕）。周公以商敗亡的教訓——包括盲目信神與濫施刑法（僅憑刑法，以外在暴力及其警戒去約束人們普遍行為的效力極有限，即法不罰眾）教導西周貴族統治者：要以自身遵守禮節的行為作為平民的榜樣，要以自身德行去感化民眾。當時姬姓貴族剛取得政權不久，「殷鑒不遠」，所以周公這一套很有效，以致「刑措（擱置）四十餘年不用」。〔註7〕

〔註3〕《禮記・表記》，上海：上海古籍出版社，1987，頁294。

〔註4〕《尚書・泰誓中》，北京：中國文史出版社，2003，頁147。

〔註5〕即商代統治者因「不敬厥德」而失天命，而周王「其德之用」，方能「祈天永命」。（《尚書・召誥》，北京：中國文史出版社，2003，頁225及《毛公鼎》銘文。）

〔註6〕與古希臘、羅馬在個人私有財產制已確立的前提下，以民法調整民事法律關係不同，「禮」調節的是在財產共有的前提下，家族、家庭內部的成員關係。

〔註7〕〔漢〕司馬遷：《史記・周本紀》，《二十五史》，上海：上海古籍出版社、上海書店影印本，1986，第1冊頁18。

　　與釋迦牟尼重視教化相似，孔子作為華夏春秋時代即全球的軸心時代的偉大教育家，發掘並大力宣揚了西周初的理想化景象，由於正值「禮崩樂壞」之際，這符合社會普遍的重建秩序需求，所以這一理想首先是對其弟子，然後是對國人都產生了相當大的感召力，由此奠定了華夏本土文化的人文傳統。但後人解讀為復古，就未免失之片面。孔子對「天命」、對宗教則持以不可知論態度，同時保持敬畏。子不語怪力亂神，但深知民眾習性，有意借助神而教化之，「祭神如神在」，即利用神道說教。傳承孔學的儒家各派在各時代的主張略有不同，荀子受道家思想影響，其學說中的天人關係已轉化為主要強調人與自然的關係，「天道」中神的因素進一步淡化。孟子學說中對「天」的解釋之神秘色彩強些，但其民本主義思想也更強。此間矛盾的合理解釋之一是這派企圖借助諸子百家公認的「天道」神秘權威以抗衡君權，強化其民本主義的正義感、歷史使命感。無論各派如何解說孔學，褪去後世統治者給孔學披上的意識形態外衣，以及為維護自身統治需要而塗抹的「神聖」光環，孔子本人只是首倡私家辦學的「先師」，〔註8〕強調與傳遞人文價值的先師，當然也是偉大的先師。

　　作為儒家主流的孔、孟之道特重人文（文即文化教育）。未事人，焉事鬼神？〔註9〕孔子這句話鮮明地意味深長地提出了作為人，首先要探究人自身，這在古代標誌著思想史上的重大轉向，在當代尤顯迫切。孔孟之道的價值探究重心於是從天、人關係轉向了人際關係，亦即個人與群體構成的社會關係。在他們看來，「德」即「仁義」乃調節社會關係的根本，依義（道德、精神價值）、利（衣食、繁衍等利益）追求之不同，人類可分為君子、小人兩大群體。良序社會應由君子以德行激勵個人修身，進而引導（雖要求齊家治國平天下，但亂世則獨善其身也不失其為君子）民眾向上。孟子說：「人之所以異於禽獸者幾希，庶民去之，君子存之。」〔註10〕那麼，君子如何保存不同於禽獸的道德質量呢？儒家因而深入到個人身心關係的探究，即其修養論（以內省為主的

〔註8〕孔子先於東漢和帝永元四年（公元92年）被封為「褒成侯」。於隋文帝開皇元年（公元581年）被封為「先師尼父」，於是歷代沿用並加封。

〔註9〕《論語·先進》，原文為「季路問事鬼神，子曰：『未能事人，焉能事鬼』。」（宋朱熹：《四書集注》，成都：巴蜀書社，1986，卷6頁3。）孔子的回答很巧妙，迴避了神而作了轉向。這與其「事鬼敬神而遠之」的歷來做法頗吻合。（《禮記·表記》，上海古籍出版社，1987，頁294。）

〔註10〕《孟子·離婁下》，宋朱熹：《四書集注》，成都：巴蜀書社，1986，卷4頁28。

成賢成聖的理想品格追求）。進而，孟學後繼者撰寫的《大學》謂：「欲修其身者，先正其心。欲正其心者，先誠其意。」「知止而後有定，定而後能靜，靜而後能安，安後而能慮，慮後而能得。」〔註11〕《中庸》曰：「自誠明謂之性。」「唯天下至誠，為能盡其性。能盡其性則能盡人之性。」〔註12〕這些都顯示了早期儒家對人的心性之探究。由於儒家文化在漢地擁有主流地位，把神不靈驗歸結為人的心不誠的種種信仰只能居其次。

　　總之，在佛教傳入之前的華夏文化語境中，遠古人類普遍關注的神、人關係早已置換為天、人關係，「天道」中雖含神的因素，但在爭議中存在被逐漸淡化的趨向，例如董仲舒代表的西漢今文經學以陰陽學的五行作神道說教，但這種讖緯神學至東漢即被古文經學否定。與神被淡化相應的是，人文價值包括人之所以為人，個體與群體關係，個體人格追求、精神追求及身心安頓處等，皆被凸現。

　　佛教是在批判印度主流文化──婆羅門教中誕生的，它創生之初就否定了「大梵天」神的定命論。佛陀獨創的緣起論根本概念「空」，即色的流轉，就足以解釋在歐洲古代用神意不可捉摸來解釋的偶然、不確定性、人不由自主的一面；在空與色之下的「法」的概念〔註13〕，也足以解釋遠古普遍的神定論所表達的規律、確定性、人的命運有其定向的一面。換言之，佛教基本原理之空，並非否定萬物眾生相的存在，而是講任何事物都不存在不變主宰（無我），在無限的不確定中存在著有限的確定性（無常）。眾生的解脫追求（涅槃）端靠自力修行，修行有賴於寂靜（定），但目標是獲得超越性智慧。在這一學說中，本來已無需神意即可達致理論自洽。但是，佛陀也看到了眾生根器的多樣性，對不同的一時難以領悟其教旨者採取了不同的啟導策略。正是沿用其原初策略（方便），隨後在部派佛教、大乘佛教、密乘佛教中就演化為把印度、西域、漢藏諸神、鬼的一路「收編」，轉為佛教「護法神」。這與孔子「神道說教」策略有幾分相似。

　　最早來華傳法的印度、西域僧人有意地沿襲著在彼地十分有效的策略，以便佛教能在被初步接納的基礎上，啟發人們進一步對義理的理解。由於不諳

〔註11〕《大學》，宋朱熹：《四書集注》，成都：巴蜀書社，1986，頁 2、1。
〔註12〕《中庸》，宋朱熹：《四書集注》，成都：巴蜀書社，1986，頁 21、22。
〔註13〕法即「任持自性、軌生物解。」（《雜阿含經》卷三十一）這就是說，每一事物保持著它自己特有的性狀，然其變動軌道確定後則特性隨之可被人認識。

梵文與不瞭解印度文化，漢人對印度、西域高僧及其傳播的神化佛教與佛教義理都未免抱有盲目排斥或崇拜態度。外來僧人的策略與漢地僧俗「外來和尚好念經」式的崇拜，特別是大部分本土信眾因著「自力」的渺小薄弱，其偏於感性的信仰〔註14〕有著對神化的佛菩薩「他力」的強烈需求等，這些應是漢傳佛教中供奉的「神」至今仍超過佛教本有人文價值因素的主要原因吧？但經過約五百餘年的佛經譯傳，經過將佛教義理概念體系與儒家、道家學說的概念體系相互「格義」，漢地精英明白了許多概念的描述話語雖不同，其實所指為一。特別是對先經印度、西域高僧傳授，漢地僧俗練習、把握的多種修行方法，經過長期熟習運用，有些漢地精英也終於能夠親歷親證佛陀與外來高僧的同樣體驗。由此，不分中外，不分眾生根器的「普度」平等性在東晉時即引起了普遍關注。又因漢地精英之早年，無不深受中華主流文化的啟蒙，於是人皆能成賢成聖的理想人格追求遂轉化成是否「眾生皆能成佛」的可能性探討。當然，這一探討很快就獲得了印度傳來的經典確證。可是，其結論卻反而極大增強了漢地僧俗的自信——連「一闡提」亦可，那麼素稱「難得」的「人身」既親證了佛教修行體驗，又何須分印度、西域或中土？只要證得，甚至悟得一部分，也就皆可傳法，至少無妨與他人分享。於是，在劉宋年間（公元 424～428）形成的這一共識，雖然未必直接昭示對佛經有著個人悟解與自己修行體驗的漢地佛教精英自行開宗立派，但無疑為開宗立派敞開了道路。由此，涅槃宗、成實宗、三論宗等紛紛興起。須注意的是，在漢地佛教精英對佛經的個人悟解中，很難避免其早年學養的潛移默化滲透，其自身修行體驗也有著早年個人經歷的影響，依著他們的理解，或者說經由本土文化的選擇性接受，印度傳來的佛性論（如來藏說而非唯識或中觀）與孟子的性善論結合，無形中成為「眾生為何有可能成佛」的理論前提。

前提既已具備，加以隋唐社會高度繁榮，文化高度開放。至此，各種條件或者說因緣，就催生了漢傳佛教各宗派的創立與成熟。就後世才被公認為祖師的早期高僧本人而言，他們不論是重《華嚴》，重《法華》，重《楞伽》、《金剛》，重《阿彌陀經》、《觀無量壽佛經》，還是重《四分律》，未必都有開宗立派的自覺意識，但他們都有以疏解所精研的經典的方式，或以師徒口耳相傳的方式，把自己得之不易的悟解與修行體驗傳於後世的使命感應無疑。

〔註14〕鄧子美：《論佛教信仰的理性特徵》，《普門學報》（高雄）第 20 期（2004 年 3 月）頁 179。

與此形成對照的是，當時由於「明經」科科舉（與「進士」科不一樣，其策論與詩賦考試既聯繫社會實際，也給考生留有個人才能發揮的空間，故為士林所重）設立，攻讀儒家「五經」的考試與做官發財直接聯繫在一塊，孔穎達的《五經正義》被官方定為標準答案，這種完全為功利目的的強壓式死記硬背式讀經，導致了一部分最優秀的學生對儒家經典的疏離甚至反感；對《五經》的教條化解讀，也導致了儒家思想體系局部喪失了對前所未遇社會問題的解釋力，喪失了對人們因外來文化輸入激發的思考所產生疑問的解釋力，儒家文化的吸引力因之一時大為下降。玄奘等不畏千險萬難赴「西天取經」，其實代表了當時最優秀的部分精英之求知心態。他回長安時，上自唐太宗命百官遠迎，下至萬人空巷的沿途自發拜迎，其實也折射出整個社會對佛教的廣泛需求。

儘管「儒門淡泊，收拾不住」，[註15] 但儒家最為重視的上述人文價值已經通過祖師對佛教義理的本土化闡解與佛教修行方式的本土實踐，先是散佈，後是積澱在各宗宗旨之中。從內容看，主要有人間化（儒家最為關注的人世間方面轉化為祖師對佛教本有的入世性強調）、倫理化（儒家強調的「德」——仁義禮智信「五常」等被添加以佛教的解釋，並與佛教本有的大慈大悲大勇等倫理交融，甚至與印度佛教倫理本非相融的儒家孝道也在更寬廣的視野下漸漸被接受）、文化包容性（佛教寬容傳統與儒家「和而不同」之會合）等。從價值傳遞途徑看，主要有儒家最為重視的教育與佛教歷來重視的教化相融，修養與修行之不相悖；而祖庭與佛教道場，則具有育僧和化俗雙重功能。但是，從儒、釋個體各自追求的目標看，雖然由佛教的「果位」論、「境論」啟發形成了中華文化自身的「境界」論，儒、釋也皆認同個體在目標的達致上存在層次差別，但漢傳佛教堅持著自身成佛目標乃最高境界。

從後人從初祖到二祖、三祖……對祖師的追認看，不一定需要他們相互間有直接的師徒相傳關係，更為重要的恐怕是他們共奉的宗旨或法門之間有重大的相承關係，亦即凡對光大門庭，建立或擴大門庭設施有重大貢獻的高僧都可以被追認為祖師。甚至，被認定為祖師也不一定要開宗立派，開山

[註15] 〔南宋〕釋志磐：《佛祖統記》卷四十五：「王安石嘗問張方平：『孔子去世百年，生孟子亞聖。自後絕無人何也？』張文定公言：『豈無？只有過孔子上者。』王荊公問：『誰？』張文定公言：『江西馬大師、汾陽無業禪師、雪峰、岩頭、丹霞、雲門是也。儒門淡薄，收拾不住，皆歸釋氏耳。』」。上海古籍出版社校注本，2012。

建寺也行，只要其法脈多有衍傳。而由光大門庭，擴大門庭設施的使命感出發，朝禮與紀念祖庭也就有了更為廣大的意義。從「法脈多有衍傳」返觀，佛教本土化不僅是祖師對佛教義理的本土化闡解與佛教修行方式的本土實踐產生的結果，更是由於歷代祖師愈強調本土價值觀念與適合於本土的修行方式，愈容易被廣大本土徒眾、信眾接受的結果。傳受與再衍傳之間如此循環強化的本土化，與其說是不管哪位的有意為之，不如說是特定文化背景下的公共選擇過程。

　　然而，唯一神教必定指責朝禮祖庭是古老的祖先崇拜的變種。對此作出回應，正如指責基督徒朝聖一樣毫無意義。但對有一類批評不得不作學術回應，即有些史學考證證明，漢傳佛教的重要典籍《大乘起信論》偽託了印度馬鳴。唐代流傳下來的禪史中許多說法，包括其中有的祖師及其法脈傳授源流也含有造假的因素，而且文字證據充分。本文無意就此再作考辨，僅換之以心態史視角申論。

　　首先，造偽作假無非為了個人名利，而偽託馬鳴的漢地作者並無此意圖──從其思想體系的完備性看，很可能與把唐代禪史法脈依後世建立「法統」的需要而「增」編成「完整」的系統一樣，作者並非一人，他們之所以偽託該論書譯自印度，偽託馬鳴這樣在佛教徒中有很高信譽的人物，蓋與祖師一樣，具有「把自己得之不易的悟解與修行體驗傳於後世的使命感」；而在隋唐之前，漢地戰亂不息，民眾本著自身艱難的生存感受，通常很容易把早就存在的在佛經中有描寫的對「福地」的盲目崇拜放大，並折射至印度等域外，甚至在佛教信眾中形成了「凡印方真」的「迷信」。本著「同情地理解」去看，在這樣的普遍自卑而「崇洋」的心態氛圍中，作者如果不偽託譯自印度，其心得有極大可能被埋滅，雖已自覺卻難以覺他。在瞭解作者的人看來，該論價值並不次於印度論師，所以協同隱名，並加以補充，抄寫流傳。或者，其託名之事逕由後人根據同樣的理由所為也未可知。〔註16〕事實上，漢地精英的同類作品由於未重視流傳方式而遭埋沒的不知凡幾，現今流傳的只是幸存，試看華嚴三祖法藏的疏、論也曾遺失，直到近代才從日本找回即可知。

　　其次，唐代流傳下來的禪史中的許多問題，也可從祖師的繼承者們對其前輩的崇拜心態，對沾「法乳」受啟發的感恩心態中得到「另類」詮釋。由於

〔註16〕梁啟超：《〈大乘起信論〉考證序》，《佛學研究十八篇》，南京：鳳凰出版傳媒集團，2008，頁341。

六祖慧能的門庭廣大，亦即能適應當時社會的多方面需求，不像北宗禪領袖神會那樣，把「寶」押在中央朝廷與帝王個人的崇信上，所以當北宗的傳承受到「會昌滅佛」的滅絕性打擊時，南宗禪不但「法子法孫」不斷綿延，其法脈還不斷擴大。作為宗史的記載，作為「嗣法」人的作者們出於上述心態，或貶低神秀，或對非本宗的傳承不作記載，或受孔子以來「為親者諱，為尊者諱」的傳統影響而不提祖師的弱點與錯誤，或為擴大門庭而美化自身一脈，甚至加油添醋等等，都不是不可理解的行為。當代人的這些行為有過之而無不及。胡適等學者以現代史學的公正客觀標準要求古人，毋寧為苛求。當然，他們的考證對完整禪史的建立，掃除民國時有些人對古代書本的膜拜心態的貢獻也應肯定。同樣應肯定的是，唐代流傳下來的禪史作為基本史料的地位不可動搖。

　　最後，隋唐社會高度繁榮，中外高度開放以及廣泛的中外通商、中外文化交流，使漢人之出境與見到「高鼻深目」的西域人都顯得平常。同時玄裝等高僧介紹印度、西域實況與佛教現狀的著述，如《大唐西域記》等在華也開始廣泛流傳。漢人中對「西域」的盲目崇拜心態從此被打破。原來，印度、西域的生存條件較之當時中華竟更為艱難，佛教佛學除那蘭陀等地之外，也早已衰落，昔日聖蹟已大多不堪。由此對比，中華文化自信油然而生。六祖《壇經》再也不需託名或假稱傳自印度，也被公認為佛教經典，成為指導修行的可靠依據。經中公開把啟自早期儒家人文傳統的「明心見性」，懸為鑒別佛教修行是否已達致「開悟」的標準。〔註17〕且《壇經》並非孤立，隋唐臺、賢、淨、律祖師著述中同樣帶有儒家思想的痕跡，只因時代已開放，不但未被認為「不純」，且被社會廣泛認同。當然，在他們著述中，早期儒家粗糙且略顯褊狹的心性論已被早就具有世界性、人與眾生共通性的佛教如來藏說改造，並輔之以或廣大、或精細的思辯論證，所以隨後對後期儒家（即宋明理學、心學）轉而產生了重大影響。《壇經》被確認為「經」，祖師語錄、著述也被確認為指導修行的可靠依據，這些都是漢傳佛教祖師傳統確立的標誌。與此相應的是，「成佛作祖」已經並列且經約定俗成，這在語言學上是社會普遍認可的象徵。除祖庭被崇仰外，許多寺院也專門設立了祖師殿，禮敬祖師及其儀式從此成為各宗派與宗風維繫與發揚的方式之一。

〔註17〕《壇經。行由品》：「菩提自性，本來清淨，但用此心，直了成佛。」「無上菩提，須得言下識自本心，見自本性。不生不滅……若如是見，即是無上菩薩之自性也。」《金剛經》、《心經》、《壇經》，中華書局譯注本，2007，頁115、128。

從此，在漢傳佛教的主流宗派與精英層看來，釋迦牟尼就是釋迦族中已覺悟的「聖人」、「佛祖」，佛陀與祖師的人格表率意義高於神，佛經則是記載闡發他們已獲致的超越性智慧的載體。從梵文「佛」的本意就是「覺」看，也確實如此。

三、祖師傳統的現代人文價值

在中世紀晚期，約相當於中土南宋至明代前期，受到希臘羅馬古典哲學啟發，出於對天主教禁慾主義與教會神學思想禁錮的不滿，歐洲也產生了人文主義思潮。這是西方早期現代化的先聲。與祖師傳統保存的儒家人文價值的相似之處在於他們的思想既保存了古希臘人文傳統，也轉而對西方宗教改革發揮了重大影響。而宗教改革成果之一就是神、人關係在優先次序上的突破，即基督新教尤其強調「上帝愛人」。當然，西方人文主義與儒家人文主義在形成背景、主要內涵、批判對象等方面都存在很大不同。西方早期人文主義在主張「解放」人慾的同時，也並不摒棄對人的「利」欲必要的節制，他們不否定宗教，還保留著作為西方文化傳統的基督教信仰。由此，借助新教價值倫理，以及隨後也把價值重心置換為人的其他宗教倫理節制，最早發端於西方的現代資本主義才形成了自身秩序，具備了在全球可持續擴張的能力，並推動著科學技術與物質生產能力突飛猛進。與此同時，已經釋放出的人慾卻不可能在人文主義者與啟蒙學者設定的理性界限前止步，如果沒遇阻礙，前面就是無底深淵也照樣會跳下去。孟子所謂禽獸間的生存鬥爭，只是換了個彼此殘酷地爭奪市場、殖民地的新面目，由此引發了兩次世界大戰，運用現代化高科技手段的人類相互間的殘殺之慘，禽獸倘有靈當自遠愧不如。

在西方儘管由於所謂上帝的理性還殘存於人心中，世界秩序一次次得以重建。但可悲的是，當尼采喊出「上帝死了」，認識到上帝意識已經瓦解的西方精英已越來越多。〔註18〕那麼，附麗於上帝意識的節制著利欲的人文價值

〔註18〕鄭義靜認為：儒家的人文思想資源「可以很好地啟發西方社會解決它所面對的挑戰，二戰後，美國和歐洲社會被迫面臨道德、人性的自我危機，從德國的理想主義（Idealism）幻滅到法國的存在主義（Existentialism）興起，上帝意識瓦解後的西方思想界一直在尋找新的思想資源，以適應多元文化交匯互通的全球新格局。」鄭義靜：《在第二屆唐獎漢學獎頒獎儀式上的演說》，這是她作為已96歲的美國著名漢學家、哥倫比亞大學前副校長、東方語文系、國防語言及地區研究中心主任狄百瑞的代表發表的演說。http://culture.ifeng.com/a/20160924/50018718_0.shtml。

又將託身何處？

如果依從原教旨主義，回歸託付於唯一神信仰，那麼可以看到，正是由於這種回歸的極端表現（即為唯一神獻身而不惜以活生生的人肉作為炸彈載體，無視人的生命價值），挑動了一輪輪恐怖主義戰爭與衝突，進而觸發了中東「難民」移民浪潮，由此使西方部分民眾把難民移民作為其因經濟全球化而利益受損的替罪羊，激化了由於金融資本已經全球化，企業主可以隨時轉移資本而勞動力轉移受制於國界的資本主義內在矛盾，激化了西方各國之間的矛盾，主要表現為轉嫁危機而「以鄰為壑」，競相使本國貨幣貶值或實行貿易保護主義。中國則由於已經恢復了市場經濟，由於融入了經濟全球化並從中獲益，但同時也產生了與西方早期資本主義同樣的嚴重生產過剩、經濟增長降速等問題。這些都表明，我們生存的這個世界已經比以往更緊密地聯繫在一起，對此，各國政治家都難以有效應對，專家們也受制於其知識有限的專業背景，提出的對策也大多是缺乏全球眼光的頭痛醫頭，腳痛醫腳。

如果神意難靠，那麼是否能繞過「德」及其體現者「師」，直接依靠民意？可惜，人們看到的是，無論是最近英國「脫歐」公投或美國大選，直接民意所體現的與其說是人文價值，不如說是短視的個人利害關係與情感愛憎。當然，在此非指直接民意表達不重要，而是為強調祖師傳統的現代價值：承前為了啟後，「啟後」比情感的懷念、感恩更重要。印第安諺語說得好！「土地不是我們從祖先那兒繼承來的，而是從子孫那兒借來的」。當今美國最有名的母親米歇爾為了孩子的長遠考慮的演說也贏得了公眾滿堂喝采，她說：「我們努力地引導我們的孩子，保護她們不受這聚光燈之下的不尋常生活的傷害，鼓勵她們不去在意別人對她們的爸爸的國籍或信念的質疑。……我們向她們解釋，有些人可能殘忍而霸道，但這不意味著你可以墮落到與他們一樣，絕不可以。我們的信條是，當別人往道德的低處走時，我們要繼續向高處前行。」〔註19〕

米歇爾說「努力地引導我們的孩子」，也與佛教的自力貫穿「過去、現在、未來」三世說，禪宗之「當下一念」關乎未來異曲同工。她說「當別人往道德的低處走時，我們要繼續向高處前行，」也就是說，必須由人文價值所體現的道義引導人的逐利本能與愛憎情感，人類才可能有長遠的美好未來。當然，本文決非有意高估佛教，貶低西方人文傳統。恰恰相反，正如祖師

〔註19〕〔美〕米歇爾：《2016 年 7 月 25 日在民主黨全國代表大會上的演講》。http://blog.sina.com.cn/s/blog_597a1b9b0102wie5.html。

傳統所體現的印度與中華文明之交匯一樣，筆者認為，唯有通過東西方文明的交匯互通，不必再完全仰賴於神的著眼全球的共享人文價值才有望形成，成為走出現代性困境的導引。至於該由人類中的哪一部分群體作為其擔綱者？儒家君子說雖有其合理性，但已顯然不可行，米歇爾以母親身份發表演說，因為母親們天然關愛下一代，故最有可能成為擔綱群體之一；而佛教的超越性智慧和祖師傳統最重要的乃「啟後」，所以同樣也關愛下一代的教師們也很有可能成為擔綱群體。自然，這因其職業緣故。

佛教的「祖」，不僅是先輩，而且是優良傳統的保存者與維繫者，是具有超越性智慧的先覺。這裡講的「師」，且不論儒佛抑或其他，都是人文價值的傳遞者，他們從來就為德所繫，為教育教化所繫，是最能為子孫萬代考慮的職業群體，因為他們既像父母那樣能為孩子著想，又不僅只為了自家孩子。廣義來說，「師」也可包括傳授各行各業技藝的師傅，因為他們要傳授好技藝也先要教做人。當然，祖師是他們中的典範，法師應該是祖師風範的直接繼承者。當下，儒家傳統的施行「德」育即人格教育所必須的「師道尊嚴」已經屢遭衝擊，幾臻絕境，而祖師傳統還保存著為師尊嚴與僧格教育、人格教育，此豈非東亞文明之幸？

我們朝禮祖庭，緬懷祖師，也當由此契機重估由祖師傳統保留下來的中華人文價值，接續傳統，深入發掘與創造性地發揚其中富含的優秀文化遺產。

原載《漢傳佛教祖庭文化國際學術研討會文集》，北京：宗教文化出版社 2016 年。

論人間佛教在東南亞傳播三階段
——以早期傳播史為中心

摘要：

　　以星雲法師派遣慈莊法師赴美創建西來寺（1977）與倡立「國際佛光會」（1991）為兩大標誌性事件，近現代人間佛教海外傳播史可以劃分為兩個階段，第一個階段為所在國（地區）因本土華人社會需要，邀請人間佛教提倡者及其弟子來當地弘法並爭取他們常駐的時期，此即為本文所稱的早期。東南亞三國（新加坡、馬來西亞、菲律賓）原漢傳佛教的現代轉型較具典範性地展現了這一傳播狀態。本文即以此為中心展開論述。第二個階段為人間佛教教團已建立了「本山」——作為教職人員與骨幹力量的「大本營」與培養教育及再培訓基地，由本山派遣骨幹，有組織地主動地向海外傳播「人間佛教」理念，建立起與本山保持著密切聯繫的道場並不斷發展，其制度設施及文化模式均源自本山，具有複製性。就東南亞而言，其範例有佛光山馬來西亞、新加坡、菲律賓、泰國道場，法鼓山的馬來西亞、泰國分支等。因為有本山支撐有組織的自覺傳播與出於自發的邀約性傳播之性質不同，所以在史學研究上應予區別。星雲法師還進而提出了人間佛教本土化要求，如果法師願景進一步實現，那就進入了人間佛教傳播史上第三個階段，在東南亞將不限於在各國各地的華人社會中傳播與承繼漢傳佛教傳統，有望展開新的局面。

關鍵詞：人間佛教、東南亞佛教、人間佛教傳播史、人間佛教本土化、國際佛光會

引言

　　文中東南亞，主要指菲律賓與位於馬來半島上的新加坡及馬來西亞西部，包括位於加里曼丹島北部的東馬以及泰國，但不包括印度尼西亞、柬埔寨、

老撾、緬甸、越南。而且除越南外，這些國家傳統上都屬南傳佛教佔有絕對優勢區域，與在上述四國華人社會中占優的漢傳佛教有較大差異。因此，本文華人佛教轉型指華人漢傳佛教信仰形態的轉型。其中，由海峽兩岸來到當地的僧人，承當著現代佛教觀念傳播者、催化者以及轉型成就鞏固者的角色。

以星雲法師派遣慈莊法師赴美創建西來寺（1977）與倡立「國際佛光會」（1991）為兩大標誌性事件，近現代人間佛教海外傳播史可以劃分為兩個階段，第一個階段為所在國（地區）因本土華人社會需要，邀請人間佛教提倡者及其弟子來當地弘法，並爭取他們常駐的時期，此即為本文所稱的早期。東南亞三國（新加坡、馬來西亞、菲律賓）原漢傳佛教的現代轉型較具典範性地展現了這一傳播狀態。本文即以此為中心展開論述。第二個階段為人間佛教教團已建立了「本山」——作為培養教育教職人員與骨幹力量的「大本營」及再培訓基地，由本山派遣骨幹，有組織地主動地向海外傳播「人間佛教」理念，建立起與本山保持著密切聯繫的道場並不斷發展，其制度設施及文化模式均源自本山，具有可複製性。就東南亞而言，其範例有佛光山菲律賓道場與光明大學、佛光山馬來西亞道場、新加坡與泰國道場，法鼓山馬來西亞、泰國分支等。因為有本山支撐有組織的自覺傳播與出於自發的邀約性傳播之性質不同，所以在史學研究上應予區別。

星雲法師還進而提出了人間佛教本土化要求：「尊重各地的文化，要用中華文化與當地文化融合交流，而不是用自己的文化去侵略別人的文化。……我應該要尊重別人的文化，我們來到這裡只是為了奉獻、供養，如同佛教徒以香花供養諸佛菩薩一樣，」[註1] 如果法師願景進一步實現，那就進入了人間佛教傳播史上第三個階段，在東南亞將不限於在各國各地的華人社會中傳播與承繼漢傳佛教傳統，有望展開新的一幕。但這尚屬草創，故本文僅從早期人間佛教在東南亞三國的傳播史實出發，略談由此引發的啟迪，包括如何尊重東南亞不同民族文化傳統、文化屏障之如何克服、人間佛教與上座部「參與佛教」如何攜手等。

一、東南亞早期華人佛教與太虛來訪

迄今有華裔血統的菲律賓人約占總人口的 20%，這證明有華人很早就移民

〔註1〕釋星云：〈人間與生活〉，《人間佛教論文集》上冊，臺北；香海文化公司 2008 年，頁 732～733。

菲律賓。與其他海島與東南亞濱海地區一樣，媽祖信仰在菲也很早就存在。〔註2〕據傳明清時期，閩粵沿海居民遠渡南洋諸島商貿，佛教亦隨華人移民傳至菲律賓。〔註3〕但筆者認為，此處所謂佛教也以民俗流傳的觀音信仰可能為大。因為在華裔菲籍信仰中，有認為聖母瑪麗亞就是觀音菩薩化身的，所以有的天主堂中的瑪麗亞造像之造型與特質有如觀音一般。

　　至清代（1636～1911），菲律賓、馬來半島華人移民信仰才有據可考。據佚名論文《清代馬來西亞客家人的觀音信仰》〔註4〕所載，最早由大陸遷馬來亞半島的客家人供奉觀音的廟宇，可能在馬來半島東海岸吉蘭丹的布賴地區。布賴村華人一直到 1933 年時，猶有老人記得在他們還年輕時，布賴村最重要的華人慶典不是農曆新年，而是觀音誕辰。在觀音千秋數周以前，慶典就開始籌備，以便維持超過十天的各種膜拜儀式。當時人群從哥打巴魯沿河乘船來布賴，售賣貨物和祭拜典禮、宴樂和賭博，相當熱鬧。所有神明也從廟裏被延請上轎，遊行到村中為慶祝特備的亞答棚中去。此外，慶祝的儀式不但祭拜華人神明，馬來人的「拿督公」神也受到祭拜，還有客家各戶先祖礦工的神位等……基於華人最初到達一個地區，必定也把他們心目中的鄉土神先祖帶到當地。因此，布賴水月宮的觀音信仰，大致最初也出現於大馬的客家村。它的出現說明，人們對佛教的親近，早先以一種民間信仰的形式傳播。在北馬，最早崇祀觀音的是檳城嶼廣福宮，該廟 1800 年建廟碑文載，捐款的客人可考者乃永定人胡武撰，他是海珠嶼大伯公的倡建人；在中馬，吉隆坡早年由惠州遷來的客家人所開闢，當地安邦區的登彼岸觀音佛堂，建於約 1884 年間。馬六甲觀音堂，則是福建移民所主祀的青雲亭之外的另一間祀觀音的廟宇，創廟於 1895 年。今砂勞越古晉達明路林華山觀音堂，本為「福善堂」，是崇拜「無極天尊」的先天教齋堂，成立於 1867 年前，現觀音堂最久的可考文物，是 1902 年留下的對聯。

　　值得進一步探索的是馬來西亞多處都出現象布賴一樣，凡崇祀觀音的廟宇都叫「水月宮」。〔註5〕而且，大都是在當年的金礦或錫礦產區。從田野考察

〔註2〕宋元樸：《媽祖信仰在菲律賓的傳播》，《莆田鄉訊》，福建省莆田縣莆田鄉訊社出版，1987 年 10 月 25 日。

〔註3〕釋瑞今等：《菲律濱大乘信願寺沿革》，blog.sina.com.cn/s/blog_61c3cab30100hlys.html2010-3-25。

〔註4〕《清代馬來西亞客家人的觀音信仰》，香港寶蓮禪寺網，http://hk.plm.org.cn/gnews/2007131/200713141725.html。

〔註5〕該處關於「水月宮」的闡述參見王琛發：《從發現道北佛寺壁畫 看吉蘭丹佛教歷史》，《無盡燈》第 27 期。

發現，砂勞越第一省新堯灣水月宮，據說是客家人在 1850 年建，現有門額是 1886 年由陳尊盛奉送。新古毛的岳山古廟，藏有一塊 1897 年的「水月宮」匾，其附近觀音閣建於 1904 年。霹靂州怡保的水月宮擁有一塊標明光緒十六年冬（1890／91）的雲板，由廣東肇慶人范昌明捐贈，這是怡保區已發現的華人文物中記年最早的。金寶務邊街的「金寶古廟」留下的光緒三十（1904）年香爐，也說明它原名水月宮。

馬來西亞檳城水月宮出現稍晚，如檳城廣福宮，宮內亦有供桌，注明是 1896 年由當地著名的佛徒陳西祥娘所贈，上刻「水月宮」。「水月」本是佛教用詞，佛教大乘十論之其中一論，即以水月譬諸聖之無實體，《智度論》六則曰：「解了諸法，如幻、如焰、如水口月……」。〔註6〕一心觀水相入水定的水月觀音，亦是在華流傳極廣的一種觀音造型；而飄洋過海的人們，要在海上冒風浪之險遠到異地採礦，更是險上加險；先民以水月觀音為心理依從及祈求保護之寄託，亦折射出南來華人在馬來西亞的開拓時代的辛酸。吉蘭丹等地的「水月宮」出現於礦區，又因緊急狀態，而出現了分香及遷移，正反映出馬來亞華人先輩的苦難歷史。有作者進而認為，早在清代及其前，馬來亞客家人已引進觀音信仰，儘管它們大多是香火廟。這固然可以說明是漢傳佛教信仰滲透客家移民社會及深入民心現象。但另一方面，不得不說這種觀音崇拜主要表現出信仰習俗認同，信徒大多是抱著「求神拜佛」的心態，而不曾去自覺理解佛教教義。因此大馬早期觀音信仰乃該地共同信仰及團結象徵，以至於成為各小區或個人的「保護神」，卻不一定隨著觀音廟的建立就會出現活躍的佛教活動。在這一層次的信仰中，人們很有興趣地講述妙善三公主的故事、藉演戲酬神辦廟會歡慶，甚至喝酒賭博；他們對此的熱心程度遠超對「五戒十善」或深入經典教義的重視。〔註7〕

由於當時籍貿易航路至這些地區的風險很大，移民需要精神支撐與撫慰以及排解鄉愁。至當地後，其生活來源也以務農為主或成為手工業採礦的苦力，因此他們以對媽祖、觀音等崇拜的民俗信仰為主。這與早年到美國作為「苦力」的華人移民信仰有相似之處，〔註8〕也證明了德國社會學家韋伯所言的

〔註6〕丁福保：《佛學大辭典》，臺北：天華出版社 1982 年，頁 668。
〔註7〕香港寶蓮禪寺佛教數據庫，hk.plm.org.cn/gnews/2007131/200713141725.html 2009-7-11。
〔註8〕李四龍：《美國佛教：亞洲佛教在西方社會的傳播與轉型》，北京：人民出版社 2014 年，頁 23。

農民對倫理型宗教的疏離。韋伯指出，農民的命運受大自然的強大約束，依賴於氣候、土壤等自然條件，而且在經濟上也很少會從自身出發採取傾向於合理的系統化手段，並依靠家庭。因此，他多半是祖先崇拜者，同時信仰巫術與鬼神（多神）。只有他原有生活地位受到威脅的時候，才會成為某一宗教信仰的同路人。〔註9〕

　　在北馬，客家人先賢張弼士等人領銜擴建當地人俗稱「龍撞鐘觀音」的鶴山大士堂，使它後來成為東南亞最大的佛寺——極樂寺，當時北馬著名的眾客家領袖都支持來自福州的「欽命方丈」妙蓮禪師出任住持。至1891年，原在亞依淡白鶴山上的一座木構大士殿，已發展成福州鼓山湧泉寺的海外別院。據韋寶慈1907年所撰《檳榔嶼白鶴山極樂寺碑記》，檳城鶴山極樂寺原本是以大士殿為主殿，主祀觀音的古廟。三年後立的《檳城極樂寺碑》則說明，當時「草架茅舍」有了改變之機運，是得力於嘉應客家人張煜南答應發動捐獻。極樂寺開山長老妙蓮，是唯一曾往北京請得《龍藏》，並獲賜紫衣殊榮的東南亞寺院住持高僧。他在極樂寺藏經樓留下的《龍藏》和「奉旨回山」的儀仗牌以及「欽命方丈」的匾額。〔註10〕

　　菲律賓漢傳佛寺出現稍晚，但也早與大陸福建佛教界以及馬來半島的華人佛教聲氣相通。民國初年大陸佛教社團紛紛組建，菲律賓當地由宗鄉會館轉變而來的華人社團也應已有一定維護信仰能力，因此他們於1931年邀請閩南大德，弘一法師的知友性願、樓蓮兩位法師到馬尼拉。同時，僑界信佛人士組織旅菲中華佛學會，於1935年發起在馬尼拉那拉街置地629平方米，啟工興建初期之大乘信願寺，誠請性願法師住持，性願法師也因此長期駐錫菲律賓，奠定了漢傳佛教在菲律賓之基礎，直到他1962年圓寂。〔註11〕

　　從19世紀後期至20世紀前期，大陸特別是廣東、福建、臺灣、浙江至三國原所在地區的移民大增。而當地貿易的發達則給善於經商的華人發揮才幹

〔註9〕〔德〕韋伯：《經濟與社會》，北京：商務印書館1997年，頁531。
〔註10〕王琛發：《從發現道北佛寺壁畫 看吉蘭丹佛教歷史》，《無盡燈》第27期。該文還考證了極樂寺六位主要的倡建助緣人都是客家人，而且除張鴻南外，張振勳（弼士）、張煜南、謝榮光、戴春榮、鄭景貴皆曾出任信託寺產的大總理。1904年9月，清廷任命張弼士為太僕寺正卿，兼任商部考察外埠大臣，督辦閩廣鐵路，負責海外招商及推動各地總商會成立。同時，張弼士也任檳榔嶼管學大臣，在檳城積極推動興辦中華學堂。
〔註11〕釋瑞今等：《菲律濱大乘信願寺沿革》，blog.sina.com.cn/s/blog_61c3cab30100 hlys.html2010-3-25。

提供了更多機會，特別是星洲（今新加坡），成為東西方之間以及東南亞貿易集散中心之一。善於經商的華人移民籍此站穩了腳跟，富裕者開始嶄露頭角，並開始投資工業，這改變了大部分華人的生活方式，同時推動了他們信仰層次的提高。

1819 年新加坡開埠，當時的英國殖民者意欲使之發展為一個重要的貿易商港，所以推行鼓勵移民的政策。1821 年 2 月 18 日，第一艘中國帆船從廈門抵達新加坡。1823 年「賣豬仔」的活動已在新加坡出現。早期移民由於人地生疏，無依無靠，基於鄉土情懷，他們會根據原屬的血緣或地緣關係，成立宗鄉會館或合資合力籌建寺廟，作為維繫宗族文化的場所。然而隨著商貿發展，在華商主導下主祀釋迦牟尼的漢傳佛教寺院也開始出現。

1898 年閩南鉅賈劉金榜居士發起創建了新加坡蓮山雙林寺，該寺於 1909 年完工，並聘請賢慧法師協助籌建。劉金榜出生於福建漳州南靖縣，20 歲時離開家鄉到新加坡謀生，創辦了萬山行藥鋪，後又創辦福南銀號，是新加坡早期的銀行家。而賢慧法師一家 12 人在 1892 年從廈門往印度和錫蘭（斯里蘭卡）朝聖修行，於 1898 年到緬甸後，經過檳城、馬六甲海峽來到了新加坡。劉居士即與他們商討籌建雙林禪寺事宜。由劉金榜提供 50 英畝土地，聯合佛教善信共捐出 50 多萬元，同時恭請賢慧為開山住持，依福州怡山西禪寺的禪宗叢林格局建寺，建築材料都由大陸運來。由雙林寺創建始，漢傳佛教在新加坡找到了定位，奠下華人佛教日後發展的基礎。〔註12〕當地華人佛教徒漸漸有了自己的會社，建立了更多道場，並邀請轉道、轉逢、會泉、圓瑛等漢傳佛教法師相繼來到新加坡，主持寺院，舉行法會，講經說法。

就東南亞人間佛教傳播史而言，當由 1926 年 9 月，星洲講經會邀請人間佛教的首倡者太虛法師赴南洋講經弘法作為開端。此前，廈門佛化新青年會會員蔣劍一、蘇鶴松、黃謙六等人皈依了太虛後，前往新加坡經商，約轉道法師等籌組星洲講經會，迎請太虛前往講經，講經會規模頗大，為太虛前往做了充分準備。除了給太虛預備護照及郵船艙位外，還要他攜帶侍役並邀一位英文翻譯同去。〔註13〕9 月 2 日，太虛一行抵達新加坡，被迎往福州會館，

〔註12〕佚名：《蓮山雙林寺──新加坡寺院》，www.fjdh.cn/ffzt/fjhy/jsy2012/1209390 2198228.html2012-12-17

〔註13〕當時英文翻譯人才很難找，太虛費盡周折，最後由別人介紹一個東北留法學生楊雪庵跟著一起去南洋，充當英文翻譯。

與當地華僑信眾見面，太虛在歡迎會上做了《祝南洋佛教之聯合》的演講，指出：「近年國內各地，兵戈擾攘，天災人禍挾以俱來，民生困苦，達於極點。」〔註14〕而現代學說多有所偏，惟佛圓融，堪救斯世！因而希望從速組建南洋佛教聯合會，以佛法救世。這是東南亞佛教徒聯合組織起來的先聲。隨後，太虛應南洋各界請求，前往各寺庵、各社團、各學校，並為他們演說《經商與學佛》等。5 日，太虛出席中華總商會的歡迎大會，並做了題為《袪世人對於佛法之誤會》的演講。隨後太虛又在新加坡新落成的維多利亞紀念堂演講佛法，一連講了三天。〔註15〕此後，太虛又應邀在江夏堂開講《佛乘宗要論》大意、《維摩詰經》大綱、《心經》等。當時在場聽眾大多數是福建籍華人，因此會場專門安排把演講翻譯成閩南語，使聽眾聞法歡喜。講座有時也有少數英國人前來聽講。值得一提的是，太虛此次在南洋還受到包括陳嘉庚、胡文虎等在內的當地華商領袖的熱烈歡迎和盛情款待。陳嘉庚（1874～1961）出生在福建省泉州府的一個華僑世家。17 歲時渡洋前往新加坡謀生，經過多年努力，其時已成為當地首屈一指的巨富。陳嘉庚得知太虛到新加坡弘法，專門前往拜會，向其請教佛法的同時，還親自陪同太虛前往其經營的橡膠園、工廠、商店等地參觀。胡文虎（1882～1954）也是南洋著名華僑企業家、報業家和慈善家，聞知太虛在南洋傳法，專門致函向太虛請教佛法與商業有何關聯，又專程將太虛接至其涼屋居留數日，熱情招待太虛。而在新加坡經商的太虛弟子蔣劍一、蘇鶴松等又抽空陪太虛在講經之餘前往馬來亞柔佛等地遊覽，使太虛深感在南洋大受歡迎，然不久，即因忽得熱病不得不歸國。〔註16〕

　　1937 年後日本在武力侵華的同時，大力宣揚所謂「大東亞共榮圈」，企圖從思想文化上為侵華戰爭吶喊助威，為隨後侵略菲、馬作準備。太虛身為佛門高僧，一方面積極撰文斥責日本軍國主義的殘暴行為，呼籲日本佛教徒起而制止戰爭。一方面向中國國民政府建議，呼籲政府利用佛教在東南亞的特殊影響，組織佛教訪問團，赴東南亞各國聯絡，宣傳中國抗日政策，以爭取國際佛教徒對中國的同情和支持。太虛的這一建議迅速得到政府的響應。1939年 9 月，國民政府函聘太虛為佛教訪問團團長，並專門撥款，讓太虛負責以

〔註14〕釋太虛：《祝南洋佛教之聯合》，《太虛大師全書》第 54 冊，頁 186。臺北：善導寺 1980 年。

〔註15〕太虛演講詳情參見《太虛大師全書》第 54 冊，頁 188～199。

〔註16〕釋印順：《太虛法師年譜》，北京：宗教文化出版社 1995 年，頁 121～122。

佛教自發組織名義出訪東南亞各國，一方面朝拜佛教聖地，訪問各國佛教領
袖，聯絡同教感情，弘揚佛陀法化；另一方面借機宣傳中國的抗戰，並昭示
中華民族與中國佛教徒正在為獨立和公平正義而奮鬥。1939 年，太虛組成國
際佛教訪問團，率團出訪緬甸、錫蘭、印度後，於 1940 年 3 月 27 日抵達新
加坡，原準備還要前往暹羅（今泰國）訪問，因日本已捷足先登拉攏該國，致
使暹羅排華，情勢惡化，於是太虛在新加坡、馬來亞等地遊化宣傳。在新加
坡，他應請在中華佛教會講《在家學佛次第》、中正中學講《菩薩行與新生活
運動》、維多利亞紀念堂講《八正道與改善人群生活》、靜芳女學講《佛教與
中國女學》等，大力弘揚其服務、教化社會等人間佛教理念。在馬來亞吉隆
坡也短暫停留後，太虛率訪問團經越南回國，結束了五個多月的第二次南洋
之行。〔註 17〕

　　太虛兩次到訪南洋，儘管時間都不算長，但都促進了與東南亞佛教界的
交流，傳播了人間佛教理念，此後他的弟子如慈航法師、竺摩法師以及演培
法師等等，都踏著他的足跡，將人間佛教繼續播撒在這片土地上，不斷生根
發芽，推動著當地華人佛教的現代轉型。

二、菲律賓華人佛教轉型

　　中國與東南亞人民共同的抵抗日本軍國主義的戰爭，加深了各國人民間
的瞭解與情誼，也加強了東南亞華人與祖國的聯繫。反法西斯戰爭剛結束不
久，1946 年菲律賓宣布獨立。1957 年 8 月 31 日，馬來亞獨立。1963 年，馬
來亞聯同新加坡、沙巴及沙撈越組成了馬來西亞聯邦，其華人約占總人口的
30%。1965 年 8 月，新加坡獨立，華人約占當地總人口的 76.9%。

　　三國華人隨商業繁榮與工業進步而來的生活方式改變是他們信仰需求提
升的決定性因素，但信仰本身既有「路徑依賴」，這是漢傳佛教信仰侷限在華
人中的重要原因；也存在「思維慣性」，這一方面可說明為何明清相傳保守的
漢傳佛教模式會一直在華人佛教界佔有一席之地，儘管那也與現代社會的多
元化不相悖離；另一方面，這一慣性大體要求有個「世代交替」（蓋亦與成人
思想一旦定型，除非受重大刺激，一般很難大變有關），東南亞華人漢傳佛教
才可能實現與物質生活方式根本改變相應的精神生活方式轉型。當然，有深
入華人社會並長期駐錫當地的高素質僧伽引導，則是其直接原因。

〔註 17〕釋印順：《太虛法師年譜》，頁 245～257。

　　因此，作為太虛門下第二代的慈航法師（1893～1954）及其學生才基本
達成了太虛當年訪問設想，還給了兩岸佛教相當大的回饋。〔註18〕慈航是太
虛領銜的「中國佛教國際訪問團」團員之一，1940年4月25日，太虛率訪問
團其他成員回國，而慈航則留在菲律賓弘法。他因長期在華人中弘法，對他
們的需要很瞭解，所以雖在菲律賓也很受歡迎，但由於星、馬邀約，無法分
身，在菲逗留未久，後其弟子自立、唯慈等在菲律賓繼承發揚了人間佛教思
想事業。

　　唯慈法師（1925～），號日照，江蘇高郵縣人。1934年出家。1944年在
南京寶華山受具足戒，隨後到常州天寧寺參禪。1947年夏，蘇北受到國共內
戰影響，其義師父（俗稱乾師父）常善老和尚，逃難到了無錫。常善老人是太
虛門下演培法師的剃度師父，此時演培正在無錫佛學會養病。暑假期間，唯
慈到無錫向乾師父禮座，常善老人藉此機會，將唯慈的前途鄭重地託付演培：
「如今你到處弘法，我是無需你照顧了，我把唯慈託付給你，望你能照顧他，
帶他去讀佛學院，便滿我的心願了。」以此因緣，演培把唯慈帶到杭州，送他
進入武林佛學院就讀。當時，武林佛學院院長乃太虛的大弟子會覺法師，院
中教師都是一時之選，如演培、妙欽、仁俊等諸位法師。仁俊法師兼教務主
任，他對學生的生活指導十分嚴格，曾訓示學生說：「青年學僧，絕不能走進
趕經懺的道場，如果走上趕經懺這條路，不僅埋沒了自己大好的前途，同時
也把佛教尊貴的形象帶入低俗，受世人輕視，趕經懺，實在損失很大，罪過
無邊。」仁俊的這段訓示，給予唯慈極大的影響。他一生從不趕經懺，實是稟
承仁俊教誨所致，也給菲律賓華人佛教界開了新風。1949年農曆春節過後，
時局更加嚴重。演培本打算要唯慈赴香港，因為路費不夠，就寫了一封信，
介紹他到臺灣去投奔慈航。〔註19〕

　　自立、幻生二學僧，在武林佛學院讀書時，曾和在新加坡弘化的慈航法
師通過信，他二人此時也在上海，自佛教雜誌上得知慈航法師在臺灣辦佛學
院，他們再給法師寫信，取得聯絡，要求到臺灣入學，很快得到回信，答應了

〔註18〕慈航法師在臺灣大力創辦佛學院，弘揚人間佛教，慈航初到臺灣時，竭盡所
　　　　能，收留保護了一批青年僧才，他們當中許多人如今已成為臺灣地區弘揚人
　　　　間佛教的中流砥柱。參見陳衛華、鄧子美：《慈航法師：吾愛吾教，亦愛吾國》，
　　　　《中國宗教》，2013年第6期，頁36～37。
〔註19〕鄧子美、陳衛華：《當代人間佛教傳燈錄》，北京：宗教文化出版社2017年，
　　　　頁530～539。

他們的請求。唯慈持演培的介紹信，與自立、幻生二法師，一同乘中興輪前往臺灣，投奔中壢圓光寺，慈航收留了他們，進入當時圓光寺的「臺灣佛學院」讀書。不久臺灣發生「法難事件」，慈航和十多名學僧都在新竹被警方拘留。留在圓光寺的十個人，除了唯慈外，其餘九個人都經受了厄運。1950 年秋天，慈航在汐止興建的「彌勒內院」竣工，大陸來臺的學僧都集中在內院上課，生活總算稍有安定。1954 年慈航圓寂，內院的學生多數離院。唯慈到新竹福嚴精舍，親近印順法師。1956 年，回到汐止彌勒內院，在內院禁足自修，前後三年，學力大進。

1957 年冬，在菲律賓創辦普賢中學的劉梅生居士聘請唯慈法師和自立法師，到菲律賓普賢學校任佛學導師。二位法師至菲律賓後，自立法師留在馬尼拉的普賢中學，唯慈法師則到菲國中部的宿霧市，任教於普賢學校宿霧分校。唯慈多年來一直致力於推動佛化教育，1968 年開始主理校政。1976 年籌建創立宿霧普賢寺，1980 年落成。1984 年創辦宿霧普賢義診所，定期施醫贈藥，濟貧救苦。1993 年發起建造火化爐一座捐贈宿霧善舉公所。1993 年在臺灣出版《浮雲集》十卷本。1998 年創設宿霧普賢弘法基金會。1999 年他創辦《普賢》畫刊與世界日報《普賢》半月刊。至今已出版不同版本的佛學文化著作三十二種。2006 年他創辦《菲島佛教》季刊，該刊將分批出版《唯慈法師全集》。由唯慈法師創辦的這些事業可知，太虛、慈航的人間佛教思想由此在菲律賓得以推廣。

自立法師（1927～），法名乘如，以自改之名行，江蘇泰州人。1935 年，他依泰州東鄉觀音庵的沛霖（智開）和尚為師，剃度出家，從此在庵中禮佛誦經，學習佛門儀規。中國抗日戰爭爆發後，沛霖法師任泰州光孝寺住持，兼光孝佛學研究社長，自立也負笈光孝寺，在佛學研究社就學。1947 年他到寶華山隆昌寺受具足戒，後仍回光孝佛學研究社受學。1948 年值國共內戰期間，蘇北也較為混亂，佛學研究社受戰事影響，人心不安。自立堅持讀到畢業，隨即到「武林佛學院」繼續學習。自立法師在光孝寺讀書時，曾讀過慈航法師《中國佛教革命的呼聲》的小型刊物，對慈航十分敬仰。這時，他給慈航寫信，索取佛教書刊。他在佛學院本名乘如，給慈航寫信時改名為「自立」，寓逃難異鄉，無所依靠，必須「自立」才能生存之意。不久接到慈航回信，同時還有一大包書及一張匯票，勉勵他在佛學院努力求法，將來為佛教服務。武林佛學院停辦，自立轉學到上海靜安佛學院。後於 1949 年 2 月

抵達臺灣，進入臺灣佛學院求學。因臺灣佛學院中止，慈航創辦「彌勒內院」。自立在內院受學時，深受慈航器重，命他兼管內院一切事務，自立為人老成持重，寬厚忠誠，任勞任怨為眾服務，深受同學擁戴。1953 年，時在香港的道安法師應慈航邀請到臺灣，駐錫彌勒內院。在汐止靜修禪院創辦「靜修佛學研究班」，邀自立在班上授課。次年，自立主編《佛教青年》雜誌，以「若水」為筆名，經常在報刊上發表文章。由於他文筆練達，體裁新穎，頗受文化界重視。1954 年 5 月，慈航在彌勒內院示寂，遺囑請白聖法師代他傳法予七個弟子，自立法師是嗣法的首席弟子，列為曹洞宗第四十八世法嗣。自立繼承慈航遺志，此後數十年時間，大力推動佛教教育、文化、慈善等事業。慈航圓寂後，道安法師領導組織「慈航法師永久紀念會」，籌備編輯《慈航法師全集》，自立負責編校，慈老示寂三週年，自立為慈老編印了《三週年紀念特刊》。

1957 年下半年，自立至菲律賓擔任馬尼拉普賢中學的佛學導師，他熱心於這份教導青年學子向佛的工作，勤奮努力二十載，對學生循循誘化，引導他們向佛。每年學期結束，即率領應屆畢業生，先後請性願、印順、瑞今等長老，為他們授三皈依。並常常率領學生到各寺院朝山禮佛，培植福德善根。他除了在校任教外，同時領導居士林，每星期定時念佛共修。寒暑假期間，應各寺院之請，升座講經。如應性願與瑞今長老之請，在信願寺的暑期佛學班，先後講《八大人覺經》，《般若心經》等，真正做到「弘法是家務、利生是事業」。

1962 年，自立應請擔任馬尼拉隱秀寺導師，教化善信。他在寺內建立「太虛講堂」，於每月初一、十五、二十三諸日定期舉行佛學講座；對國內外高僧大德抵達菲律賓者，莫不請到隱秀寺開示。1987 年，自立法師將歷來各大德的演講文稿，編印為《法雨繽紛錄》流通，於 1963 年創辦綜合性佛教雜誌《慈航季刊》，延請佛教大德、及臺菲文教界名家執筆，如印順、樂觀、道安、南亭、仁俊、默如、優曇、隆根、印海、聖嚴、淨海等法師，董正之、劉國香、朱斐、陳慧劍、程觀心、于凌波諸居士，以及文藝界名家如李辰冬、謝冰瑩、朱嘯秋、公孫嬿、邢光祖、郭嗣汾等，都是《慈航》的基本作者。這份刊物以通俗的文字闡釋佛理，為鼓勵學佛青年習作，且闢有「青年園地」一欄。發行之後，風行臺菲及東南亞的各國。該刊發行了十年，後以菲律賓實施軍事統治禁止中文報刊發行，不得已而停刊。

　　1980 年，隱秀寺住持曾皈依太虛的清和姑以九十一歲高齡往生，〔註20〕自立繼任隱秀寺住持，為適應弘法需要，他大力將隱秀寺擴建，不但將大雄寶殿擴寬加大，增塑準提、韋馱、伽藍三聖像，還增建觀音殿、報恩堂、功德堂、鍾鼓樓、大僚及山門。在居士的護持下，歷時四年完成，隱秀寺煥然一新，規模更為壯觀。1990 年，隱秀寺信徒王玉霞倡建施診所。在自立的號召及領導下，「菲律賓慈航施診中心」成立，次年八月，施診中心興建完成，受惠病患六萬餘人次；另有常期受救濟醫療的肺病患者，經常保持五十戶以上。1994 年，施診中心三週年紀念時，自立法師編印了《慈航施診中心紀念特刊》。

　　自立法師本著人間佛教精神，在菲弘化四十年的同時，也時常回臺灣，特別是結夏期間，為苗栗淨覺院諸師和蓮友開示。為了弘揚毗尼，令正法久住，1984 年瑞今長老八十嵩壽，及 1995 年臺灣玄奘大學慈恩精舍傳授三壇大戒，均禮請自立法師為尊證阿闍黎。至今自立依然親自領導信眾，念佛共修，講經說法，上求下化，悲智雙運，為佛門信眾敬歎。〔註21〕

　　在佛學思想方面，於菲律賓傳承人間佛教理念者則首推妙欽法師（1921～1976），妙欽係福建惠安人，俗姓黃。名騰莊，別號白雲，又號慧庵。五歲依廈門白鹿洞覺斌和尚披剃，十五歲於泉州承天寺受具足戒。先於南普陀寺養正佛學院求學。1927 年，太虛主持閩南佛學院，他即至該院深造。旋負笈江蘇，入淮陰覺津寺，親近太虛得意門生大醒法師。抗戰軍興，他參加了僧侶救護隊。1940 年，至重慶就學於漢藏教理院，親聆太虛、法尊、法舫、印順等法師教誨。後受聘為漢藏教理院教師，編有《初機佛學讀本》，與印順合編有《中國佛教史略》。其後，任教於杭州武林佛學院，講《俱舍論頌》。後赴

〔註20〕馬尼拉隱秀寺的開創者清和姑（1890～1980），福建南安人，俗姓陳。年十四，於惠安三慈寺帶髮修行，苦修十餘載。後往普陀山普濟寺受戒。二十八歲，隻身南渡至菲律賓，於馬尼拉創建隱秀寺，禮請名德駐錫宏法，宣揚佛法與中國文化，普結善緣，度人無數，隱秀寺遂成為馬尼拉華人佛教之重要道場。反法西斯戰爭勝利後，她特從菲律賓到上海來皈依太虛大師，她所創辦之《慈航》季刊，發行海內外，頗獲各界好評。清和姑自從皈依太虛後，一直在菲律賓發揚太虛的人間佛教思想，創建道場，並專門辦有太虛大講堂，掛著太虛肖像，太虛圓寂後，菲律賓唯一的紀念活動也就是清和姑登報表示哀悼。她發揚大乘積極入世精神，盡力裏助佛教與社會慈善活動。清和姑的一生以道場安僧弘法，以廣泛的慈善活動利生，再加以創辦的雜誌，使人間佛教思想在菲律賓的影響不斷擴大。因而其創辦的隱秀寺由太虛再傳弟子自立法師繼承實出自然。

〔註21〕鄧子美、陳衛華：《當代人間佛教傳燈錄》，頁 530～538。

菲律賓弘法。1953 年入錫蘭（今斯里蘭卡）佛教大學，專攻南傳佛教，然他對維護大乘佛法仍不遺餘力，屢次對南傳上座部之非議北傳佛法，予以辯正。1958 年，性願法師合併了菲律賓岷市的信願、華藏二寺，妙欽受聘任兩寺的法主。其後兩寺創辦能仁學校，妙欽代任校長，主持校政。稍後，他在此基礎上創辦能仁中學。畢生致力於人間佛教之弘化與現代教育事業之提倡。

　　妙欽是太虛圓寂後，參與共商治喪的弟子之一。因而無論是思想上還是行動上，都以繼承人間佛教理念為己任。1968 年，他於菲律賓隱秀寺太虛講堂，以「中道之行」為題的講話中，明確強調：「我曾經也直接受過他的教誨，我對於整個佛教的認識和思想，完全是接受太虛大師的，所以太虛大師對我個人講起來，在佛教裏有個名詞，叫做『不共善知識』，也就是一位很特殊的老師。這一座講堂，是紀念我的親教上人太虛大師，所以我更應該到這裡來宣揚。」最後談到太虛的影響，他說：「新舊佛教之爭，已是前塵影事，早已成為過去了。大師圓寂二十年了，歷史是最無情，也是最公平的裁判者，在今日來說，就是那些過去反對大師的人，現在也不能不承認大師是對的！也不能不承認大師對振興佛教所提出的一些見解，是最正確的，最有遠見的。七百萬言的《大師全書》，以及其中所詮表的大師的思想學說，不僅在中國文化史上，將是一顆巨星，永遠散發出它的光輝。大師的思想影響了越南、日本、高麗的佛教；印度、緬甸、錫蘭和泰國的佛教界，對於大師也是非常敬慕的。大師的全書，就是在世界文化史上，也有他的一席地位。」〔註 22〕

　　妙欽法師在前往錫蘭參學之前，曾在新加坡作演講，充分闡述了人間佛教所繼承的大乘精髓──菩薩行的佛學思想：「菩薩修六度萬行而證佛之圓滿覺位。聲聞緣覺，俱皆厭畏生死，灰身滅智，證悟空寂，側重自度，故曰小乘。而菩薩乘即有捨己利人勇往無畏之犧牲精神，以從事於度脫眾生離苦得樂之偉大的大乘教義也。」「總而言之，人生社會存有種種極其複雜之問題，但自主要方面觀察之，實不出經濟、人事與身心修養，此三大問題耳。因為此種問題，小之可以說明個人家庭，社會等關係，大之亦可推論國家人民，以及國際間種種紛爭之關係。佛說人乘法門，即針對此三種主要問題，而施以根本救治之法。如行布施，即可使人類經濟因無爭奪攫取之患，有禮讓互助之德，經濟問題便可趨於平衡與安定。如行持戒，則大家相親為善，而人類之文明必得日臻昌盛，易致世界永久之和平，是人事問題亦獲解決。

〔註 22〕釋妙欽：《妙欽法師文集》，臺北：正聞出版社 1998 年，頁 410。

最後以禪定之方法為心之修養，以增長智慧向上進取，則可保持人類文明於不替，進而發揚光大於無窮。俾精神物質均有同時發展達成和諧康樂之地步，是為今日鄙人所馨香祈禱者焉！」他認為「八難」中的「長壽天」是天上的一種極樂世界，不得與聞佛法，所以是痛苦的，反過來，「唯有不苦不樂的人間，才是最好的，才可以聽聞接受到佛法」，所以「要尋求最高的真理，與徹底的自由解脫，只有人間才有」。所以妙欽法師認為，佛教是對人生有足夠的尊重的，而不是否定人生。〔註23〕而一旦有幸得人身，就該積極向上，親近佛法，不然就是入寶山而空手回。這些都是對人間佛教思想的闡述發揮。

　　妙欽法師關於「佛、僧、信眾」的關係的論述甚有見地，昭示了佛教為眾生服務的功能，信眾才是根本。「教員們是學生的教育者，他的地位可能比學生高，但是社會上是先有要讀書的學生然後產生教員的，不是先有教員然後產生學生，所以教員的社會根源是為學生的，離開了學生根本沒有教員的需要。僧團的產生也是一樣，是為服務信眾的，離開了信眾根本沒有僧團的需要。」在此基礎上，提出「同時，更重要的一點，廣大的信眾群是分布在社會的各個角落，所以我們更要把佛教從寺院裏搬到學校裏去，搬到工廠裏去，以及搬到商場、農村裏去。放棄敲打念唱的一味死單方，適應廣大信仰群眾的種種根性，舉辦各種各樣的佛化的社會活動。總之，佛教是信佛大眾共有的，佛教的一切措施要以信佛大眾的利益為前提，要以適應信佛大眾的要求為原則。」這是太虛「服務社會」思想的發揚。具體聯繫到菲律賓的佛教發展，他說，佛教的發展，與社會環境有著密切的關係。菲律賓的華僑社會，是個商業社會，商業社會所要求於佛教的，是消災植福。修廟、造佛，植福事也；誦經、禮懺，消災事也；對此，大家都非常熱心。但植福消災的事修，如果沒有正知正見來領導、來昇華，是很危險的（容易邪正不分）。最少，也失其崇高的意義。……生物要有不斷的新陳代謝才能生長；一個宗教的發展也是一樣，假使不能吸收新血輪，製造新細胞，老者陳謝，沒有新者代起，便只有日漸衰老，而踏上死亡之途。菲島是西洋宗教非常發達的地方，看看人家，從彼此的比較中，當能發現我們的長處與缺點，而知道我們所應該努力的方向。西洋宗教用以吸收新信徒的方法，除了傳教師本身的熱誠精勤之外，特別得力於文化、慈善，尤其是教育事業的舉辦。不前進，就得被拋到時代後面，慢慢消滅；絕無保守苟延而可以存在的。今後應如何向利生事業方面

〔註23〕釋妙欽：《妙欽法師文集》，頁318。

多著力，是菲島佛教徒的一大課題。〔註24〕這說明他已注意到人間佛教思想須與當地社會需求結合。妙欽主張將佛教從寺院搬到學校中去，能仁學校的創辦，是他在菲律賓心血所繫，甚至認為主政能仁學校是他在菲律賓唯一有意義的工作，他說「作為個人，三年來到海外，於赴應場中打混，這算是所做的唯一有意義的事情」。〔註25〕直到他臨終前在病榻上，唯一放心不下的還是能仁學校的校務。這是典型的超越傳統的做法，也是對人間佛教思想的最好繼承。由於當時華人佛教界普遍保守，在菲律賓講人間佛教也很難。印順曾說，妙欽在菲律賓有些孤獨，不免心情沉悶，抑鬱傷肝，最終導致了肝臟硬化及肝癌，儘管印順對妙欽肝癌病因的解釋並非定論，但妙欽在菲律賓極力提倡、實踐人間佛教理念在日後終顯成效。妙欽法師在菲律賓期間，還一直想方設法支持印順推展人間佛教思想事業，尤其當印順在香港遇到很大困難時以及後來福嚴精舍的建立等，都有賴於妙欽的支持，以至印順曾說對他幫助最大的人就是妙欽法師了。

　　在菲律賓享有盛名的瑞今法師也是太虛好友常惺法師一脈所傳。瑞今（1905～2005），福建晉江人，自幼受母張氏薰陶信佛，1916 年紀念佛誕這天至南安小雪峰寺，依轉敬老和尚披剃為沙彌，當時老和尚授以法名瑞今（Ven·Sui Kinm），字寂聲，另號誰真。1921 年佛誕日至莆田梅峰光孝寺受具足戒。嗣後走遍大江南北，歷參太虛、淨心、常惺（時為安慶迎江寺住持，後被太虛選為自己的接法人）、興慈諸高僧。於 1923 年終於考入常惺主持之安慶迎江佛學院（慈航亦先後受業於此），為常惺法師之入室弟子。畢業後回到廈門，正值閩南佛教長老鑒於僧教育的重要，籌建閩南佛學院，初意聘請常惺主持院務。因此在 1925 年，瑞今便受命親往江蘇迎接他的老師來廈門南普陀寺就職。後不到兩年，常惺轉薦太虛出任廈門南普陀寺住持、閩院院長。〔註26〕1926 年國民革命軍北伐，瑞今、覺三兩位法師創辦了南山小學於漳州（龍溪）南山寺，此為閩南佛教界創辦國民教育之先聲。1930 年，弘一法師定錫閩南，講律於廈門、鼓山，瑞今又受學弘一，常參侍法席，並曾代講於漳州、泉州、廈門、福州鼓山諸地。許多弘一主張的推崇者未重視的是，弘一也是太虛佛教

〔註24〕釋妙欽：《妙欽法師文集》，頁 318。
〔註25〕釋妙欽：《妙欽法師文集》，頁 379。
〔註26〕釋太虛：《常惺法師塔銘並序》一文云：「十五年，余講學閩院、廈門大學；十六年余主持南普院及長閩院，胥出法師謀畫。……」(《太虛大師全書》第61 冊，頁 1160。)

改革的支持者。〔註27〕1934 年初，弘一在南普陀寺講「大盜戒」時，特囑瑞今創辦「佛教養正院」，應自「蒙以養正」做起，教示青年應注意「惜福、習勞、持戒、自尊」四項德目。並由瑞今出任院長，招收青少年學佛之出家在家二眾。1937 年瑞今回到泉州，出任南安小雪峰寺住持、南安佛教會長。1940 年他南渡馬尼拉，1946 年繼性願法師之後接任大乘信願寺住持。1949 年鄰屋火災波及該寺，木質殿舍盡毀。唯獨佛菩薩聖像安然無恙，眾人觀睹歎為奇蹟，遂發起重建。在瑞今住持下，歷經數十年多次增購土地擴展，現面積約三千多平方米，建築分有大雄寶殿、萬佛塔、講堂，綜合大樓四大部分。寺中除了自修，佛事法務之外，每週日上午有念佛共修會，下午舉辦靜修班，為成年人的學佛禪修活動。並辦有「佛學社」，為青少年的弘法組織，以文娛康樂等活動引導青少年學佛。

1952 年，瑞今法師與旅菲之蘇行三博士，應邀代表菲國佛教界出席在日本召開的「第二屆世界佛教徒友誼會大會」，返菲後，即刻成立了「世界佛教徒友誼會菲律賓分會」，並出任會長。逾 4 年後，他又代表菲律賓佛教徒，經印度朝禮佛陀聖蹟，並轉赴尼泊爾加德滿都，出席「第四屆世界佛教友誼會大會」。1958 年，再次與妙欽法師、周水心、高文顯等居士，應邀出席在泰國曼舉行的「世界佛教友誼會大會」。同時訪問仰光、金邊、以及越南西貢一帶佛教勝地，遊化新加坡、馬來西亞一帶，訪問各地佛教道友。

瑞今為推展佛教社會教育，早年就在馬尼拉創辦佛學講習班、暑期佛教兒童班等，為日後創辦能仁學校、能仁學院奠定基礎。1959 年秋，瑞今與馬尼拉漢傳佛寺同道及華人善信，共同協力創辦了「佛教能仁學校」。該校學生曾達千餘，並於 1980 年擴展為初級中學，成為菲律賓佛教界辦普通教育之典範，與另一所佛教普賢中學一起，兼為華人青少年佛學薰修之所。1962 年冬，瑞今被推選為馬尼拉佛教重鎮——信願、華藏兩寺之第三屆住持（前兩任為性願長老），他與性願、善契、如滿諸位法師前後相繼，使大乘信願寺經歷了數十年風雨而常新，殿宇聳立於僑區，輝煌莊嚴，因此成為今天菲律賓華人的信仰中心和精神皈依處。1969 年，瑞今為擴展佛教社會事業，陸續創辦了「菲律賓佛教慈贈會」、賑濟養老院、孤兒院、痲瘋病院、盲人院以及貧民醫藥施診院和臨時救災救難所等諸多社會事業機構。1974 年，他又在信願寺附近籌建「萬佛塔」，塔高六十多米，同時能容納千餘人禮拜。頂層奉供

〔註27〕於飛：《弘一與太虛的法緣》，《中國宗教》，2010 年第 10 期，頁 58。

「萬尊佛像」，梵宇莊嚴，揉合印度與中華之建築風格，成為馬尼拉僑界捨報之歸投處。

除馬尼拉外，瑞今法師還離島到抽戈律建法藏寺，宿務建佛光寺，納卯建龍華寺，並派遣弟子分駐宏法。瑞今深得常惺法師心傳，教宗淨土，學宗唯識，又繼承弘一法師律學風範，持律謹嚴，平日澹泊寡言，心地寬厚，薄於責人，深受菲律賓華人社會敬重，曾任世界佛教會僧伽會副會長、世界佛教華僧會榮譽主席。〔註 28〕由瑞今法師師承與其思想事業看來，特別是他支持把信願、華藏兩寺一度交與太虛弟子妙欽住持，頗有常惺也推重的人間佛教思想遺風，他與在菲慈航弟子間的聯絡也極密切，太虛弟子及再傳對他也極敬重。

迄本世紀初，駐錫菲律賓的漢傳佛教法師約有二十餘人，在大馬尼拉區，有瑞今以及廣範、如滿、自立、圓拙等法師；離島則有三寶顏之傳貫、宿務有唯慈（住持普賢寺）等法師。漢傳佛寺有瑞今住持的信願寺、華藏寺以及他後創之佛光寺、在納卯創建之龍華寺、在抽戈律創建的法藏寺；還有由自立住持的隱秀寺，在碧瑤由如滿住持的普陀寺、在三寶顏由傳貫住持的福泉寺等。綜上可知，人間佛教在菲律賓華人信仰中逐漸據於主流地位，而這正是漢傳佛教現代轉型的標誌之一，較之中國大陸中西部，菲律賓華人信仰與精神生活層次反而高些。這與華人在菲律賓工商界佔有重要地位有關。同時，這一人間佛教思潮之所以在當地興起的詮釋也適用於新加坡與馬來西亞。

三、新加坡與馬來西亞華人佛教轉型

1941 年，慈航法師應馬來亞（今馬來西亞）檳榔嶼洪福寺大護法兼信理人、殷商林耀椿母子二人之禮請，入駐洪福寺與寶譽堂，並應任首任住持，由本道法師協助寺務任監院。開始走上以興辦教育為主，以弘傳佛法為翼的八年創業之路。他從實踐中體會到，要把「人間佛教」的理念推向世界，關鍵在於改革佛學教育，造就一批有佛教意識、德才兼備的新型弘法人才。隨後，他聯絡僧俗兩界，成立了檳城佛學會。慈航還駐錫檳城、星洲（今新加坡）菩提學院，長達三年多。他在菩提學院時，宣講了《楞嚴經》、《法華經》、因明學、唯識學和《楞伽經》等。同時也為院方編定了課誦本，以供孤兒及寄宿生們

〔註 28〕鄧子美、陳衛華：《當代人間佛教傳燈錄》，北京：宗教文化出版社 2017 年，頁 559～569。

使用。當時新、馬百姓不滿日本統治，受慈航感化而皈依三寶者日眾。除較長時間駐錫馬來亞檳榔嶼和新加坡，慈航還往還於馬六甲、吉隆坡、怡保各地巡迴講經並鼓勵和協助成立佛教組織，實踐太虛「從國難救濟中來建設人間佛教」，「建設團體」，「以利他為先」的「行在瑜伽菩薩戒行」的思想。慈航在星馬地區 10 年有餘，往返各地講經說法，先後創辦了星洲菩提學院、檳城菩提學院，以及星洲、雪洲、怡保、檳城、馬六甲、吉隆坡各地的佛學會，並發行《中國佛學》月刊，南洋華僑普沾法雨，皈依三寶者日眾，而他也受到當地信眾普遍的尊敬。1947 年，太虛在上海圓寂。佛教教內呈現著一片荒涼氣象，也是慈航首先在南洋吹起了佛教革命的號角，〔註29〕極大鼓勵了中國大陸堅持太虛革新、復興漢傳佛教的僧俗，特別是青年一代。其中有的到臺灣後，也在星、馬、菲華人支持下，繼續傳播與實踐人間佛教理念，取得極大成功。此一歷史進程，實與由路德開啟的歐洲宗教改革在德國遭挫敗後，轉而影響荷蘭、瑞士，由加爾文等取得成功有相似之處。在實踐上，由於慈航示範，當地佛教界參與慈善、教育事業的熱情越來越高。慈航還培養了一批本地忠實信眾承擔法務，典範有王弄書、畢俊輝等。〔註30〕星雲法師於 1963、

〔註29〕 釋續明：《敬悼慈公老法師》，《慈航大師全集、紀念集（上）》，臺北：彌勒內院 1998 年，頁 130、131。

〔註30〕 王弄書（1893～1964），慈航俗家大弟子，一生獻身教育事業，創辦了新加坡菩提小學、菩提中學，學生一度達到一千多，卓有成效，印順為她寫的輓聯為：「亦佛亦儒仁慈濟世，為法為人菩薩心腸」，較好概括了她一生實踐人間佛教理念的歷程。畢俊輝（1902～1982），也皈依了慈航，她最初受太虛訪問東南亞時演講的影響而生信，當時慈航也在訪問團中，她對慈航的演講更能領會，皈依慈航後，長期擔任慈航的翻譯及一些其他的工作。受慈航影響，她創辦新加坡菩提學校，並長期擔任校長一職，竭其一生心血，使菩提學校獲得普遍好評。除了辦學校外，還參加各種佛教活動及社會福利工作。1961年，新加坡的妙理、覺真、慧圓、慧平、永兆、永空諸尼師，及林達堅、李慈靈諸居士，共同創辦「新加坡女子佛學院」，畢俊輝亦參與創設工作。1962年，佛學院奉准成立，慧圓尼師任董事長，畢俊輝亦是董事之一，對於佛學院教學的策劃作出了貢獻。她還受聘擔任新加坡教科書委員會委員，參加各級學校教科書審訂工作，以佛教慈悲的觀點提出意見。在她所主持的菩提學校，為了培養學童對佛教的認識，自編佛學教科書供學生使用，且自譯為英文，在世界佛教友誼會大會中通過，供各地佛教學校使用。二十世紀物質文明雖然進步，但星馬地區仍有廣大群眾依賴救濟，俊輝對社會慈善事業的推動從不後人。多年來曾任新加坡福利協會執行委員、新加坡福利部視察委員、新加坡麻瘋院視察委員、新加坡聾人協會主席、女子看護總隊主席等職務。她同時擔任新加坡佛教總會總務部副主任、新加坡佛教居士林執行委員；

1983 年兩次來新加坡訪問、講演、弘法，都受到他們熱情接待並為之宣揚。在此基礎上，1995 年星雲再來星洲，助推了佛光山新加坡道場奠定。

　　在慈航當年奠定的基礎上，其弟子優曇（1908～1993）等也在新加坡發揚光大了人間佛教思想與事業。1928 年，慈航法師任安慶迎江寺方丈，而優曇法師的姨母是慈航法師的皈依弟子，以此因緣，優曇隨姨母到迎江寺接近慈航，後來慈老的弟子宗教法師到迎江寺探視時，因緣成熟，優曇遂依宗教法師剃度出家，成了慈老的徒孫。宗教法師未幾辭去，以後優曇一直依止慈航三年多，同時也在迎江寺的迎江佛學院受學。1930 年，迎江寺大火，慈航出外募化重建迎江寺，離開安慶到緬甸，優曇也隨著慈航到仰光，隨順因緣留在仰光弘法。1932 年，福建鼓山湧泉寺傳戒，優曇辭別慈航回福州，在湧泉寺受具戒，得戒阿闍黎是虛雲老和尚。圓戒後，曾受學於鎮江超岸寺的玉山佛學院，依震華法師受教三年，畢業後到上海，駐錫哈同花園的頻迦精舍。

　　1937 年春，優曇離開上海到了香港，駐錫上水小山頂的彌陀精舍，專修彌勒淨土。潛修數年，1942 年在香港市區跑馬地奕陰街，創立識廬，後更名為太虛提倡的菩薩學處，在此講經念佛，隨緣度化。是時為日軍佔領香港期間。1945 年抗戰勝利後，優曇與香港佛教人士組織香港佛教聯合會，當選理事。他平時熱心會務，深受同道推崇。1952 年，世界佛教徒友誼會港澳分會成立，又當選為理事。1960 年後，優曇發起組織香港佛教僧伽聯合會，同道們都熱烈支持，聯合會成立時，他被推舉為首屆會長。1964 年，優曇組織香港佛教僧伽聯合會代表團，率團出席在印度召開的第七屆世界佛教徒友誼會，會後並訪問新、馬、泰、越、菲、日、韓等國。並到臺灣訪問。代表團抵達臺北時，他首先到汐止彌勒內院，禮慈航法師裝金的全身舍利，繼而到中南部參觀許多道場，也在臺中參觀正在興建中的佛教菩提醫院，結束行程後返回香港。同年，優曇復與臺北的「中國佛教會」理事長白聖法師，發起創立世界佛教華僧會。1960 年 11 月，第一屆華僧代表大會在臺北中山堂召開，世界各國華僧代表千餘人參加。華僧會成立，優曇膺選理事。1967 年，香港發生動亂，人心不安。新加坡信徒擔心優曇安危，一再促請，優曇於是年移

　　　　新加坡中華佛教會執行委員、馬來亞佛教青年會名譽主席等職務。畢俊輝以
　　其深厚的英文素養，出席各種國際佛教會議。擔任多屆「世界佛教友誼會」
　　總會副主席、世會新加坡分會主席。以多年致力於社會及佛教服務，因此
　　在 1963 年新加坡邦慶日，新加坡政府頒予「公共服務銀星勳章」，這是實至
　　名歸，也是新加坡佛教徒的榮光。

錫獅城，時已高齡六十。是時，常凱法師在伽陀精舍創辦《南洋佛教》月刊及新加坡佛教施醫所。優曇除講經辦道外，仍大力傳播人間佛教理念，並協助常凱辦人間佛教事業。1982 年，獅城天竺山毗盧寺住持本道上人示寂，優曇受請出任毗盧寺住持。而常凱推動的佛教施醫所發展迅速，繼續成立了第一、第二分所，1989 年優老被推為第一分所主席。1990 年 9 月，新加坡佛教總會主席常凱法師示寂，優老以齒德俱尊，被推舉為佛總第二十二屆主席。其時優曇已八十多，體力漸衰。1993 年 4 月入伊麗莎白醫院療養，同年 7 月 30 日示寂。

太虛又一位高足竺摩法師主要在港澳弘法，但他在馬來西亞對人間佛教思想的闡揚也有卓越貢獻。竺摩（1913～2002），俗姓陳，名德安，法名默誠，字守志，自號雁蕩山僧，浙江樂清人。1925 年出家，1931 年至廈門閩南佛學院從太虛、大醒等求學。從 1954 年起，他至馬來西亞檳城等地，其歸依弟子遍及新加坡、馬來西亞、香港及東南亞其他地區，先後連任馬來西亞佛教總會主席十餘年，並任馬來西亞佛教學院院長、檀香山檀華寺住持等職。致力於佛教教育及弘教人才之培養，甚受僧俗敬仰。對馬來西亞漢傳佛教之現代轉型，貢獻頗大。

1954 年竺摩應邀到泰國主持龍華佛教社的太虛舍利入塔儀式，場面之宏大，信眾之虔誠，讓竺摩感慨太虛在海外的影響之大。於是在講《龍華佛教與人間淨土》時，對太虛人間佛教思想進行了深入的闡發，引《阿彌陀經》而強調「佛是生在人間，成道在人間，說法亦在人間」。而在講《太虛大師弘化史蹟》時，他重點講述了太虛生平事蹟，如妙悟般若理趣、融貫全部的佛法、熱心佛教事業、建立世界佛國的理想等。這些當對泰國華人佛教界有影響。

在泰國作短暫停留後，竺摩於 1954 年 5 月 4 日飛往馬來西亞檳城，從此開始了他對太虛人間佛教思想在馬來西亞的系統傳播，期間雖然偶有到其他國家弘法，但都相對短暫。正如陳秋平博士所言：「1950 年以前，由於前來馬來亞的（中國大陸）法師都無法常期的定居在此，因此，人間佛教思想只停留在播種與無系統的傳播階段，至竺摩法師的到來才有所改變，使得人間佛教獲得了系統性的發展。」〔註31〕竺摩繼續著慈航開拓的事業，在菩提學院執教，以僧伽為學生榜樣，於言傳身教中對下一代產生影響，並秉承太虛人間

〔註31〕陳秋平：《人間佛教在馬來（西）亞的傳播與發展——以太虛大師及其學生在馬來（西）亞的活動為研究脈絡》，《世界宗教研究》，2009 年第 3 期，頁 35。

佛教的精神，積極參與各種社會活動，如對演藝圈中詆毀佛教的現象，據理力爭。在佛教組織上，創立馬來亞佛教總會，其目的在於團結教徒以致力佛化、宣揚教義以利樂人群。該會成立大會隆重空前，這在以伊斯蘭教為國教的國度裏難能可貴。佛教總會作為馬來西亞領導僧眾的總機構，對於保護佛教教產、發展佛教事業起了很大的作用，竺摩擔任前三屆的主席，進而建佛總大廈，創立三慧講堂、馬來西亞佛學院，系統講述太虛大師的人間佛教思想，並出版太虛大師的《人間佛教》的著作，對太虛思想的推廣可謂是不遺餘力，也取得非常好的效果，以至以後人間佛教思想成為馬來西亞華人社會佛教的主流，佛光山、法鼓山在此創建道場也有了良好基礎。

人間佛教承繼了大乘佛教精髓──菩薩行，太虛提倡的今菩薩行（人菩薩行）又凝聚為提倡者們的共識，這適應了工商業發達地區華人的宗教需求，成為漢傳佛教走向現代轉型的先導標誌之一，因此獲得原漢傳佛教流行區域中諸高僧的共鳴，而不僅侷限於太虛門下。因此，人間佛教的核心理念也可解釋為以出世之心行入世之道。現代馬來西亞帶有傳奇色彩的名僧鏡盦法師為其創建的觀音亭佛寺所寫宗旨也是：「本亭創建伊始，即抱出家而積極入世願旨。」他一生抱此願旨，也一生實行不懈。鏡盦（1900～2000），俗姓李，名日初。福建福州人。1915 年出家，1917 年於鼓山湧泉寺受具足戒，入虛雲禪師創辦的鼓山佛學院就讀，其時太虛大弟子大醒也被虛雲禪師聘為該院主持者。畢業後往福建五大名剎之一的雪峰寺參學，以精研佛埋，被任為監院，兼中國佛教會福建分會常務理事，一度代理理事長。任內他以務實精神感人，為社會教育與慈善事業不辭勞苦。當時他主持籌建福建法海中學、佛教醫院等，為募集資全，曾南赴新加坡、馬來亞。這是他晚年弘法南洋的因緣之一。1947 年，他再度赴馬來亞，以當地弟子挽留等因，遂留居開設道場，弘揚佛法。1952 年，馬來亞雪蘭州決定把八打靈闢為首都吉隆坡的衛星城。鏡盦為實現積極入世大願，力排眾議，選定比鄰鬧市而待闢的荒郊建寺，以便接近人群，收到弘法實效。初觀音亭僅為平房建築，由於鏡盦法譽日隆，護法者日眾，1968 年進行了改建工程。1984 年又重修大殿。1986 年進一步擴建，增加了藏經閣、講經堂、圖書館等宏偉建築，使八打靈觀音亭成為馬來西亞聞名遐邇的巨剎。鏡盦不以此為滿足，他志在提倡人間佛法，普濟眾生。為此，早在 1971 年，他主持建立了「觀音亭福利基全會」，擔任基金會主席，規定基金會的宗旨是發揚觀世音菩薩大慈大悲、救苦救難精神，贊助

馬來西亞各民族慈善、教育及福利事業。歷年除每逢衛塞節普行布施之外，還連年頒發中、大學各專項獎學金，僅 1990 年度所頒即達十三萬五仟元之巨，累計數二百萬元，為馬來西亞各有關方面撥出的貸學金之數額最高者。基金會同時還對突發的天災人禍大力進行賑災，如吉膽島火災，吉隆坡大水，雙溪毛糯煙花廠爆炸等都蒙其有力協助。早在 1975 年，他就發起創建首都佛教大廈，任籌建委員會主席。基金會為此籌資達六十餘萬元，為吉隆坡巍峨的佛教大廈建成，作出極大貢獻。現代佛教的社會功能不僅是物資上的，更重要的是精神上的。對此，鏡盦也予以極大重視。他創辦的觀音亭團圖書館，是馬來西亞中文藏書最多的，也藏有英文版佛教典籍。全部藏書分為佛學與普通兩大類。普通類中又分文學、哲學、歷史、政治、傳記、保健、工商管理、美術、會考參等考，甚至言情、武打、科幻小說也甚多。佛學方面則有《龍藏》及各種版本大藏、續藏及佛教藝術、佛教經濟，佛教思想、各國佛教等類目。這些藏書為社會提供了豐富的精神食糧。此外，觀音亭還曾舉辦規模空前的水陸大法會，各國高僧躬與盛典達百名之多。每逢災難，觀音亭也辦水陸法會，為罹難者超渡，予其家屬以精神撫慰。鏡盦對社會貢獻卓著，而個人生活卻極其清淡。所有佛徒供養他個人的進資，也點滴歸公。他早晚禮佛誦經，寒暑無間，出世之心給無稍減。然而對社會，他卻是位務實派，少說話多做事也是他的宗旨之一。他凡事提出，就要求即刻進行，絕不允許拖拉，事事躬身力行，一點也不放鬆，異常認真地全身投入。正因為他以出世之心行入世之道，才能忍人所不能忍，行人所不能行，在東南亞成就了這許多大事業。

　　繼慈航、竺摩之後，在 20 世紀 60 年代於新加坡及馬來西亞傳揚人間佛教思想的太虛弟子為演培法師（1917～1996）。演培，俗姓李，自署凡愚僧，江蘇揚州邵伯鎮人。1929 年出家，1935 年在當地福壽律院受具足戒。他先後在閩南佛學院、漢藏教理院就學，也是印順道友。演培最早一次赴東南亞弘化是在 1957 年，那是應泰國京城龍華佛教社理事長馬子良居士禮請，主持太虛大師舍利安塔三週年紀念活動，同時為信眾講經。以此因緣，他和東南亞佛教結下不解之緣。5 月初，他抵達曼，受到龍華佛教社、中華佛學研究社、光華佛教會、蓮華佛教社等社團的熱烈歡迎。他在曼弘法月餘，於龍華佛教學社的大悲講堂等處，講經說法三十場，由陳慕禪居士譯為潮州話。此因泰國僑胞多是廣東潮州人。演培在泰國弘揚人間佛教，也為佛光山等後繼者

埋下了伏筆。此事為越南的超塵法師、柬埔寨的法亮法師等所知，於是請他
於泰國弘化畢，順道到越南、柬埔寨一行。因盛意難卻，演培乃於 1957 年 6
月 7 日飛抵柬埔寨的金邊，停留十餘日於各寺講經。繼之於 6 月下旬抵達越
南西貢，訪問越南各地並講經。到 8 月上旬，始由西貢飛香港，應各方之請，
在正覺蓮社、中華佛教圖書館、寶覺學校大禮堂、佛教講堂等處作演講，後
回臺北。

　　1960 年 8 月，演培交卸臺北善導寺住持後，又受越南僑團之請，於 12 月
經港飛越，各處講經弘法歷時近四個月，於次年 4 月下旬轉赴老撾，弘法一
周後，又轉赴泰國，在各佛教寺院社團弘法，歷時一月。5 月下旬轉飛馬來西
亞的檳榔嶼。當時在檳城弘化的華僧，如竺摩、本道、廣餘、廣義、明德、龍
輝、慧僧、隆根等，都迎於機場。在檳城參觀、訪問歷時兩周，復轉赴怡保、
吉隆坡、馬六甲，一路隨緣說法，最後到達新加坡。在獅城受到諸山長老迎
宴，復訪問諸山及佛教團體，直到 7 月下旬始返臺北。

　　1962 年 11 月，演培第三度赴越弘法，西貢信眾希望他常駐越南，並且願
捐出土地。他考慮後接受下來，打算興建般若寺。事尚未果，1963 年正當慈
航法師示寂十週年之期，新加坡菩提蘭若舉行三日法會，請演培前去主持，
並為善信說法。演培於 5 月，自越南飛抵新加坡。法會過後，他和廣洽、達
明二長老談起在越南建寺計劃。二位長老對他說，越南戰亂多年，局勢不穩，
如要建寺，不如在新加坡擇地興建。其事為靈峰菩提學院信託人林達堅居士
（後出家，即慧圓法師）所知，願請演培亦為菩提學院信託人，將學院交演
培管理，作為他弘法的道場。後演培以局勢日益激化，乃打消在越南建寺的
計劃，接受靈峰菩提學院的管理任務，並請隆根法師也加入。該院已年久失
修，乃於 1968 年底重建完成，於是慈航曾主持的靈峰菩提學院易名為靈峰般
若講堂。1969 年 1 月 12 日，講堂舉行重建落成及釋尊聖像安座典禮。請印順
主持升座，到賀嘉賓兩千餘人，越南副總理梅壽傳也專程參加盛典。此後，
演培就常駐講堂講經弘化，前後十餘年。演培在東南亞的講經與演講，乃用
現代語言，結合信眾所關心的問題講解，繼承了太虛一貫的方式。正如他自
述：「我所講記的各個經論，雖說亦有依於古德注疏，但大多數還是依於太虛
大師及印順導師這條路線的。」〔註 32〕

〔註 32〕釋演培：《佛說十善道業經·佛說八大人覺經講記》，臺北：天華出版公司 1989
　　　　年，頁 20。

在 1962 年至 1980 年之間，演培曾多次到美國、加拿大、菲律賓、馬來西亞各國弘法。1979 年，演培以在星洲多年，公民權尚未批准，出入境極不方便，有意離開新加坡到美國弘法，乃請隆根法師住持般若講堂，並於 11 月 20 日辦理移交。但香港謠傳他已被新加坡政府驅逐出境。演培為了澄清謠言，乃留在新加坡不走，暫住新加坡女子佛學院，繼續講經弘法。

1980 年 3 月，菲律賓宿務新建的普賢寺落成，應住持唯慈法師之請，演培前去主持佛像安座典禮。3 月下旬由馬尼拉直飛紐約，在東禪寺、大覺寺講經，6 月返回新加坡。1981 年，在宏船長老及常凱法師的協助下，演培的公民權獲批准。於此同時，他在榜鵝地購得七萬三千尺土地，請建築師繪圖申請建築，經政府批准於 1982 年春，鳩工興建，命名曰福慧講堂。福慧講堂由紀念印順導師在臺灣創建的福嚴精舍和慧日講堂而命名，有可容納千人的大講堂，兩側二樓部分，分設圖書館、會議廳、辦公室。後院建有可容納一百二十位老人的慈恩林安老院。此外，還建有慈恩林托兒中心。工程於 1982 年春始，至 1985 年竣工。1986 年 3 月 16 日舉行開光大典，由新加坡政府第二副總理王鼎昌主持，政府政要、諸山長老、無數善信參加盛會，美國、臺灣、菲律賓諸山長老也都組團參加。福慧講堂是弘法道場，也是新加坡佛教福利協會的會址。福利協會是演培於 1981 年創設的社會福利機構，他被推為主席。該會慈善活動最初是按月發放救助金及救濟品給貧困無依老人及不幸家庭，也到醫院、殘障院、孤兒院訪問濟助。福慧講堂落成後，在演培的上座高弟寬嚴法師推動下，先後成立可容納百餘人的慈恩林安老院、設有數處分部的慈恩托兒發展中心，以後又創立設備現代化的洗腎中心、戒毒中心及頗具規模的文化中心，演培創設新加坡佛教福利協會及其社會公益事業，可以說是太虛「服務社會」思想的最好詮釋。由於演培對社會福利事業的貢獻，受到社會人士讚歎及政府肯定，新加坡總統於 1986 年及 1992 年，先後二度頒發公共服務勳章，且委任他為新加坡宗教和諧理事會的佛教代表。

演培深入經藏，對經、律、論三藏莫不通達，譽之為三藏法師亦無不當。一生著述等身，有《諦觀全集》34 冊、《諦觀續集》12 冊，又由演培法師全集出版委員會編成《演培法師全集》，洋洋八百萬言。印順說演培是與他共住最久的一人，也可說是幫助他最多的一個人，有弘法的宏願，口才好、聲音好，國外宣講佛法很能結緣，但同時也具有蘇北籍法師好名的特點。對此，演培自己解釋為他好名是為了弘法，也唯有這種好名心，才能使他始終保持

對弘法的信心。正如邱敏捷所分析，演培思想也深受印順影響，〔註33〕但筆者認為，這主要體現在研究思路方面，而演培與印順的佛學主張「立本於根本（原始）佛教之淳樸，宏闡中期佛教之行解（以龍樹為菩薩典範，但須防梵化之機──原注），攝取後期佛教之確當者」〔註34〕卻不盡相同。從《演培法師全集》的內容來看，一是講中國傳統的禪、臺、賢系統的經論，約占總篇幅的三分之一，唯獨彌陀淨土典籍他很少講。二是闡發唯識學系統的典籍，也占總篇幅的三分之一。三是他對部派佛教的譯解與研究深入，如《小乘佛教思想論》、《印度部派佛教思想觀》等；他對原始佛教的研究更是相當深入，《人間佛陀》係其專著。他也講解印順的《成佛之道》，但恰恰對印順最為重視的以龍樹為代表的中期大乘之中觀學說著力不多。印順之學由研究「三論」始，受法尊影響轉向中觀學說，再進而上溯印度原始佛教，然而除帶有瞭解與介紹性質的早期著作《印度佛教史》外，其研究原始佛教、部派佛教之作主要是收於《華雨集》第三冊的五篇系列論文〔註35〕，其前四篇的形式都是依律藏考證佛陀門下主要人物間的思想分歧與相互關係，最後一篇即《佛陀最後之教誡》才體現其主旨，即就確證佛陀晚年成熟思想而言，中期大乘論典也可靠。從哲學結合社會學的思想史而言，這一時期由於印度傳統文化主流──印度教對佛教的挑戰，「雙方的（思維）創造力都達到頂峰」。〔註36〕故而印順之結論成立。顯然，印順並不認同西歐印度學學者提出的「大乘非佛說」，他雖然也通讀並常引證「四阿含」與南傳佛教所傳經論，但其研究的出發點與評判各派佛學思想的價值重心仍在「宏闡中期佛教之行解」。而演培的三部大作進而以大乘佛法為基點，批判地研究了部派佛教思想包括上座部思想，闡發了佛陀思想的廣大蘊含。如果說，古典儒家思想受佛教的激發，其創造力發展至陽明心學達到頂峰，然後因心學「空疏」引發了學者批評，進而導向對程朱理學、東漢古文經學、西漢今文經學的節節反思，最終

〔註33〕邱敏捷：《印順導師與早期門生關係之考察》，《第 11 屆海峽兩岸「印順導師思想之理論與實踐」學術會議論文集》，頁 327，桃園：佛教弘誓學院，2012年。

〔註34〕釋印順：《印度之佛教》，《印順法師佛學著作全集》，北京：中華書局 2011 年。

〔註35〕即印順：《論提婆達多之「破僧」》、《王舍城結集之研究》、《論毗舍離七百結集》、《阿難過在何處》及《佛陀最後之教誡》。（《印順法師佛學著作全集》，北京：中華書局 2011 年。）

〔註36〕〔美〕柯林斯：《哲學的社會學：一種全球的學術變遷理論》（上），北京：新華出版社 2004 年，頁 267。

回溯孔孟。那麼也可以說，由以歐陽漸、呂澂為代表的近代唯識學者對中華「真常唯心論」一系引發的反思，經過印順的節節回溯與逐層梳理，而達於佛陀思想。但演培的研究除未很著力於印順最為重視的中觀學外，也通達了佛教思想之源。對演培就中國傳統的禪、臺、賢系統之研究及其唯識學研究，印順如此評述：「法師於善巧化俗外，尤致力於玄奘之譯。《解深密經》、《俱舍論》、《成唯識論》、《異部宗輪論》等諸大部，並精研而廣釋之，於後之學者，必多所幫助。譯《天台性具思想論》，足以見不忘天台之學，而譯《小乘佛教思想論》、《大乘佛教思想論》，則為日本近代研究初期之作。法師之學，蓋重於化導；以性相為本，（乃）前承天台而略及近代之學之最後學者也。」〔註 37〕他所說的演培「善巧化俗」，既表明了漢傳佛教傳統在東南亞華人社會有著深厚根基，演培善於因勢利導，而不是像印順那樣重視對傳統利弊的分析；也表明了演培之研究具有通俗的特點。他所說的演培「以性相為本」，更證明了演培主要繼承了太虛融貫性相的思想，並以此為本，與印順本人佛學思想的差異較大。演培在各地弘法，尤其注重弘揚太虛提倡的彌勒淨土，臨終依舊，也表明他主要繼承了太虛提倡的修行方式。演培闡發其獨到見解的《人間佛陀》一書，接受了日本學者觀點，其重在抉發佛陀不同於印度其他宗教哲學的特有思想，以及分析佛教中沿襲摻雜的印度神話傳說。演培在東南亞影響較大，各地每有傳戒法會，演培多被聘為得戒和尚，是以其戒子遍海外。

　　隆根法師乃演培道友。隆根（1921～2011），俗姓呂，江蘇泰縣人。1931年出家。1942 年於南京寶華山受具足戒後，至上海參禮震華法師，震華乃守培弟子，也敬重太虛，主持上海玉佛寺佛學院期間邀請多位太虛弟子任教。隆根在院中深造四年，受到系統佛學教育。1946 年春，太虛由重慶回上海，一度駐錫靜安寺。此時剛收回校舍的武昌佛學院發出招生通告，隆根和同學匯祥，向太虛請求入武院受學，獲應允。同年夏，他們至武昌入學。此時由葦舫法師主持武院教學，智定、映平、世光等任教，印順法師也在院中講過《攝大乘論綱要》。1947 年一至三月，震華法師、太虛著力栽培的接法人福善法師與太虛本人相繼示寂。葦舫趕到上海奔喪，繼而接任玉佛寺住持，武院雖由法舫法師任院長，但當時他在由錫蘭回國途中，一時乏人主持。至 1949 年，武院被迫停課，隆根也隨逃難人潮奔廣州，適巧在六榕寺得以謁見法舫法師，

〔註 37〕釋印順：《諦觀全集・序》，臺北：天華出版公司 2008 年，頁 1。

獲法舫資助抵香港，先寄住荃灣鹿野苑，後來在東普陀寺和大嶼山寶蓮寺掛單。1953 年，原來在香港校對《太虛大師全書》的演培、續明赴臺灣弘法，竺摩、隆根繼續校對。逾年，竺摩也赴東南亞，隆根遂獨力以兩年時間完成了校對。

1956 年，應臺北善導寺監院悟一法師之召，隆根至善導寺任執事。翌年，演培法師繼印順之後任善導寺住持，請隆根接任《海潮音》月刊編輯，編輯部設在新竹福嚴精舍，隆根隨眾聽印順講課，包括《成佛之道》、《楞伽經》等課程。他還先後拜謁了智光、南亭、東初、證蓮、太滄、道安及李子寬、孫張清揚等大德。後善導寺擬設太虛圖書館，亦由隆根法師與李世傑居士負責籌備，直至 1960 年 6 月成立。

1960 年 7 月，應馬來西亞佛教總會副主席本道法師之邀，隆根飛抵檳榔嶼，馬來西亞佛總主席竺摩及諸山長老，為他召開了盛大的歡迎會。其後，他即住檳榔嶼洪福寺，常應新馬各地道場之請，如在木冠山般若精舍、吉隆坡佛教靜修院、新加坡毗盧寺、馬六甲青雲亭、怡保東蓮小築等寺講經或演說。1962 年 1 月他至檳城在觀音寺掛單，接任佛教刊物《無盡燈》雙月刊的主編，又出任馬來西亞佛總的正弘法。同年 8 月，馬來西亞佛總請隆根法師與金明、金星、寂晃四位法師，及陳瑞治、陳清水二位居士組成「中南馬弘法團」，赴馬來西亞中部與南部廣大地區弘法，受到當地華人社會的歡迎。

在人間佛教思想引導下，隆根之志業以佛教文化為重。1963 年，他在檳城創設星馬地區獨一無二的佛學書局。繼自二十年前在香港校對《太虛大師全集》，後在臺北編輯《海潮音》，在馬來西亞編輯《無盡燈》之後，他見到全馬信佛人士日益增多，卻無佛書供應處，需者要向香港或臺灣請購，耗時費事。他以此事與竺摩、廣餘、清亮三法師商議，希望四人合資開設佛學書局，自己主理書局業務，三法師都贊同這個構想，於是隆根積極籌備。1963 年 1 月 12 日佛學書局正式開幕，為當地佛教界提供豐富精神資糧。書局在檳城經營年餘，由於演培法師催促隆根到新加坡共同擔任靈峰菩提學院的信託人，希望遷到新加坡去，因此隆根把書局遷到新加坡的吉寧街，於 1964 年 6 月更名為南洋佛學書局重行開幕，至今已有五十餘年，對星馬佛教文化的傳播貢獻至大。1969 年 1 月，佛學書局與靈峰菩提學院在演培法師主持下都已走上正軌，隆根遂開始閉關進修閱藏，寫了近十萬字的文稿。同年 5 月，常凱法師創辦《南洋佛學月刊》，由宏船法師任社長，隆根暫代主編數月，其發行部

亦設在佛學書局。1972 年 1 月閉關三年期滿，隆根繼續致力佛學書局的經營，他在星馬多年，從不應酬一般佛事，唯以推展佛教文化為職志。1984 年應常凱法師之請，隆根出任南洋佛教月刊社長長達十餘年。〔註 38〕

1979 年夏，隆根訪問菲律賓，受到瑞今、正宗、廣泛、廣明、自立、唯慈等法師的歡迎接待。1984 年 11 月，菲律賓大乘信願寺住持瑞今老和尚八秩壽誕，開壇傳授三壇大戒，隆根應邀擔任陪堂師兼維那。翌年春間，馬尼拉自立法師住持的隱秀寺重建落成，為此隆根三度赴菲。1984 年 5 月，隆根訪美弘法，先後至紐約、休斯敦、洛杉磯、舊金山、檀香山各地寺院。1986 年 4 月，他赴印度尼西亞中爪哇朝禮婆羅浮屠塔。

1979 年 11 月，靈峰般若講堂住持演培法師退居，隆根繼任。此後隆根長住般若講堂，宏法度化。1980 年冬，他到緬甸仰光朝禮大金塔，請回玉佛多尊。隆根一向在新加坡佛教總會任職，1984 年任總會總務部主任期間，為推動佛教發展計劃，提案開辦佛學班、舉辦佛學講座、興建佛教會所等提案，以後都一一實施。1994 年，隆根以眾望所歸，受推出任新加坡佛總主席，時年七十四。2005 年，隆根卸任主席職，由惟儼法師繼任。晚年他居自度庵，於 2011 年 6 月 15 日圓寂。遺著有《玄奘大師生年之研究》、《聖僧掌故》、《新加坡佛教漫談》、《佛學通解》、《佛教評議集》、《〈善生經〉講記》等。

結語

就早期人間佛教思想在東南亞的傳播而言，太虛大師、慈航法師可謂先驅，妙欽法師主要在菲律賓弘揚，竺摩法師重在馬來西亞，演培法師的弘法中心則在新加坡，而像鏡盦法師那樣雖非太虛一脈親傳，但同樣贊同人間佛教主張的法師更有一大批，如本道、達明、常凱、宏船、廣餘、廣義、明德、龍輝、慧僧、正宗、廣泛、廣明、廣洽、廣餘、清亮、金明、金星、寂晃等諸法師，不勝枚舉。正是他們密切呼應著當地社會的宗教需求，與太虛弟子及其再傳一起，不存門戶之見，互通聲氣，相互支持，使新加坡、馬來西亞、菲律賓各重要工商業城市及其郊區的漢傳佛教現代轉型逐步深化，而他們以本土華人骨幹如清和姑、王弄書、畢俊輝等為其基礎尤不可輕忽。

第二期人間佛教思想的傳播，最早可從 1977 年星雲法師派遣慈莊法師赴美建寺始，即佛光開始遍播五大洲。在筆者看來，這一期的特徵有如下幾點：

〔註 38〕張志哲主編：《中華佛教人物大辭典》，合肥：黃山書社 2006 年，頁 1373。

　　（一）自覺地有組織地派遣僧尼出境建寺，主動地向海外傳播「人間佛教」理念，建立起與本山保持著密切聯繫的道場並不斷發展，其制度設施及文化模式均源自本山，具有可複製性。這與以往東南亞、北美都由當地華人居士團體自發建寺，邀請華僧來住持，依人建制，缺乏連續性穩定性，有很大的不同。

　　（二）依託海峽兩岸佛教。這包括兩層含意，一是海外組織模式、活動方式等都在臺灣佛教發展的經驗基礎上展開；其建寺初期也離不開在臺本山支持。二是大陸佛教界雖未直接參與，但在人才上與學術上都提供了支持，例如大陸出資赴海外留學的多數佛教人才都在海外弘法或作佛學研究。「本山」既是教職人員與骨幹力量的來源，也是境外人員再教育及再培訓基地。

　　（三）借鑒當地其他宗教教會舉辦活動的方式。如辦星期天學校、業餘外語（中文）培訓班、開展小區活動或社交活動、節日活動、娛樂活動、體育活動等，〔註39〕唯活動的內容有差異，更多地帶有東方或中國風俗色彩。

　　這一時期五大洲的信眾依然絕大多數乃華人，佛寺亦屬華人道場。就東南亞而言，第二期範例有佛光山在菲律賓的道場與光明大學、在馬來西亞、新加坡與泰國的道場，法鼓山馬來西亞、泰國分支等。其中，佛光山菲律賓道場有些信眾保持了原天主教信仰而與人間佛教相融，尤其值得進一步研究。星雲法師提出的人間佛教本土化要求：「尊重各地的文化，要用中華文化與當地文化融合交流，而不是用自己的文化去侵略別人的文化。……我應該要尊重別人的文化，我們來到這裡只是為了奉獻、供養，如同佛教徒以香花供養諸佛菩薩一樣，」已經在那實現。當然，這僅占當地天主教徒中的極少數，但無疑有本山支撐有組織的自覺傳播與出於自發的邀約性傳播之性質不同，在史學研究上應予區別。

　　目前在北美、南美與非洲、印度，除華人之外，也從向華裔信眾之家眷弘法開始，有歐美裔、西班牙裔、葡萄牙裔、非裔、印度裔等信眾加入了國際佛光會。在剛果與印度，更有若干本土人才剃度後，經佛光山培訓，形成了當地骨幹力量。如果星雲法師願景進一步實現，那就進入了人間佛教發展史上第三個時期：即人間佛教逐步與本土主流文化融合，實現本土化。太虛當年訪問歐美，也吸引了個別歐美人士皈依，甚至曾在歐美建立個別佛教組織，但這些始終都是飄浮的，甚至往往人去樓空。只有通過華人與本地人的融合

〔註39〕謝慶芳：《現代美國教堂見聞》，《世界宗教文化》2004年第2期。

相處傳授交流，並有法師作得當點撥，才能使本地人真正瞭解人間佛教的神髓，漸而他們對此有了自己的理解與解釋，使之成為他們自己的宗教之一。如同印度佛教中國化一樣，這需要相當長的過程。然而，星雲的要求與本土人才加入人間佛教傳播行列，昭示著第三期的啟明星已冉冉升起。

在東南亞，這將不限於在四國各地的華人社會中傳播人間佛教與原漢傳佛教傳統之承繼，而有望展開新的局面。本文僅從早期人間佛教在菲、馬、新三國的傳播史實出發，略談其研究引發的啟迪：人間佛教在菲律賓尊重當地主流的天主教文化傳統的成功案例，如加以總結提升，可以成為典範。人間佛教在新、馬面臨著必須尊重當地馬來人中成為主流的伊斯蘭文化傳統，而該傳統排他傾向極強。就人間佛教而言，其文化包容性固然不成問題，但你包容他，他不包容你怎麼辦？這就需要佛光山在地教職骨幹奉獻、供養，並創造性地運用星雲法師所授大智慧。人間佛教在泰國則面臨著必須尊重當地主流的上座部佛教傳統，雖說同仰佛陀，但上座部歷來就因「大乘非佛說」而輕視漢傳，而漢傳佛教又以大乘自居而輕視「小乘」，這一岐見化解也需雙方信眾長期相處，加深彼此瞭解。但人間佛教與上座部「參與佛教」都主張佛教革新，因而彼此可以尋求更多共識。在此基礎上雙方攜手在解決些社會問題的過程中加深友情不失為好辦法。

然而，人間佛教本土化在四國都面臨在本土既尊重主流文化，又不被其完全同化，即保持自身獨立性的問題。人間佛教團體在吸收本土信眾的過程中，也面臨著文化屏障之如何克服的問題。前者需要在未來的實踐中運用大智慧，筆者作為歷史學者難以置喙。後者則須先明確「文化屏障」概念：「指一個個體無法使另一社會中以不同方式成長起來的個體，分享他從自己社會中獲得的任何（非物質的）東西……而那些屬於他自己社會的、難以與其他社會共享的那部分思想和意志（包括教義），便是一種文化屏障。」〔註40〕東南亞華人社會與當地主流社會之間亦存在文化屏障，彼此語言不同作為文化屏障的一部分還是較易克服的，難在因文化習俗不同而互不交往，互不信任。北美佛光山道場從向華裔信眾之歐美裔家眷弘法作為本土化的起步是有道理的，因為這從眷屬間已建立的信任始，乃有望通過更廣泛的交往，讓佛教信眾的誠意為更多人感知並獲信任；進而通過教職骨幹的奉獻、供養，使本土人群也獲信奉佛法的利益，並培養出一批本土骨幹，本土化才能鞏固。

〔註40〕〔英〕丹尼爾：《文化屏障》，杭州：浙江人民出版社1992年，頁8、9。

必須指出即便人間佛教的傳播，其最大可能也只是成為多元文化之重要分支，很少可能取代當地主流文化，但筆者認同：文化交往「不可逾越的屏障只是沒有認識由某種陌生文化的起源或背景而引起的各種態度。一旦它們被認識了，它們也就能以自身的方式被理解。」〔註41〕在對各文化傳統有深層理解的基礎上，佛教特有的包容性典範有可能對其他文化傳統產生更大影響，從而至少也能為全球正在激化的價值觀衝突提供緩衝，進而為世界和平作出巨大貢獻。

　　原載《無礙法界　正教弘傳：人間佛教在東亞與東南亞的傳播》，香港：中文大學人間佛教研究中心，2020。

〔註41〕〔英〕丹尼爾：《文化屏障》，頁189。

多元現代性視域中的佛教與傳統

摘要：

　　現代性與傳統兩大概念之涵蓋都涉及廣闊眾多領域，其間相互關係也十分複雜。本文先從「文野之別」的文明視角觀照，試圖為單元現代性還是多元現代性釐清界別。次從歷史社會學切入，借助相關學者論述，以明確「現代性」與「傳統」的各自概念。進而，由對不同文明傳統的同等尊重引申到對佛教的三大傳統（南傳、漢傳與藏傳）之同等尊重，由佛教傳統的現代轉型（即人間佛教）討論到其與「現代性」的關係，並彌補筆者以往有關人間佛教論文中未論及的「大乘非佛說」之漏失。最後，回歸文明視域，簡要概述了多元現代性理論及其分析框架、內涵及其理念，並強調指出，多元現代性視域中理所當然地包括佛教佛學的視角，佛教、佛學的空慧視角歷來在這個以存有致思的世界中顯得非常獨特、獨到。然而，佛學在這個世界中的許多重要議題、問題中卻常常缺位，即有微弱聲音也或淪為在自身圈子裏的自言自語，或壓根被主流社會所無視。而當佛教、佛學的建言善行參與著多元現代性的建設，並發揮出其積極功能時，佛教界應有的權益才能在仍充斥著「前現代」現象的這個世界中得到充分的尊重與保障。本文提出的研究課題遠比探討的議題為多，意在啟發思考。

關鍵詞：人間佛教、現代性、傳統、文明與野蠻、歷史社會學

一、否定單元現代性（西方化）視域下的現代與傳統之對極式思維

　　多元現代性〔註1〕視域首先在以馬克斯‧韋伯等為代表的歷史社會學的

〔註1〕現代化作為一個過程或手段，系歷史的具象，而現代性則為這一過程的理論抽象。現代化之結果未必導致社會成功實現現代轉型，這是由於現代化的內涵往往被淺化，如在中國語境下現代化被描述為富國強兵、工業化等物質和

「單元」現代性理論分析架構啟發下形成，而這一架構明顯地有唯歐美（西方）模式才體現出現代性的傾向，所以稱之為單元。與此相對的即為多元，儘管多元現代性視域已被越來越多的學者認同，但其理論構建目前尚不成熟，更多地處於探索與運用於實踐比較分析中。以色列學者 S · 艾森斯塔德提出的中心—邊緣理論等乃其早期代表，該理論認為現代化最早的發源地即歐美，係其中心地區，其他受歐美現代思潮衝擊與影響的後發地區即屬邊緣地區。堅持主張單元現代性的學者實際上也就是堅持在非西方文明傳統覆蓋的地區，實現現代轉型的唯一路徑就是西方化。然而中心—邊緣理論雖然依當時現狀默認了西方為中心，但至少提出了西方文明之外的其他文明也具有在不否定自身傳統前提下實現現代轉型的可能，也孕含著昔日之中心可淪為邊緣，昔日的部分邊緣地區，今日已成為新的中心，此即多元現代性。

多元現代性並不否定西方的率先探索給其他地區現代化的實現提供了借鑒，當然也不否定作為現代化先驅的全球啟蒙思潮。如沒有這些啟蒙，東方民眾都還躺在「天朝中心論」、「大日本中心論」等迷夢中，如在日本，主要由福澤諭吉等的歐化論啟蒙了日本國民，在中國則由百年前的新文化—五四運動擔任了主要啟蒙角色。正如與文明相對的是野蠻，與啟蒙相對的是愚昧（無明）。然而由於這些學西方的啟蒙者無形中也學來了對自身傳統取完全否定態度的對立思維，並影響了各自國民。在傳統〔註 2〕中的「文明」趨向一概被「批」被否的前提下，致使他們自身所「染」而不「覺」的傳統中的不文明卻

效率層面的具象。所以，只有以「現代性」作為目標的「現代化」才是充分意義上的現代化。現代性概念比現代化更為深入明確。而現代性包括哪些內涵及要素？這些也是下文所探討的。

〔註 2〕韋伯從宗教社會學角度作出的解釋為：「傳統：過去一直存在著的事物」，社會「行為的約定俗成的習慣」，歷史「遺傳下來的制度」。（〔德〕韋伯：《經濟與社會》上冊，北京，商務印書館，1996，第 66、67、251 頁。）「傳統主義」：「對作為不可更動的行為規範的日常習慣的精神適應與信仰」。（〔德〕韋伯：《儒教與道教》，北京：商務印書館 1997，頁 35。）筆者必須對此作功能性補充說明，從知識並非一成不變，知識的積累、新認知的產生看，它都表現在動態的傳統中延續，知識及其運用中的智慧就像不捨晝夜、奔騰流淌的長河。它必須長期存在，才會有足夠多的機會試錯；它必須有不被中斷（例如浩劫在眾多領域造成損失都無可挽回）的積澱，才能用少錯的代價換來新知的成果，並且避免從頭開始再試錯；它又必須向未來開放，才有不斷的延伸。因此，凡延續下來的文明，都不得不依賴自身傳統，智慧傳承也依賴於傳統。相反，表現為歷史惰性的並非傳統本身，而是以為傳統不可變的執見，主要是人的認識問題。依佛學對韋伯所謂傳統主義應作如此解讀。

下意識地膨脹起來，例如日本的「武士道」，中國暴虐的法家官僚制等。形相（器界維度如大機器生產等）上學歐美、俄（半西方）與實質上存在的傳統之「暴虐」一面相結合，曾使日本走了軍國主義歧路，中國則經歷了文革浩劫。這使人不得不思考文明之所以為文明的問題。

中國社會學家費孝通在痛定思痛的晚年說：「充滿『東方學』偏見的西方現代化理論，常成為非西方政治的指導思想，使作為東方『異文化』的西方，成為想像中東方文化發展的前景。」〔註3〕中日在現代轉型過程中所走的彎路正是這類想像與自身傳統負面的結合。費孝通還深情回憶他的導師英國人類學家、社會學家馬林諾夫斯基「為人類服務」的期望。這與佛法為人類眾生求解脫的關懷之根本意向一致。馬林諾夫斯基與費孝通還都強調「文野之別」，儘管文明的維度十分複雜，在此難以條分縷析，但文明之所以為文明，人之所以為人，其綱領不就是它標誌著與野蠻獸性之暴虐脫離嗎？

費孝通所稱西方現代化理論背後隱藏著現代性與傳統的兩極對立，並被韋伯由發生論角度誇大為對極式思維。〔註4〕當然，筆者也不否定兩者之間的相對性，即便是在不同地理環境所蘊育的不同文明傳統確也包含著與統治者既得利益結合的保守性，實現現代轉型須克服的歷史惰性，但同時也應看到其中所積澱的古老智慧、人與人相處的和平方式等積極一面，否則該傳統當早已被歷史淘汰。佛學空義更是否定兩極對立的凝固思維方式，否定對任何教義、學說唯一絕對不變的無條件崇拜態度（法執）。〔註5〕佛學主張眾生平等，當然內含著對不同的文明傳統都須同等尊重。所以，就中華文明的現代轉型而言，其實該否定的不是儒家傳統本身，而是用來維護統治者既得利益的唯儒學為尊（或儒表法裏）的不變地位。所以，筆者所稱的多元現代性不單肯定文明傳統的多元，也肯定思想學說、教義的多元，認為不同文明傳統都有實現現代轉型的可能，且有可能保持其獨特性。對非西方文明而言，並非前方只有全盤西化一條路。這就牽涉到鄧曦澤先生重新提出討論的在西方率先體現出的現代性屬於歷史的階段性現象還是西方文明具有更優特質

〔註3〕費孝通：《我對自己學術的反思：人文價值再思考之一》，《讀書》1997年第9期。

〔註4〕「對極式」正是這類思維極致的體現，由韋伯研究者加以冠名。鄧子美主編：《論中國法的精神：中西法文化比較新視角》，西寧：青海人民出版社2000，頁78。

〔註5〕因緣法僅承認這些教義、學說在一定歷史因緣場合下的合理性。

的韋伯式（被有的社會學者稱為西方具有特殊的文化基因）老問題。〔註6〕因為該文可以作為堅持西方中心論新版本的代表性說法,而筆者作為對韋伯社會學有研究的〔註7〕歷史學者也不妨斷然回答,這是階段性現象,但並非單純。

二、多元現代性視域中的佛教三大傳統

首先,鄧曦澤先生提出這一問題作為「現象」（佛學之「相」）討論,這是不至於淪為雞對鴨講或在佛教圈內自說自話的共同平臺,筆者很同意。

他還提出,「要理解西方文明變遷,首先須要為文明建立座標。文明包括六個主要要素（或變量）:知識生產、合法性建構、經濟生產、社會管理、社會秩序與個體生活。通過考察,西方文明在六大方面實現了古今（傳統與現代）的質的變遷。」必須指出在此,他忽略了文明之為文明的綱領,即馬林諾夫斯基強調的「文野之別」。不過,暫且依其思路逐一而論。〔註8〕

他說:「第一,在知識生產方面,西方原發性地經歷了從傳統學術到現代科學的巨大革命。沒有科學革命,就沒有對基督教知識體系的突破,就不能否定基督教的神聖權威,就不會實現其他方面的轉型。」此點似顯出他對西方基督宗教（東正教、天主教、新教）史的不夠瞭解,西方宗教改革中誕生的新教強調的信仰自由推動了科學發展,而天主教的神學一尊地位才曾是西方實現現代轉型的阻力。而當代新教中傾向原教旨主義的福音派之反智論也拒斥已否定「神創論」的許多科學成果。總之,科學能在今日西方居於主導地位,也恰因西方文明之多元,主要為古希臘與古希伯來文明的交叉、碰撞與

〔註6〕鄧曦澤:〈西方領先是階段現象還是文明現象?〉,《聯合早報》2019 年 3 月 1 日,http://www.zaobao.com/forum/views/opinion/story20190301-936001,他說:「階段現象是說,西方領先是機緣巧合造成的暫時領先,並非西方一定有更優特質。」對此,連韋伯都承認西方的現代化是多因素不期而然的結果,即帶有許多機緣巧合因素。鄧先生乃四川大學國際關係學院教授,其實他的多篇時評筆者也頗讚賞。

〔註7〕鄧子美:《超越與順應:現代宗教社會學觀照下的佛教》,北京:中國社會科學出版社,2004。

〔註8〕筆者在 2005 年發表的《當代人間佛教的走向:由宗教與社會互動角度審視》中也另外提出了社會現代轉型歷史性取向改變的三個標誌,即由遵循禮俗轉向崇尚法理,由身份原則轉向成就原則,由穩定優先轉向發展優先。這三要點可與六要素相互補充。（鄧子美:《三觀映月渡恒沙:近作自選集》,北京:宗教文化出版社 2016,頁 5。該書中還收有人間佛教專論 13 篇。）

交融，其中古希臘的崇智文明傳統得到了恢復與更新，這也是知識生產與分享的前提。相比之下中華也有自身崇智傳統，但其知識體系除史學之外都是分散的（子、集），經學則與西方神學性質相同，係獨尊的單元論。與知識生產與分享相輔的則是在古代西方已確立的財產個人私有制延伸至現代知識產權保護，這才是現代化的知識生產可持續的保障，也是中華文明歷來的家產制或國有制所欠缺的。〔註9〕

他說：「第二，在合法性建構方面，西方原發性地實現了從神性到人性，即以神為中心到以人為中心的轉變。」〔註10〕可是依據皮尤中心的統計，美國至今仍有 83%以上的人信仰宗教，歐洲人雖更多已世俗化，但基督宗教仍居要位，而希伯來一系的宗教除了基督教自由派之外，無疑依舊以神為中心；且華夏文明早在商周之際已初步實現了這一轉變，中華之人文主義早就被各國學者稱道。可見這一層面並非現代轉型的關鍵。

他說：「第三，在經濟生產方面，西方原發性地實現了從封建管制經濟到資本主義市場經濟的轉型。」這確為癥結所在。在各大文明中，自發性的商品經濟作為自然經濟的補充都早已存在，現代轉型的關鍵在於有序的充分競爭的市場經濟能否據主導地位。

他繼續說：「第四，在社會管理方面，西方原發性地實現了從人治與專制到法治與民主的變遷。」從文野之別看，法治的核心在於依善法防止人治專制，民主的一大功能在於實現政權交替的和平過渡。而法律實施與奪取政權的背後都依賴於暴力，所以，暴力被使用作為專制的工具，還是作為法治與和平實現政權交替的保障，乃是現代轉型的關鍵。

他還說：「第五，在社會秩序方面，西方原發性地實現了從等級到平等的轉向，並在較大程度上實現了平等。古代四大文明都是等級制的。儘管當代西方也沒很好地實現平等，但至少肯定了平等的正面價值，這顯然比古代

〔註9〕鄧子美：《論中西古代法文化的根本差異》，《無錫輕工大學（現更名為江南大學）學報》（社會科學版）2000 年第 1 期，頁 27。

〔註10〕鄧先生這一段論述，對堅持西方中心論的學者們的觀點已有改動，也不符韋伯原意。韋伯的相關論點為基督新教倫理才是西方（主要是英、美、德）資本主義精神的「文化動力」。相反，他慨歎當新教倫理要義在「世俗化」過程中丟失後，工具理性帶來的「官僚制」、科技至上等已變為現代人的「鐵籠」。（韋伯：《新教倫理與資本主義精神》，北京：三聯書店 1987，頁 143。）這頗具深意，只是被有些人借用來批評人間佛教的當代基督教之「世俗化」，倒與鄧先生的論述相符。

否定平等要進步很多。」

　　然而佛教提出眾生平等即使不說比基督教的上帝面前人人平等早的話，至少也時代相當，平等的現代轉型問題在於追求結果平等還是形式平等（機會平等），結果平等是前現代文明的共同追求，唯形式平等才能在區別於熟人社會的現代陌生人社會中實現。

　　最後他說：「第六，在個體生活上，西方原發性地從限制性生活方式轉向寬容性自由主義生活方式。」西方文明之「更優特質說」的最大問題恰恰在這一層面上，這也是對極式比較思維的最大問題，而多元現代性探求在社會生活方式層面則主張多元文明共存，只存主體依所在地習俗可選擇棄留之別（如不滿可遷徙），主張生活方式有文、野之別，無先進、落後之分。當鄧先生說「寬容性自由主義生活方式」。難道沒有意識到在北極、叢林、海島還存在著「原始」生活方式，那同樣靠當地居民的傳統及其保存的古老智慧才能維持，如果否定，那也是對自然資源的浪費。且失去了這樣的多樣性，人類的單一文明將變得多麼可怖？西方文明之「更優特質說」在社會生活方式層面上，隱含著將建立在歐美習俗背景下發展起來的「現代」消費主義、享樂主義生活方式駕凌於其他文明之上，其血淋淋的殖民史且不論。歐美奢侈品企業廣告與好來塢商業片宣揚的這種生活方式對非西方社會中的青少年中確有很大吸引力，卻不是我們想要的。相反，像美國優秀投資家、企業家巴菲特、比爾‧蓋茨等個人節儉生活方式才值得尊敬。歐美消費主義生活方式也並不一定代表全球未來，它也既依賴於基督教文明也依賴於其他文明「傳統」的節儉才能繼續維持，否則地球資源很快將被揮霍至盡。〔註11〕

　　雖然現代性概念的蘊涵廣泛深入，遠比鄧先生所列舉的六方面複雜。但各大文明傳統都不宜輕率否定已獲學術界普遍認同。同時，正如現代性雖發端於西方，但我們仍不宜把西方全套做法簡單搬用。在多元現代性視域中，佛教雖發端於印度，但我們同樣應給予其北傳傳統與南傳傳統，即南傳、漢傳、藏傳三大語繫傳統同等尊重。

　　如果西方文明沒有文藝復興恢復與重估古希臘崇智傳統，歐美文明實現

〔註11〕有數據顯示，美國人均能耗是德國的四倍，是發展中國家的十幾倍乃至幾十倍。如果全球均採用所謂「美國生活方式」，需要四個地球的資源才能夠支撐，其導致氣候暖化的副作用且不論。對此，美國環保界近年也有越來越強烈的反思。

現代轉型是不可能的。作為東方文明代表的佛教實現現代轉型，是否也該有個「文藝復興」呢？佛教本有崇智傳統，這在南傳、漢傳、藏傳佛教經典中都有充分體現，而且一向保持著。佛學知識體系從人類眾生一體出發，且重視自然環境生態，較之人文主義更寬廣，更宜於「現代」，雖然它與古希臘以來的西方文明的知識體系有分有合，但古老的佛學見解中存在著與現代科學很多暗合，至少絕不違現代甚至未來的科學。佛教價值觀更能糾正盲目發展高科技的偏向，糾正破壞環境的片面追求經濟發展。此乃對現代性弊端的糾補。當然，科學技術確有先進落後之分，在歷史上形成的人類文明及其制度與先進科技之間，有那些相互影響？等等，也是當代佛學研究應做的課題。

　　至於現實中的南傳佛教、藏傳佛教影響地區的現代轉型滯後，應主要從當地社會因素及其變量中尋求。當然，這也與早期佛教本含的基於反對種性社會之眾生平等原則所體現的積極入世精神在全球中古時代曾被掩沒有關，因而佛教文明曾覆蓋的地區也需要與西方「文藝復興」有所不同的佛教復興。19 世紀後期～20 世紀初的亞洲佛教復興運動與西方 14～16 世紀的文藝復興相比，有哪些異同等等，也是值得探討的課題。進而，當代東南亞各國及全球「參與佛教」之探索與實踐與此有何關聯？

三、人間佛教乃已融入現代性的佛教

　　如果恢弘佛陀本懷的積極入世精神乃現代佛教復興的主題，那麼漢傳佛教影響地區的「文藝復興」實際上已由星雲法師首倡的「人間佛教　佛陀本懷」賅盡，且其義更豐。這一出於佛陀本懷的人間佛教可以說是已融入了現代性的佛教。因為從全球未來看，南傳、藏傳佛教主流終究會面向人間，所以星雲法師提出了三大語系佛教的平等融和，提出了佛教就是人間佛教。〔註12〕從歷史與現實看，人間佛教乃是漢傳佛教傳統的現代轉型，並在受漢傳佛教影響的地域成為佛教主流，同時也不免被「傳統主義」（即認定傳統固定不可變而固守被宗法社會固化的明清佛教模式者）多方面批評。

〔註12〕見《星雲大師講演集》（四），高雄：佛光出版社 1991，第 186 頁。星雲大師　　　編著：《人間佛教》（佛教叢書之十），高雄：佛光出版社 1995，第 1 頁。星　　　雲大師：《人間佛教語錄》（下），臺北：香海文化公司 2008，頁 9、18。星雲　　　法師在多場合都強調了這一理念。

　　關於佛教傳統的轉化與現代觀念的關係的討論，以及針對這些批評，筆者大多早就作了闡發回應，〔註13〕未及之一則表現為「大乘非佛說」。顯然，這一說法並未給予中華傳統（漢傳、藏傳佛教）與印度傳統（南傳佛教）同等尊重。同時這一說法似乎很「現代」，因為提出者在很大程度上受到了費孝通所稱的西方學者「充滿偏見的『東方學』影響」。

　　由於西方殖民者佔領南傳佛教地區為先，南傳佛經也首先被譯解至西方，西方學者對佛教的瞭解也基於南傳佛典。當然他們很客觀地解讀也應肯定，但他們無形中被自身對基督教神啟經典解讀套路、被自身西方文明背景影響著也不可忽視。從年代上看，南傳佛典之出現，也確比作為漢傳、藏傳佛典主要依據的大乘經為早，而大乘經出現在佛陀已圓寂的數百年後，每經開首為了使人崇信，也夾雜著天神傳說。這與南傳佛典的樸素不一樣。有些西方學者由此作出了「大乘非佛說」的結論，並被南傳佛教流行地區及日本「批判佛教」學者有所接受，歐美學術界對漢傳佛典、漢傳佛教研究的輕視（與其對南傳、藏傳之重視相對而言）也與此有關。殊不知，至少從奧義書開始，印度經典反覆多次結集傳統已與希伯來神啟經典之相對一成不變完全不一樣了。歐洲「東方學」研究也是以吠陀、奧義書作為開端的，這類書既是婆羅門教經典，也是印度文化傳統的主要源頭。正如種姓制至今仍在印度根深蒂固一樣，遠古在全世界都十分普遍的經驗知識積累傳承靠口耳相傳的傳統在印度保留得特別久長，〔註14〕印度佛典結集也不例外。概言之，早期佛典的兩次結集，其間距近百年，首次即五百結集，由佛陀的親聆其言的大弟子在代表各地佛教徒的五百比丘的集會上公開背誦佛說，其文字記錄並須得到大會認可後方可抄寫流傳。由於當時抄寫不便且能抄寫的人稀有，背誦仍為重要的流傳手段。第二次即七百比丘集會認可的結集，已由佛陀再傳弟子背誦，歧出已現。部派佛教之經典結集自然也繼承了這一傳統，對各部派而言，這乃理所當然，以致於各部派各誦自身認可的經典，又只須本部派的集會認可。這在記誦佛陀再傳弟子憶說與理解的大乘佛典結集中，起著重要作用。

〔註13〕　參見鄧子美：《論人間佛教的現代品格》，《中國禪學》創刊號，北京：中華書局，2002，頁 378～391。至於其他如神聖性與所謂「世俗化」問題等，筆者也大多已作了反駁，集中地見於鄧子美等：《當代人間佛教思潮》，蘭州：甘肅人民出版社，2009。

〔註14〕　鄧子美：《當代人間佛教傳燈錄·前言》，北京：宗教文化出版社 2017，頁 1～2。

大乘運動雖相對統一了北傳各派歧見，但大乘經之結集仍出於多部派，而菩薩眾的認同與以往的僧眾仍有所不同。

　　對出於希伯來文明的經典傳統而言，神的啟示一字不可更改。這點也為西方現代神學學者基本沿襲，以維護他們的傳統與信仰。對佛典結集而言，事實上人的記誦難免誤差，古代北印度各部派面對的現實不同，對他們所熟悉的部分佛典理解也難免有差異，這些理解上的差異也難免擾入在當時新結集的大乘經中。所以《大般涅槃經》才說：「四依四不依──依法不依人、依義不依語、依智不依識、依了義不依不了義。」並說：「我為肉眼諸眾生等說是四依，終不為於有慧眼者。是故我今說是四依。」對學習理解佛典而言，依了義，不依不了義更重要，了義即符合因果律、符合緣起論，更符一切都在無始無終流變中的空觀。要依這些義理去讀經，這與神啟經典的解讀係兩條完全不同路徑。按「四依四不依」，大乘經顯然與早期佛典一脈相承，與《增一阿含》、《雜阿含》所記載相比還更系統深入。人間佛教當然依據早期佛典，但由於本身又係源自漢傳大乘傳統而來，故亦依大乘經。倒是近代唯識學者首開依唯識學經論，啟大乘經「辨偽」先路。印順法師其實與太虛法師同樣為大乘經辨護，只是受法尊法師之影響（法尊法師則既繼承太虛思想，也深受藏傳佛教影響），偏重於早期大乘。其實，印順法師的相關成果，多在通過學術研究依佛典釐清上述擾入。這在他的「以佛法研究佛法」方法論〔註15〕中有清晰呈現，並為我們開闢了與西方學者不無「東方學」偏見的，與神啟經典解讀路徑殊異的，獨特的佛典解讀「現代」路徑。

　　顯然，由於技術水準有限，古代凡眾的認知水平未能脫離肉眼所見，也不能排除其想像與希冀有少量擾入記載。所以《大般涅槃經》為眾生提出這四條原則，作為鑒別佛說依據。有這些鑒別也是為佛教復興應作的學術研究不可缺少的，例如，奧義書的內容作為印度文化傳統，作為印度宗教共享的古印度智慧結晶，哪些被佛陀繼承吸收並作了創造性轉換與詮釋？奧義書作為婆羅門教經典，佛陀在創立佛教的過程中對其中哪些觀點提出了批評反對？對哪些內容僅保留而未置可否？早期佛典中，佛陀已用緣起論駁斥婆羅門教的梵天神創世神話，也駁斥了婆羅門借助天神為不平等的種姓制度辨護的論說。同時又極富智慧地策略地借用了這些天神，採用了他們來向佛陀問法、

〔註15〕印順法師：《以佛法研究佛法》，《妙雲集》（下編之三），臺北：正聞出版社2000。

聽法形式，這是鑒於婆羅門教作為印度傳統之主流之影響極為廣大，為擴大佛教傳播面所必須的，也出於悲憫有情，故而不揭破可能寄託著怯弱「肉眼諸眾生」希望的天神之「相」。〔註16〕進而，大乘佛典在對待天神的方法論上也與此一脈相承，並出於尊重北印度各地不同習俗傳統，突出了當地神祇也向佛陀問法受法同時又護法的形象。佛典中借用天神形相以尊重多元文化傳統很有必要。但在此，天神是圍繞佛陀之法義的，不論問法受法還是護法，佛法法義內核與西方神學理論內核殊異：即佛法乃以空觀、緣起論、因果律為中心，神學則雖也有其教義卻「以神為中心」。在這方面，印順法師的簡擇澄清了佛法底色，也為進一步研討開拓了道路。有學者批評印順「否定大乘經的佛說性」，〔註17〕但縱觀他對印順的批評，對太虛與印順間的學術分歧不無誇大，對印順「以佛法研究佛法」思路與方法論之理解也不夠深入。須知印順法師許多研究成果是為對學界逐步開慧眼者有所期待而發表（確實對「有慧眼者」不必言），他面對廣大信眾無數次講經，從來不說這些，可見他對「肉眼諸眾生」的悲憫。在多元現代性視域下，同樣也應當追問，漢、藏及東北亞本土文化傳統在接受佛教，佛教也融入其傳統之後，其中哪些因素豐富、推動了佛法義理深化，並使佛教之形態在印度絕滅後，其慧命卻在與印度完全不同的文化社會環境中得以承續？這些傳統中又有哪些因素淡化了佛法底色？致使在肉眼看來易與神學混淆。還有，已融入北傳佛教形態的當地傳統中的哪些因素在當時地理環境下，曾經是對佛法傳播合宜的，也發揮過積極作用，而在現時則不再合宜？例如，顯然因為漢地宗法社會已經瓦解，故攙入漢傳佛教形態的宗法傳統因素已不再合宜。對佛教的南傳路徑同樣也不妨作類似追問。就人間佛教與傳統的關係而言，至少在當代人間佛教繼承了大乘精髓菩薩行在漢傳佛教界已無人質疑，然而即僅因不甚了義，因而只知印順法師的行履，不識廬山真面目，不解人間佛教已融和了的現代性及其深遠意義，那就不得不提醒：莫為「名相」遮望眼。

放眼佛法弘傳全球，開首便應尊重當地文明傳統，也不妨在形相上借鑒為歐美人士熟知的為希伯來系宗教運用的方式、方法。佛法色彩極豐，所以自當繼承、推進佛陀創造的方便策略，然而在「有慧眼者」看來，佛法「究竟」

〔註16〕體恒：《大梵天王與佛教的關係》，《法音》2019年第3期，頁29～32。

〔註17〕周貴華：《釋印順佛學研究和佛學思想略觀：從反思的角度看》，《印順法師佛學思想：反思與研討》論文集，頁6。無錫：佛教義學研究會，2016。

底色也很清晰，大乘多樣化的性空緣起、阿耶賴識緣起、真如緣起、法界緣起之光光相映相徹，皆本一源。自然，我們所在的現代世界較遠古、中古更為複雜，所以從任何單一的維度或層面的觀察、評估都難免著重於一側面。因而與神學經典解讀不同的路徑亦非僅印順法師所闢的一條。星雲法師晚年說：「人間佛教對於輪迴的看法是無限的未來。今後人間佛教不說『六道輪迴』。在形象上，凡聖不要那麼有界限地分開。既然人人（都可能）是佛，何必要分那麼多種類，我們稱為『十法界流轉』」。〔註 18〕這是飽含中道智慧的清晰無偏頗境界所示。

四、多元現代性理論架構及應用前景評估

　　鄧先生之結論說：「雖然有些價值如仁愛、誠信是古今通用的，但現代文明對傳統文明是以否定為主，以繼承為輔。」〔註 19〕筆者不禁要追問，在此的「現代」指何種「現代」，是唯以西方道路為唯一指向的現代性，還是各大文明相容的多元現代性？「傳統」指單一傳統的特定層面，還是泛泛而談？即以西方文明率先實現現代轉型的歷史經驗而論，西方文藝復興、宗教改革、啟蒙運動及科學革命、工業革命中一以貫之的先行邏輯乃是反對思想控制、經濟管制、政治專權，因此可概括為從前現代向現代文明轉型的實質是從封閉轉向開放的有序多元競爭。以反對思想控制為例，當年凝聚為全歐主流的文藝復興、宗教改革與啟蒙思潮所反對的是中世紀天主教神學的思想控制，而不是天主教傳統本身，所以當以馬里旦（1882～1973）為代表的天主教神學家對曾被教廷利用為思想控制工具的阿奎那神學作了創造性詮釋（即新托馬斯主義）之後，天主教傳統也已融入在梵蒂岡、西班牙、葡萄牙及中南美洲多國占主流的多元現代性之中。由此可見，撇開具體場景談傳統的否定或繼承無甚意義。筆者認為，現代轉型乃套用法國年鑑學派術語的「長時段」的現象，這一時段如從西方中世紀後期始，在歐美已跨有約八百年，全球多元現代轉型再花數百年並不為過。且其流程具有不可逆性，縱有回潮與逆流，但不可能回到過去，其趨勢不會因人的主觀好惡而改變。肯定作為現代性活力表現的在思想、經濟、政治、科學

〔註 18〕星云：《人間佛教回歸佛陀本懷》序一，北京：人民出版社、宗教文化出版社
　　　　2016 年，序二，頁 9。
〔註 19〕鄧曦澤：〈西方領先是階段現象還是文明現象？〉，《聯合早報》2019 年 3 月
　　　　1 日。

技術各層面展開的開放有序多元競爭，也只因其採用相對和平方式，比受野蠻的叢林法則主宰稍有長進而已。在此，社會達爾文主義「適者生存」主張同樣不可取，因為在生物史上，「協作」的表現與競爭同樣突出，進化與退化同在。

文明之所以為「文明」，建立在馬林諾夫斯基與費孝通所謂「文野之別」的田野考察基礎上，即「文明」既與由暴力主宰的叢林法則的「野蠻」相對，有人聚居的文明也與憑常識即能辨別的「荒蠻」相對。這點在文明辨析中應居首位，在其之下，相應地各大文明的所謂「先進」、「落後」，「前現代」、「現代性」才能得到恰當評估。

多元現代性理論及其分析框架也建立在這一基點上。依筆者淺見，至少可歸納為四個層面：1. 多元現代性理論預設在思想層面上主張各種學說與言論開放性的有序多元爭競，唯一依法禁止的僅為宣揚血族、種族或階級仇視者，因為這會引發暴力仇殺。相反，「前現代」在東方則表現為中國的法家、儒家的意識形態控制，印度的婆羅門教控制，在西方則表現為天主教神學控制，而前蘇聯的意識形態控制恰恰是偽現代性，所以當戈爾巴喬夫提出公開性時，一度大規模採用「現代」機器生產的前蘇聯頃刻瓦解。2. 該預設在經濟層面上同樣主張開放性的有序多元競爭，因為競爭，那怕是激烈的競爭也比互相殘殺好得多。而有序的市場經濟運行才能實現文明的雙贏、多贏。無序博弈的後果只能是兩敗俱傷，甚至從非暴力的文明倒退回由叢林法則主宰、地球毀滅。3. 該預設在政治、包括國際政治層面上同樣主張開放性的有序多元競爭性分享，反對霸權主義。由於政治制度對秩序具有確立與保障的重要性，所以政制確存在先進、落後之別。現代性政制能保證政權交替的和平過渡（暴力奪取政權只能說是前現代的回潮），防止任何利益集團獨霸權力以及權力的濫用。4. 在生活方式的選擇上則以不妨礙他人同樣的自由為前提，多元並存。但即使競爭，也應強調「競中有合（作）」，強調公平，因為不公平競爭也往往很殘酷，有序競爭的「秩序」應當建立在公平的基礎之上。

旨在實現多元現代性的行為主體當然應更自覺、多元，正在轉型中的各國應發揮更多的推動作用。引導多元現代性的理念不但包括科學、法治、民主、平等、自由等，還應強調協作、和平、包容、生態平衡、普惠、分享、共贏。

人類作為眾生之一，其行為（身業）的驅動性並不能脫離眾生本能。與其放縱野獸本能，不如對競爭本能善加利用。由更高的人之所以為人的超越性

俯照，才能利用好競爭本能，並引導其趨善避惡。在此，東方文明孕育的具有超越性的佛法理當更好地起到引導作用。相較於競爭性，多元現代性理論預設更強調開放性。即西方文明也並非單元一體，〔註20〕其之所以能率先實現現代轉型，與其開放性分不開。筆者不贊成西方文明具有「更優特質」說，但肯定各大文明各有其長處與短處，因此贊同文明互鑒，即使較優者，也來自學而優。開放性的善於借鑒學習的文明才有更好的未來。相反，無論是山姆大叔曾有的傲慢與大陸網民的「厲害了」自詡，都是取禍之端。日本文明具有善學其他文明長處之傳統，因此當其吸取了野蠻的軍國主義失敗教訓後，便能迅即實現現代轉型並保持其獨特性。而有些非西方文明之現代轉型遭挫，〔註21〕與其先盲目照搬西方，後又回歸封閉，導致其內部暴力惡鬥循環有關，也間接造成了當下的全球現代性困境。故多元現代性探討及其成敗關係到人類未來命運。〔註22〕

　　佛教所覆蓋與影響地域的文明乃多元中的重要一元，多元現代性視域中理所當然地包括佛教佛學的視角，佛教、佛學的空慧視角歷來在這個以存有致思的世界中顯得非常獨特、獨到。然而，佛學在這個世界中的許多重要議題、問題中卻常常缺位，即有微弱聲音也或淪為在自身圈子裏的自言自語，或壓根被主流社會所無視。此為本文撰寫之緣起，敬希慧眼鑒別指正。而當佛教、佛學的建言善行參與著多元現代性的建設，並發揮出其積極功能，亦即現代性實現之時，佛教界應有權益才能在仍充斥著「前現代」現象的這個世界中得到充分的尊重與保障。

　　原載《2019星雲大師人間佛教理論實踐》，高雄：佛光文化事業有限公司，2020。

〔註20〕鄧子美：《傳統佛教與中國近代化：百年文化衝撞與交流》，上海：華東師大出版社1994，頁300。

〔註21〕鄧曦澤：〈西方領先是階段現象還是文明現象？〉文中舉了阿拉伯文明為例，故在此作回應。

〔註22〕鄧子美：《創造人類眾生命運共同體：業報緣起論的觀照》，《第二屆「廬山論壇──佛教與人類命運共同體」佛學研討會論文集》，九江市佛教協會，2019-5。

後　記

　　在剛開放的年代，佛教還被認定乃「封建迷信」，佛經與佛學研究資料奇缺，幸得已故何澤霖老居士在東莞樟木頭鎮（昔日鄉鎮如今已成為製造業重鎮）把海外資料一包包地寄來。這些書刊有的打破我染上的執迷，開闊了眼界，啟發了智慧，但更多的令人驚詫：如《了凡四訓》及眾多勸善小冊子，其中講的道理雖並不過時，可是還用文言文與至少五百年前的古人實例來講說，與當下生活完全脫節，這又有多少人願意看呢？不過，那時講這些倒也還和那時狀況相應，即「文革」後第一批重新皈依佛教的信眾多為幾乎文盲的老太。此後一段時期，南懷瑾等「半弔子」式地雜糅儒佛道的書刊在大陸開始流行普及，這也與在該讀書的少年時只能讀到「紅書」，因而中青年時呈現傳統文化饑渴的普遍狀況相應。可是，這些講說與太虛當年已結會社會應用需求，在《海潮音》等佛刊中，用當時通用的半文半白語言，把清淨智慧用於對現代物理學、生物學、心理學以及哲學、歷史學的最新成就的解說，不啻有天壤之別。

　　直到 21 世紀開始，大陸受過高等教育，打破被封蔽眼界的又一代終於成長起來，他們的語言系統、知識結構與以往相比有了顯著不同，其中對佛教抱好感的主要分布在義工群體中。在他們中，參與改善社會的需求（而非遠離社會）也隨之高漲起來。這類需求曾由海峽兩岸互動的倡導人間佛教的書刊初步予以滿足。然而，飛速發展的互聯網技術及智慧手機、社交媒體普及又為清淨智慧傳播出了難題。不錯，也有「和尚博客」、「網紅法師」出現，一時在義工群體中掀起熱浪。可惜網紅的退色與其流行一樣快速，有的佛刊既出紙質版也出「微信」版，但也最多只能有小補。因為快意短文難以承載深沉

智慧，即如「微信」版長文，如非優質且能把佛學特有意義體系，包括佛學專業名詞術語等，轉用為新一代能理解的語言系統、知識結構表達的話，如太虛當年為他面對的青年人群那樣。那麼，把退縮甚至龜縮、「逃避現實」等現象，說成就是「佛系」。把意思雖沒錯，但太空泛的佛教話語說成就是「心靈雞湯」，就不能不說不是水平遠不如當年《海潮音》的佛教媒體之所為在東亞主流社會中造成的印象了。因為大部分佛教媒體仍然以投合，而不是去引導老齡化的群體需求為主。

自然，這不能僅歸咎於佛教書刊的編輯與出版者，也乃我們這代學者之責。因為如缺好稿，編輯也無可奈何。確實，「文革」前尚殘存的佛學研究只能為政策作注解或選古老題材，作瑣細考據還情有可原，劫灰過後一味沿襲類似做法就說不過去了。雖然，大陸佛學研討會也曾熱鬧一時，佛學書刊也曾出版眾多，能辦能出也多不易，但試看其中內容，或陳陳相因、或東抄西摘、或膚淺漫議、或僻冷煩瑣者十之八九。佛學研究者們也自成自說自話的小圈子，很少關注眾生疾苦與他們當下大增的煩惱，也很少研究關係到眾生未來的一次次社會劇震之因果⋯⋯這並非抹煞 20 世紀 80 年代以來佛學研究恢復的多方面成就，例如資料搜集整理、女性學者對佛教女性的研究遠超民國年代就值得肯定。只是說我們理當比前人做得好，在重大議題上佛教媒體也應發聲，使清淨聞思及慧眼所見能通過清音傳遞，在不同語言系統與知識結構的人群中代代延續。我們曾經歷的那慘烈的代際文化生態斷裂，再也不能因我們失責而重現⋯⋯

本書中《以清淨智慧 促進文明交流互鑒》一文講到知識與智慧的聯繫與區別，其實知識與常人的智慧還各有其不同侷限。知識既有時效的侷限，又有地域的侷限，如遠古時代的人類積累的狩獵採集知識雖然也有保存，但對當今大部分在城鎮中生活的人們而言就不適用了，他們反而需要不斷學習新知，才能選擇較好的生活。常人的智慧則有易被蔽的侷限，如被眼前利益引誘（貪）、被一時憤怒的衝動驅使（瞋）、被周遭圈子裏的狂熱鼓動（癡），以致個體本有的慧眼瞎了，而清淨能解蔽。

知識之侷限與其源頭——科學的侷限有著緊密聯繫，這就不得不清理一下科學的定義。物理學家波普爾（1902～1994）講得較好：「科學由大膽的、思辨的猜測所組成，這些猜測受到包括實驗檢驗在內的無情批判的支配」（《愛因斯坦對我的影響》，《科學知識進化論》，三聯書店 1987，頁 52）。這樣的話語

雖對種種借助科學權威、模仿科學方法以自證的學說都不乏針砭，但玩味之下，卻好像對理論科學的肯定偏弱。而《現代漢語辭典》（商務印書館，1983年版）的科學定義為「反映自然、社會、思維等客觀規律的分科的知識體系」。這似太強勢了，三大截然不同的場域居然存在同一性質的「客觀」規律？或許，辭條作者大腦受獨斷論影響太深。所以還是中性些，採用「維基百科」的體現互聯網時代特色的定義：

「科學（英語：Science，希臘語：Επιστήμη）是通過經驗實證的方法，對現象（原來指自然現象，現泛指包括社會現象等現象）進行歸因的學科。科學活動所得的知識是條件明確的（不能模棱兩可或隨意解讀）、能經得起檢驗的，而且不能與任何適用範圍內的已知事實產生矛盾。科學原僅指對自然現象之規律的探索與總結，但由於引入自然科學的研究方法，如今人文、社會學科也被越來越多地冠以『科學』之名。

人們習慣根據研究對象的不同把科學劃分為不同的類別，傳統的自然科學主要有生物學、物理學、化學、地球科學和天文學。邏輯學和數學的地位比較特殊，它們是其他一切科學的論證基礎和工具。……科學在認識自然的不同層面上設法解決各種具體的問題，強調預測結果的具體性和可證偽性，這有別於空泛的哲學。科學也不等同於尋求絕對無誤的真理，而是在現有基礎上，摸索式地不斷接近真理。故科學的發展史就是一部人類對自然界的認識偏差的糾正史。因此『科學』本身要求對理論保持一定的懷疑性，因此它絕不是『正確』的同義詞。」

至此，何謂「真知」明確了，科學的侷限也明確了，即科學研究只能在「不同層面上設法解決各種具體的問題」。由此可見，知識的侷限也正是科學的侷限，如果具體問題通過科學探索所獲知識得以解決，那麼其他知識就因暫時不再有需求就被擱置，除非問題重新反覆出現，擱置的知識又可被運用。知識與科學的關聯就相當於互聯網的節點與多層面的網絡的關聯。然而，與「俱生我執」相伴的貪、瞋、癡造成的問題也是古往今來反覆出現的，但這類人類面臨的自身問題似只能靠撥去遮蔽，睜開慧眼解決，科學無能為力。「現代性悖論」大問題更表現多樣，反覆出現而難解。這類綜合性大問題，雖存在「智識」積累，並可繼續探索，然單憑科學實證卻難以解決。筆者對維基百科「科學」定義的作者站在實在論角度貶哲學為「空泛」的判斷也持保留意見。因為實在論也屬於蘊有智慧的哲學中的一類。

　　知識有侷限，我們這代人的侷限更多。我們這一代當年曾被冠名以「知識青年」，實在卻很無知。因為在我們中，年齡最大的也不過讀到高中，最小的更是小學未畢業，不過是整整一代城鎮待業青少年而已。那瘋狂年代裏推崇的是「大老粗」，「知識」與「知識分子」一樣被貶。雖然我們中也有少量僥倖者，能夠靠自學或已近中年重新上學，掌握了教學、經商、管理等技能，未被「現代性」劇變拋下。但第一個講我們「青春無悔」的人若非無恥，那必沒頭腦。說無恥，是因這句「金句」抄自日本名導演黑澤明電影《我對青春無悔》，但黑氏用它表彰青年主角在舉國若狂的法西斯威權面前敢於反對的勇氣，雖遭迫害也無悔。我們這代呢？至少這「第一個」應是舉國若狂、文化劫難時代的追隨者，而非反對者，而我們正是在青春年華因此讀不到書，陷入對外部世界的一無所知，且整整一代人被「上山下鄉」，拋入低效農業勞動，荒廢十年，而農場年年虧損或因與農民「搶工分」飯碗被他們討厭都是鐵一般事實，哪有什麼值得自豪？當然，僅後悔，若不反思也沒用，但可以理解多數「知青」之所以接受這種說法，是因為這能維護心理自尊，儘管仍不免自欺欺人。我有倖進修了歷史學，才明白若未能正視過去與現實，就不配有好一些的未來。果然，當經濟體制改革來臨，我們中「無悔」的大多數才四、五十歲，就被「內退」、「下崗」潮席捲而去，因為一無所長，只能做「門衛」之類勞動時長、報酬低、無保障的雜活維生，有的為養育後代甚至打雙份工。顯而易見，有知識能用於改善物質生活，知識還會令我們眼界開闊，精神生活豐富。在這一意義上，知識為開慧之基。然唯清淨智慧才能勘破任何遮蔽，靈活應對人生不可避免的苦厄不測。我們的後代幸運多了，多上了大學，掌握了一定專業知識與技能，但也要小心，不要過分迷戀智慧手機所給的娛樂與「碎片化」知識，反被網絡平臺或自媒體作了主，不要被它們遮蔽了降生即有的慧眼。當然，誰要是放著科技便利不用就犯傻，在多層面的科學網絡、無限豐富的知識節點面前，如何善用鼠標點擊或指劃拿來應用，拿來開闊眼界，豐富自身，卻靠智慧。知識能靠教學傳授，智慧的傳遞則不那麼簡單。對前人智慧要有剖析，經實例舉證才能理解、借鑒，進而還須品味、思慮、習練……才能化為自有；然後，才有可能通過針對不同個性的啟發、激發傳給後人。

　　我們這代人雖也養育了子女，但並未獲前代言教心傳，因為他們中有見識有才華者皆曾遭迫害，即在幸存者中，也多對理智尚能保有的正常生活年景之

「常識」也噤不敢言。此外，如何把由素稱繁難的佛學、佛教特有的名詞術語及摻入古印度外來語構成的語言系統，與當下已摻入大量科技術語、歐美日本外來語的語言系統對接，使清淨智慧能傳遞給具有不同專業知識及技能的後代，也是又一個難題。所以，我們大多並未負起該當的把前代智慧傳遞給後代的責任，筆者口拙，又值書本高擱，短視頻當紅年代，未知做個「搬運工」是否稱職？本書雖彙集了近年研讀前代遺著之思考，冀可傳遞萬一，但也就不落陳套而已。其中各篇的初次發表，皆隨順一時因緣與特定讀者，不免有所遷就，這次為出版作了較多刪改，然仍多有不審，敬希方家與讀者指正。

　　本書全文蒙楊梅女士校對，蒙花木蘭文化事業公司杜潔祥總編輯、楊嘉樂主任扶持出版，在此謹致銘感！

鄧子美四稿於步跬齋